JN104832

Das Kapital

Karl Marx

新版 資本論 9

第三巻　第二分冊

カール・マルクス

日本共産党中央委員会社会科学研究所　監修

新日本出版社

凡　例

一　本書は、カール・マルクス著『資本論』第一部―第三部の全訳である。本訳書は、一九八二年一一月から八九年九月にかけて新書版として刊行された訳書（一三分冊）を改訂したもので、一二分冊の新版『資本論』として刊行される。

二　翻訳にあたっての主たる底本には、ドイツ語エンゲルス版（第一部第四版、第二部第二版、第三部第一版）を用いた。

三　新版では、『資本論』諸草稿の刊行と研究の発展をふまえ、エンゲルスによる編集上の問題点も検討し、訳文、訳語、訳注の全体にわたる改訂を行なった。

第一部では、マルクスが校閲した初版、第二版との異同、フランス語版にもとづく第三版、第四版の主な改訂個所を訳注で示し、「独自の資本主義的生産様式」、「全体労働者」など、マルクス独自の重要概念について、訳語を統一した（第一―第四分冊）。

第二部では、初版と第二版との異同、エンゲルスによる文章の追加、加筆個所、および編集上の問題点を訳注で示し、必要な場合には、マルクスの草稿を訳出した。第三篇第二一章については、訳注で独自の節区分を示し、拡大再生産の表式化に到達するまでのマルクスの研究の経過をつかめるようにした。また、マルクスが第二部第三篇の最後の部分を恐慌理論の解明に充てていたことを考慮し、第二部第一草稿（一八六五年）に書きこまれた新しい恐慌論の全文を訳注として収録した（第五―第七分冊）。

第三部の草稿は、『資本論』諸草稿のなかでもっとも早い時期に準備されたもので、執筆時期の異なる二つの部分（第一篇―第三篇、第四篇―第七篇）からなっている。さらに、研究の進展のなかでマルクスの到達点が前進し、第三篇の論点には、利潤率低下法則の意義づけ、およびそのもとでの資本主義的生産の必然的没落の展望など、マルクスにとって克服ずみの見解であることの指摘を要する部分も生まれた。第三部では、こうした点に留意し、マルクスの研究の発展とその到達点、エンゲルス版の編集上の弱点、草稿との異同、エンゲルスによる文章の混入個所を訳注で示した。とくに第五篇では、本来『資本論』の草稿ではなかった諸章の混入個所を指摘した。また、必要な場合には、マルクスの草稿を訳出した。第七篇第四八章では、エンゲルスによる原稿配列をマルクスの草稿の順序に組み替えた（第八―第一二分冊）。

全三部を通して、マルクス自身の研究の発展史と歴史的事項にかんする訳注を大幅に拡充した。

改訂にあたっては、新『マルクス・エンゲルス全集』（新メガ Marx-Engels-Gesamtausgabe）の諸巻を参照した。

四　注については、マルクス、エンゲルスによる原注は（　）に漢数字を用いてそれを示し、各段落のあとに訳出した。訳文中や、＊印によって訳文のあとに、〔　〕を用いて挿入されたものは、すべて訳者、監修者による注ないし補足である。

五　訳注のなかで、〔邦訳『全集』第〇巻、〇〇ページ〕とあるのは、ディーツ社（現カール・ディーツ社、ベルリン）発行の『マルクス・エンゲルス著作集（ヴェルケ）』を底本とした邦訳『マルクス・エンゲルス全集』（大月書店）の巻数とページ数を指している。

六　『資本論』のドイツ語原文にあたろうとする読者の便宜のために、ヴェルケ版『資本論』の原書ページ数を、訳文の欄外上に（　）で算用数字を用いて付記した。ただし、ヴェルケ版では、マルクスが引用した著作などについて、本来一つの段落文中に含まれているものを改行し、その引用文のみを独立した段落にしているため、本訳書とは改行の位置に相違がある。

七　訳文中の〝　〟でくくられた語、句、文は、すべて、マルクス（またはエンゲルス）によってドイツ語以外の言語（ラテン語などを含む）が単独で使用されている個所である。専門用語の場合、〝　〟でくくらず、必要に応じて、綴りないしルビによって示したものもある。なお、それらドイツ語以外の言語による語、句、文が、同じ意味のドイツ語と併記されていて、相互の言い換えとして使用されている場合には、それらにニュアンスの相違がある場合をのぞき、訳出や明示を省略した。

八　訳文で、傍点を付した部分は原文の隔字体またはイタリック体の部分を表わしている。

九　マルクス（またはエンゲルス）が引用した文章について、必要な場合、原文との異同を訳注で示した。また、固有名詞、数値などの明白な誤記、誤植はとくに注記せずに訂正した。

一〇　引用文献のうち邦訳のあるものは、入手の便宜なども考慮し、邦訳書を掲げた。これは、新書版での記載を改訂し、新たに追加したものである。

一一　第一二分冊の巻末に、人名索引を付した。

一二　新版『資本論』の改訂作業は、日本共産党中央委員会社会科学研究所によって行なわれた。研究所からは、不破哲三、山口富男、卜部学、小島良一が、監修と改訂の作業にあたった。本訳書のもとになった新書版の刊行にあたっては、研究所の委嘱により翻訳のための委員会が組織され、多くの研究者の参加と協力を得た。新書版および一九九七年一二月に刊行された上製版（五分冊）の訳出・編集体制については、それぞれの版の「凡例」を参照いただきたい。

目　次

第三巻分冊目次

第一分冊

第二分冊

（278）

第四篇　商品資本および貨幣資本の商品取引資本および貨幣取引資本への（商人資本への）転化*

*〔草稿の表題は「商品資本および貨幣資本の商品取引資本および貨幣取引資本への、または商人資本への転化」となっている。はじめは、「商品取引資本と貨幣取引資本。利子と産業利潤（企業利得）とへの利潤の分裂。利子生み資本」であったが、マルクスは、草稿の執筆の途中で構想を変更し、「利子生み資本」の部分を独立の章（現行の篇）とした。この結果、信用問題を『資本論』の構成部分に組み込む道が開かれた〕

第一六章　商品取引資本*

*〔草稿では「1）商品取引資本（商業利潤）」となっている。はじめは「商品取引資本と商業利潤」であったが、あとから「商業利潤」が丸括弧でくくられた。なお、草稿では、この表題は次の段落のあとの区分線の位置に書かれている〕

商人資本または商業資本は、商品取引資本および貨幣取引資本という二つの形態または亜種に分かれる。そこで、われわれは資本の核心構造の分析に必要な限りにおいて、それらを詳しく特徴づけることにする。しかもそうすることは、近代の経済学が、その最良の代表者たちにおいてさえも、商業資本を直接に産業資本[*]と混同し、商業資本を特徴づける独自性を事実上まったく見落としているだけに、ますます必要である。

*〔草稿では「生産的資本」となっている。草稿では、資本の循環形態の一つとしての生産資本も、剰余価値の生産や取得に必要な機能を果たす資本も、同じ das produktive Kapital とされている。本訳書では、前者を「生産資本」、後者を「生産的資本」と訳出した。エンゲルスは、草稿の「生産的資本（家）」の多くを「産業資本（家）」と書き換えた。なお、草稿にはマルクス自身が「産業資本（家）」と書いている場合もある〕

商品資本の運動は、第二部〔本訳書、第二巻、一四二―一六二ページ〕で分析されている。社会の総資本を考察するならば、その一部分は――それを構成する諸要素がつねに異なり、その大きささえ変動するとはいえ――つねに商品として市場にあって貨幣に移行しようとしており、他の一部分は、貨幣として市場にあって商品に移行しようとしている。社会の総資本は、つねにこの移行の運動、この形式的変態の運動を行ないつつある。流通過程にある資本のこの機能が、一般に、ある特殊な資本の特

殊な機能として自立化され、分業によってある特殊な部類の資本家たちに割り当てられた機能として固定化する限りで、商品資本は、商品取引資本または商業資本になる。

（279）輸送業、分配可能な形態での諸商品の保管および配分を、*どの程度まで、流通過程の内部で続行される生産過程とみなすべきかは、すでに説明した（第二部、第六章、流通費、第二節および第三節〔本訳書、第二巻、二二〇ページ以下〕）。商品資本の流通のこれらの付帯的な事項は、一部分は、商人資本または商品取引資本の固有な諸機能と混同され、また一部分は、この資本の固有な特殊な諸機能と実際上結びついている。といっても、社会的分業の発展につれて、商人資本の機能も純化される、すなわち、右の実在的な諸機能から分離され、それらにたいして自立してくるのであるが。したがって、資本のこの特殊な姿態の独特な差異を規定することが重要であるとするわれわれの目的のためには、右の諸機能は捨象しなければならない。単に流通過程で機能している資本、とくに商品取引資本が、部分的に右の諸機能を自己の諸機能と結びつけている限り、この資本はその純粋な形態では現われない。右の諸機能を剝ぎ取りのぞき去ったのちに、この資本の純粋な形態が得られる。

＊〔草稿では「輸送業、保管および分配可能な形態にある諸商品の配分（小売り）を」となっており、「保管」はあとから書き足されている〕

すでに見たように、商品資本としての資本の定在、および、資本が流通部面内すなわち市場で商品資本として経過する変態——購買および販売に、すなわち商品資本の貨幣資本への転化および貨幣資本の商品資本への転化に、帰着する変態——は、産業資本の再生産過程の、したがって産業資本の総生産過程の一局面をなしているが、しかし同時に資本は、このような流通資本としてのその機能においては生産資本としてのそれ自身から区別される。それら〔流通資本と生産資本と〕は、同じ資本の二つの分離され区別された存在形態である。社会的総資本の一部分は、絶えず流通資本としてのこの存在形態で市場にあり、この変態の過程にある――といっても、各個の資本にとっては、商品資本としてのその定在および商品資本としてのその変態は、つねに消えうせ、つねに更新される一経過点、すなわち資本の生産過程の連続における一経過段階をなすだけであり、したがってまた、市場にある商品資本の諸要素は、つねに商品市場から引きあげられ、同じくまたつねに生産過程の新たな生産物として商品市場に返されることによって、つねに変動するのである。

ところで、商品取引資本は、つねに市場にあり変態の過程にあり、つねに流通部面に包み込まれているこの流通資本の一部分の転化形態にほかならない。ここで一部分と言うのは、商品売買の一部分は、つねに産業資本家たち自身のあいだで直接に行なわれているからである。この部分は、ここでの研究では、まったく捨象する。というのは、この部分は、商人資本の概念規定、その独特な性質の理解にはなんの役にも立たず、他方、われわれの目的のためには、すでに第二部で述べ尽くされているからである。(280)

商品取引業者は、資本家一般としては、なによりもまず、彼が資本家として前貸しする一定の貨幣総額、すなわち彼がx（貨幣総額の最初の価値）をx＋⊿x（この貨幣総額、プラス、それにたいする利潤）に転化しようとする一定の貨幣総額の代表者として市場に現われる。しかし、単に資本家一般としての彼にとってではなく、特殊的に商品取引業者としての彼にとっては、彼の資本が最初は貨幣資本の形態で市場に現われなければならないということは自明である。というのは、彼は諸商品を生産するのではなく、ただ商品を取り引きし、諸商品の運動を媒介するにすぎないのであり、諸商品を取り引きするためには、彼はまずもって商品を買わなければならず、したがって貨幣資本の所有者でなければならないからである。

ある商品取引業者が三〇〇〇ポンドを所有し、それを取引資本として増殖するとしよう。彼は、この三〇〇〇ポンドで、たとえば三万エレのリンネルを、一エレあたり二シリングでリンネル製造業者から買う。彼は、この三万エレを売る。年平均利潤率が一〇％で、彼がすべての経費を差し引いたのちに一〇％の年利潤をあげるとすれば、彼は年末には三〇〇〇ポンドを三三〇〇ポンドに転化したことになる。どのようにして彼がこの利潤をあげるかは、もっとあとで取り扱う問題である。ここではさしあたり、彼の資本の運動形態だけを考察しよう。彼は、つねに三〇〇〇ポンドで、リンネルを買い、つねにこのリンネルを売る。彼は、売るために買うというこの操作、G—W—G′を、すなわち資本が完全に流通過程に束縛されていて、それ自身の運動および機能の外部にある生産過程という中間期間によって中断されることのない資本の単純な形態を、絶え間なく繰り返す。

では、この商品取引資本の、産業資本の単なる一存在形態としての商品資本にたいする関係は、どうか？　リンネル製造業者について言えば、彼は、商人の貨幣で自分のリンネルの価値を実現し、自分の商品資本の変態の第一局面である貨幣へのこの資本の転化をなしとげたのであり、いまや、他の事情に変わりがなければ、その貨幣を〔一方では〕糸、石炭、労賃などに、他方では自分の収入を消費するために生活諸手段などに再転化することができる。したがって、収入の支出のほうを別とすれば、再生産過程を続行することができるのである。

しかし、リンネルの生産者である彼にとっては、リンネルの貨幣への変態、すなわちその販売が行なわれたとはいえ、リンネル自身にとっては貨幣へのこの変態はまだ行なわれてはいない。リンネル(281)は、相変わらず、自己の第一の変態を行なうように、すなわち売られるように予定されている商品資本として市場にある。このリンネルについては、その所有者である人物が替わったということ以外にはなにも起こりはしなかった。リンネル自身の規定から見れば、過程のなかでのその位置から見れば、リンネルは相変わらず商品資本であり、売り物の商品である。ただ、前にはリンネルが生産者の手にあったのに、いまや商人の手にあるだけである。リンネルを売るという、その変態の第一局面を媒介するという機能は、以前には生産者が、リンネルを生産するという機能を果たしたのちになお彼が果たさなければならない機能であったが、いまではそれは生産者の代わりに商人によって引き受けられ、商人の特殊な営業に転化されている。

リンネル生産者が、三〇〇〇ポンドの価値をもつ三万エレを新たに市場に投下するために必要な中間期間に、商人が前の三万エレを売ることができないものとしよう。商人は、三万エレを新たに買うことはできない。なぜなら、彼にはまだ売れていない三万エレの手持ちがあり、それは彼にとってはまだ貨幣資本に再転化されていないからである。そこで、停滞、再生産の中断が生じる。もちろん、リンネル生産者は、追加の貨幣資本を使用することができ、それを三万エレの販売とはかかわりなく生産資本に転化し、こうして生産過程を続行しうるであろう。しかし、この想定は、事態を少しも変えるものではない。三万エレに前貸しされた資本が問題になる限りでは、その再生産過程は中断されたままになっている。したがってここでは、商人が行なう諸操作は、一般に、生産者の商品資本を貨幣に転化するために行なわなければならない諸操作――すなわち、流通過程および再生産過程における商品資本の諸機能を媒介する諸操作――以外のなにものでもないことが、実際に手に取るように明らかになる。もし独立した商人の代わりに生産者の単なる事務員がもっぱらこの販売に、またさらに仕入れにもたずさわらなければならないとすれば、この連関は一瞬間もおおい隠されることはないであろう。

したがって、商品取引資本はまったく、生産者の商品資本――すなわち、貨幣へのその転化の過程を経過し、市場で商品資本としてのその機能を果たさなければならない商品資本――以外のなにものでもない。ただ、この機能がいまや、生産者の付随的な操作としてではなく、資本家の特殊な部類である商品取引業者の専門の操作として現われ、一つの特殊な投資の営業として自立化されるにすぎない。

（282）さらにこのことは、商品取引資本の独特な流通形態にも現われる。商人は商品を買って、次にそれを売る。すなわちG―W―G′である。単純な商品流通〔W―G―W〕においては、または産業資本の流通過程として現われるような商品流通 W′―G―W においてさえ、流通は、各貨幣片が二度、手から手に移ることによって媒介される。リンネル生産者は、自分の商品であるリンネルを売り、それを貨幣に転化する。買い手の貨幣はリンネル生産者の手に移る。この同じ貨幣で彼は糸、石炭、労働などを買う。すなわち、その同じ貨幣をふたたび支出して、リンネルの価値を、リンネルの生産諸要素をなす諸商品に再転化させる。彼が買う商品は、彼が売る商品と同じ商品、同じ種類の商品ではない。彼は生産物を売って生産諸手段を買ったのである。しかし、商人資本の運動では事情は異なる。リンネル取引業者は、三〇〇〇ポンドで三万エレのリンネルを買う。彼は、この同じ三万エレのリンネルを売って、貨幣資本（三〇〇〇ポンドと、さらに利潤）を流通から回収する。したがってここでは、同じ貨幣片ではなく、同じ商品が二度場所を換える。同じ商品が、売り手の手から買い手の手に移り、そしてこの買い手――こんどは売り手となった――の手から別の買い手の手に移る。商品は二度売られる。そして、何人もの商人が介入する場合には、もっとたびたび売られうる。そして、まさに同じ商品のこのような販売の繰り返し、その二度の場所変換によって、はじめて、その商品の購入に前貸しされた貨幣が最初の買い手によって回収され、彼のもとへのその貨幣の還流が媒介されるのである。一方の場合の W′—G—W では、同じ貨幣の二度の場所変換が、商品がある姿態で譲渡されて別の姿態で取得されることを媒介する。他方の場合の G—W—G′ では、同じ商品の二度の場所変換が、前貸しされた貨幣がふたたび流通から回収されることを媒介する。まさにこのことのうちに、商品は生産者の手から商人の手に移ってもまだ最終的には売られていないこと、商人は販売という操作――またはは商品資本の機能の媒介――をさらに続行するだけであることが示されている。しかしまた同時に、このことのうちには、生産資本家にとってW—Gであるもの、すなわち商品資本という一時的な姿態にある彼の資本の単なる一機能であるものが、商人にとってはG—W—G′であり、彼が前貸しした貨幣資本の特殊な価値増殖である、ということも示されている。商品変態の一局面が、ここでは、商人にかんしては、G—W—G′として、すなわち一つの独自な種類の資本の展開として、現われるのである。

（283）

商人は、最終的に商品すなわちリンネルを消費者に売る。この場合、その消費者が生産的消費者（たとえば漂白業者）であるか、リンネルを自分の私的使用のために消費する個人的消費者であるかは、問われない。これによって、前貸しされた資本が（利潤をともなって）彼のもとに還流し、彼はまた新たに操作を始めることができる。もし、リンネルの購入にさいして貨幣が支払手段としてのみ機能し、その結果、彼はリンネル受領の六週間後に支払うだけでよく、そしてこの期日よりも前にそれを売ってしまったとすれば、その場合彼は、自分で貨幣資本を前貸しすることなしに、リンネル生産者に支払うことができるであろう。もし彼がリンネルを売っていなかったならば、彼は、三〇〇〇ポンドを、リンネルが彼に引き渡されたときすぐにではなく、支払期日が来たときに前貸ししなければならないであろう。また、もし市場価格が低下したために彼がリンネルを購入価格よりも低く売ったとすれば、彼はその不足分を自分自身の資本から補填しなければならないであろう。

さて、なにがこの商品取引資本に、自立して機能する資本の性格を与えるのであろうか？——この資本は、自分で販売する生産者の手にある場合には、明らかに、彼の資本がその再生産過程の特殊な一局面にあるときにとる、すなわち流通部面に滞留しているあいだにとる特殊な一形態として現われるだけであるのに。

第一に――商品資本の生産者とは異なる当事者の手にある商品資本が貨幣へのその最終的な転化を、すなわちその第一の変態〔W―G〕、商品資本〝としての〟それに帰属する機能を、市場で果たすということ、および、商品資本のこの機能が、商人の操作によって、彼の購買と販売とによって媒介されており、その結果、この操作が産業資本の他の諸機能から分離された、したがって自立化された独自の営業を形成するということ、である。それ〔この営業〕は、社会的分業の一つの特殊な形態であり、その結果、普通は資本の再生産過程の一つの特殊な局面――ここでは流通の局面――で行なわれるべき機能の一部分が、生産者とは異なる独自の流通代理人の専属の機能として現われる。しかし、これだけでは、この特殊な営業は、自己の再生産過程にある産業資本とは異なる、またそれにたいして自立した、一つの特殊な資本の機能としてはまだ決して現われないであろう。たとえば、商品取引が産業資本家の単なる出張販売人、またはその他の直接的代理人によって営まれる場合には、この特殊な営業は、実際、そのようなものとしては現われない。そこで、さらに第二の契機が加わってこなければならない。

第二に――この契機は、自立した流通代理人である商人が貨幣資本（自分の、または借り入れたそれ）をこの位置で前貸しすることによってはいってくる。自己の再生産過程にある産業資本にとっては、単にW―G、すなわち商品資本の貨幣資本への転化または単なる販売として現われるものが、

(284)

商人にとっては、G―W―G′として、同じ商品の購買および販売として、したがって購買において彼のもとから離れ、販売によって彼のもとにもどる貨幣資本の還流として現われる。

生産者から商品を買うさいに商人が資本を前貸しする限り、商人にとってG―W―Gとして現われるもの、それはつねにW―Gであり、商品資本の貨幣資本への転化である。それはつねに商品資本の第一の変態である――といっても、この同じ行為が、ある生産者にとっては、または自己の再生産過程にある産業資本にとっては、G―W、すなわち貨幣の商品（生産諸手段）への再転化として、または変態の第二の局面として現われるかもしれないのであるが。リンネル生産者にとっては、W―Gは第一の変態、商品資本の貨幣資本への転化であった。この行為が、商人にとってはG―Wとして、彼の貨幣資本の商品資本への転化として現われる。いま商人がリンネルを漂白業者に売れば、これは漂白業者にとっては、G―Wを表わし、貨幣資本の生産資本への転化または彼の商品資本の第二の変態を表わす。しかし、商人にとっては、W―Gを表わし、彼が購入したリンネルの販売を表わす。しかし実際には、リンネル製造業者が製造した商品資本はいまはじめて最終的に売られているのであり、言い換えれば、商人のこのG―W―Gは、二人の生産者〔リンネル製造業者と漂白業者〕のあいだのそのW―G〔遂行〕のための媒介過程を表わしているだけである。または、リンネル製造業者は、売れたリンネルの価値の一部分で糸取引業者から糸を買うと仮定しよう。そうすれば、これは彼にとっては、G―Wである。しかし、糸を売る商人にとっては、それはW―Gであり、糸の転売である。また、商品資本としての糸そのものにかんしては、それは糸の最終的販売にほかならず、糸はこの販売によって流通部面から消費部面へ移るのであり、それは糸の第一の変態の最終的終結としての W―G である。したがって、商人が産業資本家から買うにせよ産業資本家に売るにせよ、商人の G―W―G、すなわち商人資本の循環は、みずからを再生産しつつある産業資本の通過形態としての商品資本そのものにかんしては、単に W―G であるもの、単にその第一の変態の完了であるものを、つねに表現しているにすぎない。商人資本の G―W は、産業資本家にとってのみ同時に W―G であって、彼〔産業資本家〕によって生産された商品資本にとってはそうではない。それは、産業家の手から流通代理人の手への商品資本の移行であるにすぎない。商人資本の W―G が、はじめて、機能しつつある商品資本の最終的な W―G なのである。G―W―G は、同じ商品資本の二つの W―G、それの二つの連続的な販売でしかないのであり、この二つの販売はこの商品資本の最後の終極的な販売を媒介するにすぎないのである。

（285）したがって、商品資本は、商人が貨幣資本を前貸しすることによって、商品取引資本として自立的な資本種類の姿態をとるのであるが、この貨幣資本が資本として価値増殖し資本として機能するのは、ただ、それがもっぱら商品資本の変態、商品資本としてのその機能、すなわち商品資本の貨幣への転化を媒介しているからにほかならないのであり、その貨幣資本はこの媒介を諸商品の恒常的な売買によって行なうのである。これは、この貨幣資本の専属の操作である。産業資本の流通過程を媒介するこの活動は、商人が操作する貨幣資本の専属の機能である。この機能によって商人は、自分の貨幣を

＊〔初版では「彼のために」となっていた。草稿によりカウツキー版で訂正〕

貨幣資本に転化し、自分のGを G―W―G′ として表わし、この同じ過程によって彼は商品資本を商品取引資本に転化するのである。

商品取引資本は、それが商品資本の形態で存在する限り、またこの形態で存在しているあいだは、――社会的総資本の再生産過程を考察すれば――、明らかに、産業資本のうち、まだ市場にありその変態の過程を通りつつあって、現に商品資本として存在し機能している部分以外のなにものでもない。したがっていま、資本の総再生産過程との関連で考察されるべきものは、商人によって前貸しされる貨幣資本、もっぱら購買と販売だけに用いられ、したがって決して商品資本および貨幣資本の形態以外の形態をとらない、決して生産資本の形態をとらない、つねに資本の流通部面に閉じ込められ続ける貨幣資本――このような貨幣資本だけである。

生産者であるリンネル製造業者は、自分の三万エレを商人に三〇〇〇ポンドで売ってしまえば、そうやって手に入れた貨幣で、必要な生産諸手段を買う。そして、彼の資本はふたたび生産過程にはいり込む。彼の生産過程は継続し、中断されることなく続行される。彼にとっては、彼の商品の貨幣への転化は行なわれたのである。しかし、リンネルそのものにとっては、すでに見たように、この転化はまだ行なわれていない。リンネルはまだ最終的に貨幣に再転化していないのであり、まだ使用価値として消費に――生産的消費にであれ個人的消費にであれ――はいり込んではいない。いまや市場では、リンネル取引業者が、もともとそこでリンネル生産者が代表していた同じ商品資本を代表している。リンネル生産者にとっては、変態の過程が短縮されているが、しかしそれは、商人の手で続行さ

（286）

れるだけである。

もしリンネル生産者が、彼のリンネルが現実に商品でなくなるまで、それが最後の買い手――生産的または個人的消費者――の手に移ってしまうまで待たなければならないとすれば、彼の再生産過程は中断されるであろう。または、それを中断させないためには、彼は自分の諸操作を制限しなければならなかったであろう。すなわち、自分のリンネルのうちのより小さい一部分を糸、石炭、労働など、要するに生産資本の諸要素に転化し、より大きい一部分を貨幣準備金として手もとに保留しておき、それによって、自分の資本の一部分が商品として市場にあるあいだは残りの一部分が生産過程を続行できるようにし、その結果、後者の部分が商品として市場に現われるときには前者の部分が貨幣形態で還流するようにしなければならなかったであろう。彼の資本のこのような分割は、商人の介入によってはのぞかれない。しかし、もしこの介入がなければ、流通資本のうち貨幣準備金の形態で現存する部分は、生産資本の形態で運用される部分に比べてますます大きくならなければならず、それに応じて再生産の規模は制限されなければならないであろう。〔商人の介入によって〕そうはならずに、生産者は、いまや、自分の資本のより大きい部分をつねに本来の生産過程で使用することができ、より小さい部分を貨幣準備金として使用するだけでよいのである。

しかし、その代わりにいまでは、社会的資本の他の一部分が、商人資本という形態でつねに流通部面の内部に存在している。この部分はつねに、商品を購買し販売するためにのみ使用される。こうして、この資本を所持している人物の交替だけが起こったかのように見える。

もし商人が、ふたたび売るつもりでリンネルを三〇〇〇ポンドで買う代わりに、この三〇〇〇ポンドを自分で生産的に使用するとすれば、社会の生産資本は増大するであろう。もちろんその場合には、リンネル生産者は、自分の資本のより大きい部分を貨幣準備金として保持しなければならないであろうし、またいまや産業資本家に転身した商人も同じくそうしなければならないであろう。他方、もし商人が商人のままでいるならば、商人は、自分の時間全部を販売に費やさなければならないが、生産者のほうは、販売のための時間を節約して、この時間を生産過程の監督に使用することができるのである。

商人資本がその必要な比率を超えないならば、次のことが認められる。

（一）分業の結果として、もっぱら購買および販売に従事する資本（諸商品を購入するための貨幣のほか、商人的営業の経営に必要な労働や商人の不変資本——倉庫や輸送など——に投下されなければならない貨幣もこれに属する）は、産業資本家が自分の業務の商人的部分を全部自分で営まなければ（287）ならない場合の資本部分よりも、より小さいということ。

（二）商人がもっぱらこの業務に従事するのであるから、生産者にとっては、彼の商品がより速く貨幣に転化されるだけでなく、商品資本そのものがその変態を、生産者の手中で行なうであろう場合よりも、より速くなしとげるということ。

（三）商人資本全体を産業資本との関連で考察するならば、商人資本の一回転は、一つの生産部面における多数の資本の諸回転を表わすことができるだけでなく、異なる生産諸部面におけるいくつかの資本の諸回転を表わすこともできるということ。第一〔前者〕は、たとえばリンネル取引業者が自分の三〇〇〇ポンドで一人のリンネル生産者の生産物を買ってふたたびそれを売ったあとで、同じ生産者が同じ分量の商品をふたたび市場に投げ込むまえに、別の一人または数人のリンネル生産者の生産物を買ってふたたびそれを売り、こうして同じ生産部面にある異なる資本の諸回転を媒介するという場合である。第二〔後者〕は、商人が、たとえばリンネルを売ったあとで、こんどは絹を買い、こうして別の生産部面にある一資本の回転を媒介するという場合である。

一般的には、次のように言うことができる――産業資本の回転は、通流時間によってだけでなく生産時間によっても制限されている、と。商人資本の回転は、それが一定の商品種類だけを取り扱う限りでは、一つの産業資本の回転によって制限されているのではなく、同じ生産部門にあるすべての産業資本の回転によって制限されている。商人は、ある人のリンネルを買って売ったあとで、その人がふたたび商品を市場に投げ込むまえに、他の人のリンネルを買って売ることができる。したがって、同じ商人資本が、一つの生産部門に投下された諸資本の異なる諸回転をつぎつぎに媒介することができる。その結果、商人資本の回転は、個々の一産業資本の諸回転と同じなのではなく、したがって、この個々の産業資本家が〝ひそかに〟もっていなければならないであろう貨幣準備金の代わりをするだけではない。一つの生産部面における商人資本の回転は、もちろんその部面の総生産によって制限されている。しかし、この商人資本の回転は、同じ部面の個々の資本の生産の限界または回転時間――この回転時間が生産時間によって与えられている限りでは――によって制限されてはいない。Aが、生産に三ヵ月を必要とするある商品を供給すると仮定しよう。商人は、この商品を、たとえば一ヵ月のうちに買って売ったあとで、もう一人の生産者の同じ生産物を買って売ることができる。または、彼は、たとえばある借地農場経営者の穀物を売ったあと、同じ貨幣で第二の借地農場経営者の穀物を買って売ることができる、等々。彼の資本の回転は、彼が一定の期間、たとえば一年間につぎつぎに買っては売ることのできる穀物の総量によって制限されており、他方、借地農場経営者の資本の回転は、通流時間を別とすれば、一年間にわたる生産時間によって制限されている。(288)

しかし、同じ商人資本の回転は、異なる生産諸部門における諸資本の諸回転をも同じように媒介することができる。

同じ商人資本が、異なる諸回転において、異なる諸商品資本を順次に貨幣に転化するのに役立てられる限りでは、すなわち、それらをつぎつぎに買っては売る限りでは、この商人資本が貨幣資本として商品資本にたいして果たす機能は、貨幣一般が一定の期間内に何回も通流することによって諸商品にたいして果たす機能と同じである。

商人資本の回転は、同じ大きさの一産業資本の回転または一回の再生産と同じではない。それはむしろ、若干数の産業資本――同じ生産部面のであろうと異なる生産部面のであろうと――の諸回転の総計に等しい。総貨幣資本のうち商人資本として現われる部分は、商人資本の回転が速ければ速いほどそれだけ小さく、回転が遅ければ遅いほどそれだけ大きい。生産が未発展であればあるほど、商人資本の総額は、一般に流通に投げ込まれる諸商品の総額にたいする割合ではそれだけ大きいが、しかし絶対的には、またはより発展した状態と比べればそれだけ小さい。逆に生産が発展すればするほど、事態はこの逆になる。だから、このような未発展な状態では、本来の貨幣資本の最大部分が商人たちの手中にあり、こうして彼らの財産は、他の人々の財産に相対して貨幣財産を形成する。

商人によって前貸しされる貨幣資本の流通の速度は、次のものに依存する――（一）生産過程が更新され、異なる生産諸過程が互いに関連し合う速度、（二）消費の速度。

商人資本は、その価値全額ではじめに商品を買い、次にそれを売るという、以上に考察した回転だけを行なう必要はない。そうではなく、商人はこの両方の運動〔購買と販売〕を同時に行なう。その場合、彼の資本は二つの部分に分かれる。一方は、商品資本からなり、他方は貨幣資本からなる。彼は、こちらでは商品を買い、それによって自分の貨幣を商品に転化する。彼は、あちらでは商品を売り、それによって商品資本という他の一部分を貨幣に転化する。一方では、彼の資本が貨幣資本として彼のもとに還流し、他方では、商品資本が彼のもとに流入する。一方の形態で存在する部分が大きければ大きいほど、他方の形態で存在する部分はそれだけ小さい。これは、入れ替わり、相殺される。流通手段としての貨幣の使用に、支払手段としての貨幣の使用と、その上に成長する信用制度とが結びつけば、商人資本の貨幣資本部分は、この商人資本が行なう取引の大きさに比べてさらにいっそう減少する。もし私が、一〇〇〇ポンド[*1]のワインを三ヵ月後払いで買って、そのワインを三ヵ月たたないうちに現金引き換えで売ってしまうならば、この取引のためにはびた一文も前貸しする必要はない。この場合には、ここで商人資本として現われる貨幣資本が、産業資本そのもの――貨幣資本としての形態をとり、貨幣の形態で自分自身に還流してくる産業資本そのもの――以外のなにものでもないと

(289)

いうことも、まったく明らかである。（一〇〇〇ポンド分の商品を三ヵ月後払いで売った生産者が、その場合に受け取った手形すなわち債務証書を銀行で割り引くことができるということは、事態をなんら変えはしないし、商品取引業者の資本とはなんのかかわりもない。）もしそのあいだに、商品の市場価格が $\frac{1}{10}$ だけ下落するようなことがあれば、この商人はまったく利潤を手に入れないだけでなく、結局は三〇〇〇ポンドどころか、二七〇〇ポンドしか回収しないであろう。彼は、支払いのために三〇〇ポンドをつけ足さなければならないであろう。この三〇〇ポンドは、価格差を埋め合わせるための準備金として機能するだけであろう。しかし、同じことは生産者についても言える。もし彼自身が低下した価格で売ったとすれば、彼もまた三〇〇ポンドの損をしたであろう。そして準備資本なしでは同じ規模で生産を再開することはできないであろう。[*2]

*1・2〔本段落のこのあとの「三〇〇〇ポンド」未回収の記述から見て、「三〇〇〇ポンド」の誤記ではないかと思われる〕

リンネル取引業者は、三〇〇〇ポンドでリンネルを製造業者から買う。製造業者は、この三〇〇〇ポンドのうち、たとえば二〇〇〇ポンドを、糸を買うために支払う。彼はこの糸を糸取引業者から買う。製造業者が糸取引業者に支払うその貨幣は、リンネル取引業者の貨幣ではない。というのは、リンネル取引業者は、彼の貨幣の代わりにこの金額と同額の商品を受け取っているからである。それは製造業者自身の資本の貨幣形態である。糸取引業者の手のなかでは、この二〇〇〇ポンドは、いまや還流した貨幣資本として現われる。しかし、この二〇〇〇ポンドは、どの程度まで還流した貨幣資本

（290）

――リンネルが脱ぎ捨てた貨幣形態および糸が身につけた貨幣形態としてのこの二〇〇〇ポンドから区別されたものとしての還流した貨幣資本――なのか？　もし、糸取引業者が掛けで買って、支払期限がくるまえに現金引き換えで売ってしまったとすれば、この二〇〇〇ポンドのなかには、産業資本自身がその循環過程のなかで身につける貨幣形態とは区別されるものとしての商人資本は、びた一文も含まれない。したがって、商品取引資本は、それが商品資本または貨幣資本の姿態をとって商人の手のなかにある産業資本の単なる形態ではないという限りで、貨幣資本のうち、商人自身のものであり諸商品の売買で回転させられる部分にほかならない。この部分は、生産のために前貸しされた資本のうち、貨幣準備金・購買手段としてつねに産業家の手中に存在しなければならず、つねに彼らの貨幣資本として流通しなければならないであろう部分を、縮小された規模で表わす。この部分は、いまや、縮小されて商人資本家の手中にあり、そのようなものとしてつねに流通過程で機能している。それは、総資本のうち――収入として支出される部分を別とすれば――再生産過程の連続性を保持するために恒常的に購買手段として市場で流通しなければならない部分である。この部分は、再生産過程が速ければ速いほど、また支払手段としての貨幣の機能すなわち信用制度の機能が発達していればいるほど、総資本に比べてそれだけ小さくなる。(三八)

(三八)　商人資本を生産資本として分類できるように、ラムジーは、商人資本を輸送業と混同して、商業を「ある場所から他の場所への諸商品の輸送」と呼んでいる（『富の分配にかんする一論』〔エディンバラ、一八三六年〕、一九ページ）。同じ混同は、すでにヴェッリ（『経済学にかんする諸考察』、第四節〔クストーディ編『イタリア古典経済学者叢書』近代篇、第一五巻、ミラノ、一八〇四年、三二一ページ〕およびセー（『経済学概論』第一巻〔パリ、一八一七年〕、一四、一五ページ）に見られる。——S・P・ニューマンは、彼の『経済学要論』（アンダヴァーおよびニューヨーク、一八三五年）で次のように言う——「社会の現在の経済制度では、商人によって行なわれる行為、すなわち生産者と消費者とのあいだに立って、前者に資本を前貸してその代わりに生産物を受け取り、これらの生産物を後者に引き渡してその代わりに資本を受け取るという行為こそは、共同社会（コミュニティ）の経済的過程を容易にするとともに、その行為の対象である生産物に価値をつけ加える取引である」（一七四ページ）。こうして、生産者と消費者とは、商人の介入によって貨幣と時間とを節約する。このような役立ちには、資本と労働との前貸しが必要であり、報酬が与えられなければならない。「というのは、それは生産物に価値をつけ加えるからである——やはり、同じ生産物でも消費者たちの手中では生産者たちの手中でよりも値打ちが大きいから」。こうして彼にとっては、商業は、セー氏にとってとまったく同様に、「言葉の厳密な意味で、一つの生産行為」（一七五ページ）として現われる。ニューマンのこの見解は根本的に誤りである。一商品の使用価値は、消費者の手中では生産者の手中でよりも大きいのは、使用価値は、一般に、消費者の手のなかではじめて実現されるからである。というのは、一商品の使用価値は、その商品が消費の部面にはいったときにはじめて実現され、機能しはじめるからである。生産者の手中では、それは潜勢的な形態で存在するにすぎない。しかし、人は一商品に二度——はじめにその交換価値に、次にはさらに別にその使用価値に——支払いはしない。私は、その交換価値に支払う代わりに、その使用価値を自分のものにする。そして交換価値は、商品が生産者または中間商人の手から消費者の手に移ることによっては、少しも増大しない。

＊〔草稿では、この前に「全資本家階級のために、総資本の再生産過程のために」という句が書かれている〕

商人資本は、流通部面の内部で機能する資本以外のなにものでもない。流通過程は、総再生産過程

（291）の一局面である。しかし、流通過程では価値は、したがってまた剰余価値も生産されない。同じ価値総量の形態変化が生じるだけである。実際に、諸商品の変態以外にはなにも生じないのであり、この変態そのものは価値創造または価値変化とはなんのかかわりもない。生産された商品の販売にさいして剰余価値が実現されるとすれば、それは、この剰余価値がすでにその商品のなかに存在しているからである。したがってまた第二の行為、貨幣資本と商品（生産諸要素）との再交換にさいしては、買い手によって剰余価値が実現されるのではなく、ここでは貨幣と生産諸手段および労働力との交換によって剰余価値の生産が準備されるだけである。それどころか、これらの変態が流通時間――そのあいだは資本がおよそなにも生産せず、したがってまた剰余価値も生産しない時間――を必要とする限りでは、この時間は価値創造の制限であり、剰余価値は利潤率としては、流通時間の長さにちょうど反比例するものとして表現されるであろう。それだから、商人資本は価値も剰余価値も創造しない。すなわち直接には創造しない。商人資本が流通時間の短縮に寄与する限りで、それは間接に、産業資本家によって生産される剰余価値の増加を助けることができる。商人資本が市場の拡張を助け、諸資本間の分業を媒介し、したがって資本がより大きな規模で操業することを可能にする限りで、商人資本の機能は、産業資本の生産性とその蓄積とを促進する。商人資本が通流時間を短縮する限りで、それは前貸資本にたいする剰余価値の比率、すなわち利潤率を高める。商人資本が資本のよりわずかな部分を貨幣資本として流通部面に閉じ込める限りで、それは直接に生産に使用される資本部分を増大させる。

（292）

第一七章　商業利潤＊

＊〔草稿の表題は「2）　商業利潤とその独自性」となっている〕

すでに第二部〔本訳書、第二巻、一九六―二〇三ページ〕で見たように、流通部面における資本の純粋な諸機能――産業資本家が、第一に自分の諸商品の価値を実現し、第二にこの価値を商品の生産諸要素に再転化するために行なわなければならない諸操作、商品資本の諸変態 W′―G―W を媒介するための諸操作、すなわち販売および購買という行為――は、価値も剰余価値も生み出さない。逆に、このために必要とされる時間は――諸商品にかんしては客観的に、資本家たちにかんしては主観的に――価値および剰余価値の形成にたいする諸限界を生み出すということが明らかになった。もちろん、商品資本それ自体の変態について言えることは、商品資本の一部分が商品取引資本の姿態をとることによっては、または、商品資本の変態を媒介する諸操作が特殊な一部類の資本家の特殊な業務として、または貨幣資本の一部分の専属的機能として現われることによっては、決して変わらない。産業資本家自身による諸商品の販売および購買――そして商品資本の変態 W′―G―W はこれに帰着する――が、価値も剰余価値も創造しない操作であるとすれば、この売買が、産業資本家によってではなく、他の人々によって行なわれても、価値または剰余価値を生み出す操作になることはできない。さらに、社会的総資本のうちで、再生産過程が流通過程によって中断されることなく連続的であるためにつね

（293）

に貨幣資本として自由に利用することができなければならない部分――この貨幣資本が価値も剰余価値も創造しないとすれば、この貨幣資本が、同じ諸機能の遂行のために産業資本家によってではなく他の部類の資本家によって絶えず流通に投げ込まれることによって価値または剰余価値を創造するという属性を得ることはできない。どの程度まで商人資本が間接的に生産的でありうるかは、すでに概略を述べておいたし、あとでもっと詳しく論じるであろう。

したがって、商品取引資本は――それと結びつきうる保管、発送、輸送、仕分け、小売りのようなすべての異質な機能を剥ぎ取って、販売するための購買というその真の機能に限定すれば――、価値も剰余価値もつくり出さず、ただそれらの実現を媒介し、それと同時に諸商品の現実の交換、ある人の手から他の人の手への諸商品の移行、社会的物質代謝を媒介するにすぎない。とはいえ、産業資本の流通局面は、生産〔局面〕と同様に再生産過程の一局面をなすのだから、流通過程で自立して機能する資本もやはり、さまざまな生産部門で機能する資本と同様に年平均利潤をもたらさなければならない。もし商人資本が、産業資本よりも高い百分率の平均利潤をもたらせば、産業資本の一部分は商人資本に転化するであろう。もしそれがより低い平均利潤をもたらせば、逆の過程が生じるであろう。商人資本の一部分は産業資本に転化するであろう。商人資本よりも容易に、その用途、その機能を変更しうる資本部類はない。

商人資本そのものは剰余価値を生み出さないのであるから、平均利潤の形態で商人資本に帰属する剰余価値が、総生産的資本によって生み出された剰余価値の一部分であることは明らかである。しかし、問題はいまや次の点にある――どのようにして商人資本は、生産的資本によって生み出された剰余価値または利潤のうち自分に割り当てられるべき部分をわがものにするのか？

商業利潤が、単なる追加であり、諸商品価格の価値を超える名目的な引き上げであるというのは、外観にすぎない。

商人が彼の利潤を彼が売る諸商品の価格からしか引き出すことができないというのは明らかであり、また彼が自分の諸商品の販売にさいして得るこの利潤が、彼の購買価格と彼の販売価格との差額に、前者を超える後者の超過分*に等しくなければならないことは、さらにいっそう明らかである。

＊〔ドイツ語各版は初版以来「後者を超える前者の」となっているが、誤記であろう。草稿では、「商品の購買価格を超える販売価格の」となっている〕

商品を買ってからそれを売るまでに追加費用（流通費）が商品にはいり込むこともありうるし、またそうでないこともありうる。このような費用がはいり込む場合には、購買価格を超える販売価格の超過分は、利潤だけを表わすものでないことは明らかである。研究を簡単にするために、さしあたり、このような費用ははいり込まないと想定しよう。

(294) 産業資本家の場合には、彼の諸商品の販売価格と購買価格との差額は、その諸商品の生産価格と費用価格との差額に等しい。または社会的総資本を考察すれば、諸商品の価値と資本家たちにとっての諸商品の費用価格との差額に等しく、この差額はまた、諸商品に対象化された労働の総分量が、諸商品に対象化された支払労働の分量を超える差額に帰着する。産業資本家によって買われた諸商品は、販売可能な商品としてふたたび市場に投げ返されるまえに、生産過程――そこではじめて、その諸商品の価格のうち、のちに利潤として実現されるべき構成部分が生産される――を経過する。しかし、商品取引業者の場合は事情が異なる。諸商品が彼の手のなかにあるのは、諸商品がその流通過程にあるあいだだけである。彼は、生産的資本家によって開始された諸商品の販売――商品価格の実現――を続行するだけであり、したがって諸商品に、それらがまた新たに剰余価値を吸収することのできるような中間過程を経過させることはない。産業資本家は、流通においては、それまでに生産された剰余価値または利潤を単に実現するだけであるのにたいして、商人は、流通において、また流通を通して、自分の利潤を単に実現するだけでなく、まず第一にそれを手に入れなければならない。これは、次のことによってのみ可能であるように見える。すなわち商人は、自分に産業資本家が生産価格どおりに売った諸商品――または、総商品資本を考察すれば価値どおりに売った諸商品――を、生産価格よりも高く売って、その価格に名目的な追加をすること、したがって総商品資本を考察すれば、それを価値よりも高く売ってその実質価値を超える名目価値の超過分を手に入れること、ひとことで言えば、商品を実際よりも高く売ることによってである。

この追加形態は、非常に簡単に理解することができる。たとえば、一エレのリンネルが二シリングに値するとしよう。私が、それを転売して一〇％の利潤を得ようとすれば、私はその価格に$\frac{1}{10}$を追加し、したがって一エレを二シリング二$\frac{2}{5}$ペンスで売らなければならない。そうすれば、その現実の生産価格とその販売価格との差額は二$\frac{2}{5}$ペンスであって、これは二シリングあたり一〇％の利潤である。この場合には、実際に私が買い手に一エレを売る価格は、現実には一$1/10$エレの価格である。または同じことに帰着するが――私が買い手*に二シリングで$\frac{10}{11}$エレだけを売って、$\frac{1}{11}$エレを私の手もとに残したのとまったく同じである。一エレの価格を二シリング二$2/5$ペンスと計算することによって、実際に私は二$2/5$ペンスで$\frac{1}{11}$エレを買いもどすことができる。つまりこれは、諸商品の名目的な価格引き上げによって剰余価値および剰余生産物の分け前にあずかるための、回り道にすぎないであろう。

＊〔初版では「売り手」となっていた。草稿により訂正。アドラツキー版以後各版でも訂正〕

(295) これは、なによりもまず現象として現われるとおりの、諸商品の価格上乗せによる商業利潤の実現である。そして、実際、利潤が諸商品の名目的な価格引き上げから、または諸商品の価値を上回る販売から生じるというすべての観念は、商業資本の見方から生じているのである。

けれども、もっと詳しく考察すれば、これは単なる外見であることがすぐわかる。また、資本主義的生産様式を支配的な生産様式として前提すれば、商業利潤はこのような仕方では実現されないこともすぐわかる。（ここで問題となるのは、つねに平均だけであって、個々の場合ではない。）商品取引業者が彼の諸商品にたいする、たとえば一〇％の利潤を実現しうるのは、彼がその諸商品を生産価格よりも一〇％だけ高く売ることによってのみである、とわれわれが想定するのはなぜか？　それは、われわれが、この諸商品の生産者である産業資本家（彼は、産業資本の人格化として、外界にたいしてつねに「生産者」として現われる）が、諸商品をその生産価格で商人に売った、と仮定したからである。もし商品取引業者の支払った諸商品の購買価格が、諸商品の生産価格に、究極的にはそれらの価値に等しく、したがって、諸商品の生産価格が、究極的にはそれらの価値が商人にとっての費用価格を表わすとすれば、実際には、商人の購買価格を超える彼の販売価格の超過分――そして、この差額だけが彼の利潤の源泉をなす――は、諸商品の商業価格がそれらの生産価格を超える超過分でなければならないのであり、究極的には、商人はあらゆる商品をそれらの価値よりも高く販売しなければならないのである。しかし、産業資本家が商人に諸商品をそれらの生産価格で売るということが、なぜ仮定されたのか？　またはむしろ、この仮定においてはなにが前提されていたのか？　それは、商業資本（ここでわれわれが問題にするのは、まだ商品取引資本としての商業資本だけである）は、一般的利潤率の形成にははいり込まないということである。われわれは、一般的利潤率の叙述にさいしては、必然的にこの前提から出発した。なぜなら、第一に、商業資本そのものが、そのときにはわれわれにとってまだ存在しなかったからであり、第二に、平均利潤、したがってまた一般的利潤率は、なによりもまず、異なる生産諸部面の諸産業資本によって現実に生産される諸利潤または諸剰余価値の均等化として展開されなければならなかったからである。これにたいして、商人資本の場合にわれわれが問題にしているのは、利潤の生産には参加しないで利潤の分配に参加する資本なのである。したがっていまや、以前の叙述を補足する必要がある。

一年間に前貸しされた総産業資本が 720c＋180v＝900（単位はたとえば一〇〇万ポンド）で、m′〔剰余価値率〕は一〇〇％であるとしよう。したがって、生産物は 720c＋180v＋180m である。次

（296）

に、この生産物または生産された商品資本をWと名づけるならば、Wの価値または生産価格（なぜなら、諸商品の総体を考察すれば両者は一致するから）は一〇八〇であり、総資本九〇〇にたいする利潤率は二〇％である。この二〇％は、これまでの展開によれば、平均利潤率である。というのは、剰余価値は、ここでは、特殊な構成をもつあれこれの資本についてではなく、平均構成をもつ総産業資本について計算されているからである。したがって、Wは一〇八〇で、利潤率は二〇％である。ところで、いまわれわれは、この九〇〇ポンドの産業資本のほかになお、一〇〇ポンドの商人資本がつけ加わり、この商人資本もその大きさに〝比例して〟、産業資本と同じ利潤の分け前を得るものと仮定しよう。前提によれば、この商人資本は、総資本一〇〇〇の $\frac{1}{10}$ である。したがって商人資本は、総剰余価値一八〇の $\frac{1}{10}$ の分け前にあずかり、一八％という率の利潤を受け取る。したがって実際には、総資本の残り $\frac{9}{10}$ のあいだに分配されるべき利潤は、もはや一六二にすぎない。すなわち、九〇〇という資本についても、同じく一八％である。したがって、Wが産業資本九〇〇の所有者たちによって商品取引業者たちに売られる価格は、720c＋180v＋162m＝1,062 である。したがって、商人が彼の資本一〇〇に一八％の平均利潤をつけ加えるならば、彼は諸商品を 1,062＋18＝1,080 で、すなわちそれらの生産価格――または、総商品資本を考察すればそれらの価値――で売るのである。といっても彼は、彼の利潤を流通において、また流通を通してのみ、手に入れるのであり、彼の購買価格を超える販売価格の超過分によってのみ手に入れるのであるが。しかし、それにもかかわらず、彼は諸商品をそれらの価値よりも高くは、またはそれらの生産価格よりも高くは売らない。なぜなら、彼が、諸商品を産業資本家たちからそれらの価値よりも低く、またはそれらの生産価格よりも低く買ったからにほかならない。

要するに商人資本は、それが総資本のなかに占める割合に〝比例して〟、一般的利潤率の形成に規定的にはいり込む。したがって、右の事例で平均利潤率が一八%であると言われる場合に、もし総資本の $\frac{1}{10}$ が商人資本ではなく、そのため一般的利潤率が $\frac{1}{10}$ だけ引き下げられなかったとするならば、平均利潤率は二〇%だったであろう。このようにしてまた、生産価格のより立ち入った限定的な規定が現われる。生産価格とは、前と同じく、商品の費用（商品に含まれている不変資本プラス可変資本の価値）、プラス、それにたいする平均利潤、に等しい商品価格と解すべきである。しかし、この平均利潤は、いまや別の仕方で規定されている。それは、全生産的資本が生み出す総利潤によって規定されている。しかしそれは、この全生産的資本にたいして計算されるのではなく——だから、もしこの全生産的資本が上述したように九〇〇で利潤が一八〇であれば平均利潤率は $\frac{180}{900}=20\%$ で(297)あると計算されるのではなく、全生産的資本プラス商業資本にたいして計算されるのであり——だから、もし九〇〇が生産資本で一〇〇が商業資本であれば平均利潤率は $\frac{180}{1,000}=18\%$ であると計算されるのである。したがって生産価格は、k（諸費用）+20 ではなく、k+18 である。平均利潤率には、総利潤のうち商業資本に帰属する部分がすでに算入されている。だから、総商品資本の現実の価値または生産価格は、k+p+h（このhは商業利潤）に等しい。したがって、生産価格、すなわち産業資本家が産業資本家として売る価格は、商品の現実の生産価格よりも小さい。または、諸商品[*1]の総体を考察すれば、産業資本家階級がそれらを売る価格は、それらの価値よりも小さい。こうして、上記の例では――900（諸費用）＋900の18％、すなわち900＋162＝1,062である。ところで、商人は、自分にとって一〇〇の費用がかかる商品を一一八で売ることによって、確かに一八％を上乗せする。しかし、それだからといって、彼が一〇〇で買った商品は一一八の価値があるのだから、彼は商品をその価値よりも高く売ることにはならない。[*2] われわれは、右に展開されたより立ち入った意味での生産価格という表現を保持することにしよう。そうすれば、明らかに、産業資本家の利潤は、商品の費用価格を超えるその生産価格の超過分に等しく、また商業利潤は、この産業利潤とは異なり、商品の生産価格――それが商人にとっては商品の購買価格である――を超える販売価格の超過分に等しいが、しかし商品の現実の価格は、商品の生産価格、プラス、商業利潤に等しい。産業資本が利潤を実現するのは、利潤が剰余価値としてすでに商品の価値に潜んでいるからにすぎないのと同じように、商業資本が利潤を実現するのは、産業資本によって実現される商品の価格においては、まだ剰余価値または利潤の全部が実現されていないからにすぎない。[(三九)] このように、商人の販売価格が購入価格を超えるのは、販売価格が全価値を超えるからではなく、購入価格が全価値よりも低いからである。

（三九）ジョン・ベラーズ〔『貧民、製造業、商業、植民、および不道徳にかんする論集』、ロンドン、一六九九年、一〇ページ〕。

＊1〔初版では「商品」となっていた。草稿により訂正。アドラツキー版以後各版でも訂正〕

＊2〔前段落以下の行論から見て、「ところで」以下の記述は厳密さを欠くと思われる。商人は、一〇〇で買

った商品を一一八で売るのではなく、一〇六二で買った商品を一〇八〇で売る。一〇〇の資本で一〇六二の商品を買うために、彼は自分の資本を一〇・六二回回転させなければならない。したがって、一回転につき、彼は一〇〇で買った商品を約一〇一・七で売り、約一・七の利潤を得る。それを一〇・六二回繰り返すことで、彼は一年間に一八の利潤を得、年利潤率は平均利潤率と同じ一八％になる。もちろん、彼が買った一〇〇の商品は約一〇一・七の価値があるのだから、彼が商品をその価値よりも高く売ることにはならない。商人資本の回転と利潤とのこの関係については、本訳書、第三巻、五三〇—五三二ページをも参照〕

つまり、商人資本は剰余価値の生産には参加しないが、この剰余価値の平均利潤への均等化には参加するのである。だから、一般的利潤率は、剰余価値のうち商人資本に帰属する分の控除、すなわち産業資本の利潤からの控除をすでに含んでいる。

上述のことから次の結論が生じる——

（一）産業資本に比べて商人資本が大きければ大きいほど、産業利潤の率はそれだけ小さく、逆に、商人資本が小さければ小さいほど、産業利潤の率はそれだけ大きい。

（二）第一篇で明らかにしたように、利潤率は、つねに、現実の剰余価値の率よりも小さい率を表
(298)
現するとすれば、すなわち、労働の搾取度をつねに過小に表現する——たとえば上記の 720c＋180v＋180m の場合、一〇〇％の剰余価値率をわずか二〇％の利潤率として表現する——とすれば、この比率は、いまや平均利潤率そのものが商人資本に帰属する分け前を算入することによって、さらにより小さく、この場合には二〇％ではなくて一八％として現われる限りで、さらにいっそう背離する。

したがって、直接に搾取している資本家の平均利潤率は、利潤率を、それが現実にそうであるよりも小さく表現する。

他のすべての事情に変わりがないと前提すれば、商人資本（といってもこの場合、小売商人の資本は一つの中間的部類であり例外をなす）の相対的大きさは、その回転の速度に反比例し、したがって再生産過程一般のエネルギーに反比例する。科学的分析の進行においては、一般的利潤率の形成は、産業諸資本およびそれらの競争から出発して、のちにはじめて商人資本の介入によって訂正され、補足され、修正されるものとして現われる。歴史的発展の進行においては、事態はまさに反対である。はじめて諸商品の価格を多かれ少なかれその価値によって規定するのは商業資本であり、また、はじめて一般的利潤率が形成されるのは、再生産過程を媒介する流通の部面である。最初は商業利潤が産業利潤を規定する。資本主義的生産様式が浸透して、生産者自身が商人となったときにはじめて、商業利潤は、総剰余価値のうちの、社会的再生産過程にたずさわる総資本の一可除部分としての商業資本に帰属する可除部分に帰着させられる。

商人資本の介入による利潤の補足的な均等化においては、商品の価値には、商人が前貸しした貨幣資本のためにどんな追加的要素もはいり込まないということ、商人が自分の利潤を得るために行なう価格へのつけ加えは、商品の価値のうち、生産的資本が商品の生産価格に算入せずに残しておいた部分に等しいだけであることが明らかとなった。すなわちこの貨幣資本は、産業資本家の固定資本――まだ消費し尽くされず、したがってその価値が商品の価値の要素になっていない限りでの固定資本

（299）

――と同じ事情におかれている。すなわち商人は、商品資本の自己の購買価格として、その生産価格＝Gを貨幣に置き換える。彼の販売価格は、前に展開されたように、G＋⊿G に等しい――この⊿Gは一般的利潤率によって規定される、商品価格へのつけ加えを表現する。したがって彼が商品を売れば、⊿Gのほかに、彼が諸商品の購入に前貸しした最初の貨幣資本が彼のもとに還流する。ここでふたたび次のことが明らかとなる。すなわち、彼の貨幣資本は一般に、貨幣資本に転化された産業資本家の商品資本にほかならず、その貨幣資本は、この商品資本が商人にではなく直接に最終消費者に売られたとした場合とまったく同様に、この商品資本の価値の大きさにはなにも影響することができないのである。商人の貨幣資本は、実のところ、最終消費者による支払いを先取りするだけである。とはいえ、このことが正しいのは、ここまで仮定されているように、商人が少しも空費を使わない場合、すなわち、彼が商品を生産者から買うために前貸ししなければならない貨幣資本以外には、流動資本であれ固定資本であれどんな他の資本も、諸商品の変態すなわち購買および販売の過程で前貸しする必要がない場合だけである。けれども、この仮定のとおりにはいかないことは、すでに流通費の考察（第二部第六章〔本訳書、第二巻、二〇八ページ以下〕）にさいして見たとおりである。そしてこの流通費は、一部は商人が他の流通代理人たちに請求しうる費用として、一部は直接に彼の独特な業務から生じる費用として、現われる。

これらの流通費がどのような種類のものであるとしても、すなわち、それが純粋に商人的な業務そのものから生じ、したがって商人の独特な流通費に属しているとしても、または、補足的な、流通過程の内部でつけ加わる生産諸過程、たとえば発送、輸送、保管などから生じる諸費目を表わしているとしても、これらの流通費は、商人の側に、商品購入に前貸しされた貨幣資本のほかに、つねにこれらの流通手段〔流通業務、発送、輸送等の手段〕の購入および支払いに前貸しされた追加的資本を押しつける。この費用要素は、それが流動資本からなっている限りでは全部が、それが固定資本からなっている限りではその摩滅度に応じて、追加要素として諸商品の販売価格にはいり込む――ただし、純粋に商人的な流通費のように商品のどんな現実的な価値のつけ加えも形成しない場合でさえ、名目的な価値を形成する一要素として諸商品の販売価格にはいり込むのである。しかし、流動資本であれ固定資本であれ、これらすべての追加資本は、一般的利潤率の形成に参加する。

純粋に商人的な流通費（したがって、発送、輸送、保管などのための費用をのぞいたもの）は、商品の価値を実現するために必要な――商品から貨幣へであれ貨幣から商品へであれ、その価値を転化し、商品の交換を媒介するために必要な――諸費用に帰着する。その場合、流通行為中も続行され、それらからまったく分離されても商人的業務が存在しうるような生産諸過程は、それが起こりうるとしても完全に度外視される。このような生産諸過程、たとえば現実の運輸業および配送業は、実際に、商業とはまったく異なった産業諸部門でありうるし、また現にそうである。また、売買されるべき諸商品が、ドック〔埠頭倉庫〕その他の公的な置き場に貯蔵されていることもありうる。そしてこのことから生じる費用は、商人がそれを前貸ししなければならない限り、第三者によって商人の負担分に算入される。これらすべてのことは、本来の卸売商業で見られることであり、そこでは商人資本がも

(300)

っとも純粋に、また他の諸機能ともっともからみ合うことなく、現われる。輸送業者、鉄道経営者、船舶所有者は、「商人」ではない。われわれがここで考察する費用は、買うことの費用と売ることの費用である。これらの費用は、すでに前に述べたように、計算、簿記、市場取引、通信などに帰着する。そのために必要な不変資本は、事務所、紙、郵便料金などからなっている。その他の費用は、商業賃労働者の使用に前貸しされる可変資本に帰着する。（発送費、輸送費、関税前払いなどは、部分的には、商人が諸商品購入のときにそれらを前貸しし、したがって彼にとってはそれらは購買価格にはいり込むとみなすことができる。）

これらいっさいの費用がかかるのは、諸商品の使用価値の生産においてではなく、諸商品の価値の実現においてである。それらは、純粋な流通費である。それらは、直接的生産過程にははいり込まないが、流通過程にはいり込み、したがって再生産の総過程にはいり込む。

これらの費用のうち、ここでわれわれの関心を引く唯一の部分は、可変資本に支出される部分である。（そのほかに次のことが研究されなければならないであろう――第一に、必要労働だけが商品の価値にはいり込むという法則は、流通過程ではどのように発揮されるか？　第二に、蓄積は商人資本の場合どのように現われるか？　第三に、商人資本は社会の現実の総再生産過程ではどのように機能するか？）

これらの費用は、商品としての生産物の経済的形態から生じる。

産業資本家たち自身が、彼らの諸商品を直接に売り合うために失う労働時間――したがって、客観

（301）

的に言えば諸商品の通流時間——が、これらの商品にまったくなんの価値もつけ加えないとすれば、この労働時間は、それが産業資本家の代わりに商人の肩にかかることになっても、なにも異なる性格を受け取らないことは明らかである。商品（生産物）の貨幣への転化、および貨幣の商品（生産諸手段）への転化は、産業資本の必然的な機能であり、したがって、実のところ、人格化された、自己の意識と意志とを付与された資本でしかない資本家の必然的な操作である。しかしこれらの機能は、価値を増殖させるものでもなく、剰余価値を創造するものでもない。商人は、これらの操作を遂行することによって、または、生産的資本家が流通部面における資本の諸機能を媒介することをやめたのちにこれを続行することによって、産業資本家に取って代わるだけである。これらの操作に必要とされる労働時間は、資本の再生産過程における必要な諸操作に使われるが、しかしなんの価値もつけ加えない。もし商人がこれらの操作を行なわなかったとすれば（したがってまた、そのために必要とされる労働時間を使用しなかったとすれば）、彼は、自分の資本を産業資本の流通代理人としては使用しなかったことになるであろう。すなわち彼は、産業資本家の中断された機能を続行しなかったであろうし、したがってまた、資本家として、自分の前貸資本に〝比例して〟、産業資本家階級によって生産される利潤総量の分け前にあずかることもなかったであろう。だから商人的資本家は、剰余価値総量の分け前にあずかるためには、自分の前貸しを資本として増殖するためには、賃労働者を使用しなければならないわけではないのである。もし彼の営業および資本が小さければ、彼自身が、彼の使用する唯一の労働者であるかもしれない。それによって彼に支払われるものは、利潤のうち、諸商品の購買価格と現実の生産価格との差額から彼にとって生じる部分である。

他方で、確かに、商人が前貸しした資本の大きさが小さい場合には、彼が実現する利潤は、高給熟練賃労働者の一人の労賃ほど決して大きくなく、むしろそれよりも小さいことすらありうる。実際には、商人のほかに、生産的資本家の直接の商業代理人である仕入れ人、販売人、出張販売員が働いており、彼らは、労賃の形態であれ、販売のつど得られる利潤の割り前（手数料、歩合）の形態であれ、商人と同じかまたはより多くの所得を得ている。第一の場合〔労働者を使用しない場合〕には、商人は、自立した資本家として商業利潤を手に入れる。他方の場合には、産業資本家の賃労働者である事務員に、労賃の形態なり、この事務員を直接の代理人とする産業資本家の利潤の比例的分け前の形態なりで、利潤の一部分が支払われ、そしてこの場合には、彼の雇い主は、産業利潤をも商業利潤をも手に入れる。しかしこれらすべての場合において、たとえ流通代理人自身にとっては彼の所得が単なる労賃として、彼の行なった労働にたいする支払いとして現われるとしても、またそれがそのようなものとして現われない場合には、彼の利潤の大きさが一高給労働者の労賃に匹敵するにすぎないとしても、彼の所得は商業利潤からのみ生じる。このことは、彼の労働が価値を創造する労働ではないということに起因する。（302）

流通操作が長引くことは、産業資本家にとっては、（一）個人的には、それによって彼が生産過程そのものの指揮者としての自分の機能を果たすことがさまたげられる限りで、時間の損失を表わし、（二）貨幣形態または商品形態にある彼の生産物の、流通過程における——すなわち、この生産物が価値を増殖せず、直接的生産過程が中断される一過程における――滞留の長期化を表わす。直接的生産過程が中断されないためには、生産が制限されるか、または、生産過程をつねに同じ規模で継続するために追加貨幣資本が前貸しされるかしなければならない。このことは、いずれも、これまでの資本ではより少ない利潤しか得られないということか、またはこれまでどおりの利潤を得るためには追加貨幣資本が前貸しされなければならないということに帰着する。けれどもこれらのことは、産業資本家の代わりに商人が現われても、すべて同じままである。産業資本家が流通過程でより多くの時間を費やす代わりに、商人がその時間を費やす。産業資本家が流通のために追加資本を前貸ししなければならない代わりに、商人がその資本を前貸しする。または同じことに帰着するが、産業資本中のより大きい部分が絶えず流通過程に出没する代わりに、商人資本が完全に流通過程に囲い込まれている。また、〔商人なしでは〕産業資本家がより少ない利潤をあげる代わりに、彼は、彼の利潤の一部分をすっかり商人に譲渡しなければならない。商人資本が必要とされる諸限界に制限されている限りでは、区別は次の点だけである。すなわち、資本機能のこの分割によって、もっぱら流通過程に費やされる時間が減少し、そのために前貸しされる追加資本が減少し、そして商業利潤の姿態で現われる総利潤のうちの損失分がこの分割の行なわれなかった場合よりも減少する、ということだけである。上記の例で、商人資本一〇〇とならんで存在する 720 c ＋180 v ＋180m が、産業資本家に一六二または一八％の利潤を与え、したがって利潤からの一八の控除を生じるとすれば、もしこの〔商人資本の〕自立化がなければ、必要な追加資本はおそらく二〇〇となり、そうなれば、産業資本家の総前貸しは九〇〇ではなくて一一〇〇となり、したがって一八〇の剰余価値ではわずか一六$\frac{4}{11}$％の利潤率となるであろう。

いま、自分自身の商人でもある産業資本家が、流通のなかにある自分の生産物が貨幣に再転化されるまえに新たな商品を買うための追加資本のほかに、さらに、自分の商品資本の価値を実現するために――すなわち流通過程のために――資本（事務所費および商業労働者の賃銀）を前貸ししたとすれ(303)ば、これらの費用は、確かに追加資本を形成するが、しかし剰余価値を形成しない。これらの費用は、諸商品の価値から補填されなければならない。というのは、これらの商品の価値の一部分は、ふたたびこれらの流通費に転換されなければならないからである。しかし、これによっては、どんな追加的剰余価値も形成されない。社会の総資本にかんして言えば、これは、実際には、社会の総資本の一部分が価値増殖過程にはいり込まない副次的諸操作のために必要とされるということ、および、社会的資本のこの部分がこれらの目的のためにつねに再生産されなければならないということに帰着する。個々の資本家にとっては、また産業資本家階級全体にとっては、そのことによって利潤率が減少するのであり、これは、追加資本が――同じ総量の可変資本を運動させるのにそれが必要な限りで――つけ加えられるごとに、そこから生じる結果なのである。

流通業務そのものと結びついたこれらの追加費用が、いま産業資本家に代わって商人的資本家によって支出される限りでは、こうした利潤率の減少はやはり生じるが、ただその度合いは小さく、またその経路が違っているだけである。いまや事態は、次のように現われる。すなわち、商人は、これらの費用が存在しなかった場合に必要であるよりもより多くの資本を前貸しするということ、および、この追加資本にたいする利潤は、商業利潤の総額を増加させ、したがって商人資本はより大きな規模で産業資本とともに平均利潤率の均等化に参加し、したがって平均利潤は低下するということになる。上記の例で、一〇〇の商人資本のほかになお、五〇の追加資本が当該の費用のために前貸しされるとすれば、いまや一八〇の総剰余価値が、生産的資本九〇〇、プラス、商人資本一五〇、合計一〇五〇に分配される。したがって平均利潤率は、一七$\frac{1}{7}$％に低下する。産業資本家は商品を$900+154\frac{2}{7}=1{,}054\frac{2}{7}$で商人に売り、商人はこれを一一三〇（1,080＋50——この五〇は彼が再補填しなければならない諸費用）で売る。* なお商人資本と産業資本との分割には、商業費用の集中、したがってこの費用の減少がともなうものと想定されなければならない。

* 〔一五四$\frac{2}{7}$は、九〇〇の一七$\frac{1}{7}$％、一〇八〇は、一〇五四$\frac{2}{7}$に一五〇の一七$\frac{1}{7}$％＝二五$\frac{5}{7}$を加えたもの。なおマルクスは、ここでは五〇の追加資本（流通費）を平均利潤率形成への参加の面からのみ研究し、それがまず剰余価値から控除される面を考察していないようである。一八〇mから五〇が控除されれば、一三〇のmが$900+100+50=1{,}050$に配分され、平均利潤率は一二$\frac{8}{21}$％に低下し、産業資本家は商品を$900+111\frac{3}{7}$（すなわち、$900\times12\frac{8}{21}$％. 産業利潤）$=1{,}011\frac{3}{7}$で商人に売り、商人はこれを$1{,}011\frac{3}{7}+50+18\frac{4}{7}$（すなわち、$150\times12\frac{8}{21}$％. 商業利潤）$=1{,}080$で売ることになるのではないかと思われる〕

いまや問題となるのは、商人的資本家——ここでは商品取引業者——が就業させる商業賃労働者の事情はどうであるか？ ということである。

（304）

一面から見れば、このような商業労働者も他の労働者と同様に賃労働者である。第一には、その労働が、商人の可変資本によって――収入として支出される貨幣によってではなく――買われ、したがってまた、私的サーヴィスのためにではなく、その買い入れに前貸しされた資本の自己増殖の目的のためにのみ買われるという限りでそうである。第二には、彼の労働力の価値、したがって彼の労賃が、他のすべての賃労働者の場合と同様に、彼の独特な労働力の生産費および再生産費によって――彼の労働の生産物によってではなく――規定されているという限りでそうである。

しかし、商業労働者と直接に産業資本によって就業させられる労働者たちとのあいだには、産業資本と商業資本とのあいだに、したがって産業資本家と商人とのあいだに生じるのと同じ区別が生じざるをえない。商人は単なる流通代理人として、価値も剰余価値も生産しないのであるから（というのは、彼が彼の空費によって諸商品につけ加える追加価値は、既存の価値の追加に帰着するからである――といっても、ここでは、彼は自分の不変資本のこの価値をどのようにして維持し、保存するのか？　という疑問がおのずと生じてこざるをえないが）、彼によって〔流通代理人という〕この同じ諸機能に就業させられる商業労働者たちもまた、彼のために直接に剰余価値を創造することはできない。ここでもわれわれは、生産的労働者たちの場合と同様に、労賃は労働力の価値によって規定されており、したがって商人は賃銀からの控除によって儲けるのではないということ、だから彼は、自分の費用計算では、労働のための前貸しを部分的にしか支払わなかったとみなすのではないということ、言い換えれば、彼は自分の事務員などをだますことによって儲けるのではないということを想定する。

商業賃労働者たちにかんして生じる困難な問題は、彼らは直接に剰余価値〔利潤はその一転化形態にすぎない〕を生産しないのに、どのようにして直接に自分たちの雇い主のために利潤を生産するのか、を説明することでは決してない。この問題は、実際上、商業利潤の一般的分析によってすでに解決されている。産業資本は、諸商品のなかに潜んでいて実現されているが、自分はそれにたいして少しも等価物を支払ってはいない労働を売ることによって利潤を得るが、これとまったく同様に、商業資本は、商品のなかに〔商品の生産に投下された資本が総産業資本の可除部分として機能する限りにおいて、その商品のなかに〕潜んでいる不払労働を生産的資本に全部は支払わないでおき、代わりに諸商品を販売するさいに、まだ諸商品のなかに潜んでいて自分が支払わなかったこの部分を自分にたいして支払わせることによって利潤を得るのである。剰余価値にたいする商人資本の関係は、産業資本のそれとは異なる。後者〔産業資本〕は、他人の不払労働を直接に取得することによって剰余価値を生産する。前者〔商人資本〕は、この剰余価値の一部分を産業資本から自分のほうに移転させることによってこの部分を取得する。

(305)　商業資本が再生産過程で資本として機能し、したがって機能しつつある資本として、総資本によって生み出された剰余価値の分け前にあずかるのは、価値を実現するという商業資本の機能によってだけである。個々の商人にとっては、彼の利潤の総量は、彼がこの過程において使用しうる資本総量に依存しており、そして彼は、彼の事務員たちの不払労働が大きければ大きいほど、それだけ多くの資本を売買に使用することができる。商人的資本家は、彼の貨幣を資本にする機能そのものを、大部分は彼の労働者たちに行なわせる。これらの事務員の不払労働は、剰余価値を創造はしないが、しかし商人的資本家のために剰余価値の取得を創造するのであり、それは、この資本にとっては結果から見れば〔剰余価値の創造と〕まったく同じことである。したがって、この不払労働は、この資本にとっては利潤の源泉である。もしそうでなければ、商人的営業は決して大規模には、決して資本主義的には、営まれることはできないであろう。

労働者の不払労働が生産的資本のために直接に剰余価値を創造するのと同様に、商業賃労働者たちの不払労働は商人資本のために右の剰余価値の分け前を創造する。

困難は次の点である――商人自身の労働時間および労働は、すでに生み出された剰余価値の分け前を彼のために創造するとはいえ、価値を創造する労働ではないから、彼が商業労働力の購入に投下する可変資本はどのような事情になるのか？　この可変資本は、出費として前貸商人資本に加算されるべきなのか？　加算されるべきでないとすれば、これは利潤率均等化の法則と矛盾するように見える。前貸資本として一〇〇しか算定できないのに、一五〇を前貸しする資本家がいるであろうか？　加算されるべきであるとすれば、それは商業資本の本質と矛盾するように見える。というのは、この資本種類が資本として機能するのは、産業資本のように他人の労働を運動させることによってではなく、それ自身が労働する――すなわち売買の機能を果たす――ことによってであり、また、まさにそのことにたいしてのみ、またそのことによってのみ、産業資本によって生み出された剰余価値の一部分を自分のほうに移転させるからである。

（したがって、次の諸点が研究されなければならない——商人の可変資本。流通における必要労働の法則。どのようにして商人労働はその不変資本の価値を維持するのか。総再生産過程における商人資本の役割。最後に、一方では商品資本と貨幣資本への二重化と、他方では商品取引資本と貨幣取引資本とへの二重化。）

どの商人も、彼個人が自分自身の労働によって回転させうるだけの資本しかもっていないとすれば、
(306) 商人資本の無限の細分化が生じるであろう。この細分化は、資本主義的生産様式が進むにつれて、生産的資本がより大きな規模で生産し、より大きな量を操作する〔草稿では「機能させる」〕のと同じ度合いで、増大せざるをえないであろう。したがって、両者の不均衡が増大するであろう。資本が生産部面で集中するのと同じ度合いで、資本は流通部面で分散するであろう。産業資本家の純商人的業務や、それとともに彼の純商人的支出は、そのため無限に拡大するであろう。というのは、彼は一〇〇人ずつの商人でなく一〇〇〇人ずつの商人を相手にしなければならないであろうからである。それと同時に、商人資本の自立化の利益の大部分は失われるであろう。純商人的費用のほかに、他の流通費——仕分け、発送など——も増大するであろう。これは、産業資本にかんすることである。こんどは、商人資本を考察することにしよう。第一に、純商人的労働にかんすること。大きな数の計算に小さな数の計算よりもより多くの時間が必要とされるわけではない。一〇〇ポンドでの一〇回の購入には、一〇〇〇ポンドでの一回の購入に比べて一〇倍の時間が必要とされる。一〇人の小商人と通信するには、一人の大商人と通信するのに比べて一〇倍の通信、紙、郵便料金が必要とされる。商業の仕事場で明

確な分業が行なわれて、ある人は帳簿をつけ、他の人は経理を扱い、第三の人は通信をし、あの人は仕入れ、この人は販売し、あの人は出張販売をするなどということになれば、莫大な量の労働時間が節約されるので、その結果、卸売業で使用される商業労働者たちの数は、営業の大きさに比べればまったく取るに足りないほどである。そうなるのは、商業でのほうが産業でよりも、同じ機能——大規模に行なわれても、小規模に行なわれても——に費やされる労働時間の大きさが等しいということが、はるかにたびたび生じるからである。だから、商人の営業における集積もまた、産業の仕事場における集積よりも歴史的に早くから現われる。さらに、こんどは不変資本への支出について〔考察してみよう〕。一〇〇の小さな事務所のほうが一つの大きな事務所よりも、また一〇〇の小さな倉庫のほうが一つの大きな倉庫よりも、はてしなくより多くの費用を必要とする、等々。少なくとも、前貸しされるべき費用として商人の業務にはいり込む輸送費は、細分化されるにつれて増大する。

産業資本家は、彼の業務の商業的部分に、より多くの労働と流通費とを支出しなければならないであろう。同じ商人資本が、多数の小さな商人に配分されるとすれば、この細分化のせいで、その諸機能を媒介するのにはるかに多くの労働者を必要とするであろうし、そのうえ、同じ商品資本を回転させるのに、より大きな商人資本が必要とされるであろう。

諸商品の売買に直接投下された総商人資本をBとし、それに照応する、商業補助労働者の支払いに（307）投下された可変資本をbとすれば、B+b は、各商人が助手なしでやっていくとした場合、すなわち資本の一部分がbに投下されないとした場合に、総商人資本Bがとらざるをえないであろう大きさよりも小さい。とはいえ、困難は依然としてかたづいてはいない。

諸商品の販売価格は、（一）B+b にたいする平均利潤を支払うのに足りるものでなければならない。このことはすでに、B+b がもともと最初のBの縮小したものであるということ、bがない場合に必要とされるであろう商人資本よりも小さい商人資本を表わすということによって、説明されている。しかし、この販売価格は、（二）いま追加的に現われているbにたいする利潤のほかに、支払われた労賃、すなわち商人の可変資本＝bそのものをも補填するのに足りるものでなければならない。この後者が困難な点である。bは、価格の新たな構成部分をなすのか、それとも、B+b によって獲得された利潤の一部分――商業労働者にかんしてのみ労賃として現われ、商人自身にかんしては彼の可変資本の単なる補填として現われる一部分――でしかないのか？　後者の場合には、商人が彼の前貸資本 B+b にたいして獲得した利潤は、一般的〔利潤〕率に従ってBに帰属する利潤[*1]、プラス、b――このbを彼は労賃の形態で支払うが、bそれ自身はなんの利潤ももたらさない[*2]――に等しいだけであろう。

＊1〔エンゲルスは草稿での「G」を「B」に、「⊿G」を「b」に、「G′」を「B＋b」に書き換えているが、草稿では「一般的〔利潤〕率に従ってBに帰属する利潤」にあたる個所は、「利潤（G′にたいする利潤または利潤のうち商人が利潤として計算する部分）」となっている〕

＊2〔「bそれ自身はなんの利潤ももたらさない」はエンゲルスによる〕

実際には、bの諸限界（数学的な意味での）を見いだすことが問題である。まず、困難な点を厳密に確定しておこう。諸商品の売買に直接に投下された資本をBとし、この機能に消費される不変資本（物的な取引諸費用）をKとし、商人が投下する可変資本をbとしよう。

Bの補填は、まったくなんの困難も示さない。それは、商人にとっては実現された購入価格、または製造業者にとっては生産価格にすぎない。商人はこの価格を支払い、そして転売のさいに彼は彼の販売価格の一部としてBを回収する。このBのほかに、彼は、前に明らかにしたように、Bにたいする利潤を受け取る。たとえば、商品に一〇〇ポンドの費用がかかるとする。これにたいする利潤が一〇％であるとしよう。そこで商品は一一〇〔ポンド〕で売られる。この商品は、すでに以前に一〇〇〔ポンド〕の費用がかかっていたのであり、したがって一〇〇〔ポンド〕の商人資本は、これに一〇〔ポンド〕をつけ加えるにすぎない。

さらにKをとってみれば、これは、生産者の場合であれば彼が売買において消費するであろう不変資本の一部分とせいぜい同じ大きさであり、実際にはこの部分よりも小さい——ただし、生産者であれば、この部分は、彼が直接に生産において使用する不変資本にたいする一追加をなすであろう。それにもかかわらず、この不変資本部分は、つねに商品の価格から補填されなければならない。または、同じことであるが、商品のうちのこれに相当する一部分がつねにこの不変資本形態で支出されなければならず、——社会の総資本を考察すれば——つねにこの形態で再生産されなければならない。前貸
(308) 不変資本のうちのこの部分は、直接に生産に投下されている不変資本の総量と同様に、利潤率にたいして制限的に作用するであろう。産業資本家が自分の業務の商業的部分を商人にゆだねる限りでは、

彼はこの資本部分を前貸しする必要はない。彼の代わりに商人がこれを前貸しする。その限りでは、これは名目上のことにすぎない。すなわち、商人は、彼が消耗する不変資本（物的な取引諸費用）を生産も再生産もしない。したがって、この不変資本の生産は、ある種の産業資本家たちの特有の業務または少なくともその一部分として現われるのであり、こうしてこれらの産業資本家たちは、生活諸手段を生産する資本家たちに不変資本を提供する産業資本家たちと同じ役割を果たす。したがって、商人は、第一にはこの不変資本を補塡してもらい、第二にはこれにたいする利潤を受け取る。こうして、この両方によって、産業資本家にとっては利潤の減少が生じる。しかし、分業にともなう集積と節約とのおかげで、この減少の程度は、産業資本家自身がこの資本を前貸ししなければならないであろう場合よりも小さい。利潤率の低下がより少なくなるのは、このように前貸しされる資本がより少なくなるからである。

したがって、これまでのところでは、販売価格は、B＋K＋（B＋Kにたいする利潤）からなっている。販売価格のこの部分は、前述したところによれば、なんの困難も示さない。ところがいまや、bが、すなわち商人によって前貸しされる可変資本が、はいってくる。これによって、販売価格は、B＋K＋b＋（B＋Kにたいする利潤）＋（bにたいする利潤）となる。

Bは購買価格を補塡するだけであり、Bにたいする利潤のほかにはこの価格になんらの部分もつけ加えない。Kは、Kにたいする利潤だけではなく、Kそのものをつけ加える。しかし、K＋（Kにたいする利潤）、すなわち、流通費のうち不変資本の形態で前貸しされた部分、プラス、これに照応する平均利潤は、産業資本家の手のなかであれば、商人的資本家の手のなかでよりもさらに大きかったであろう。平均利潤の減少は、次のような形態で現われる。すなわち、全平均利潤が――前貸産業資本からB＋K をのぞいたうえで――計算され、B＋K のための平均利潤の控除分が商人に支払われ、その結果、この控除分が商人資本という特殊な一資本の利潤として現われる、という形態である。

しかし、b＋(bにたいする利潤) については、すなわち、利潤率が一〇％と想定されているいまの場合における $b+\frac{1}{10}b$ については、事情が異なる。そしてここに、真の困難がある。

商人がbで買うものは、想定によれば、商業労働、すなわち資本流通の機能である W―G および（309）G―W を媒介するために必要な労働であるにすぎない。しかし商業労働は、一資本が商人資本として機能するために、それが商品の貨幣への転化および貨幣の商品への転化を媒介するために、一般的に必要な労働である。それは、価値を実現するが、なんの価値も創造しない労働である。そして、一資本がこのような諸機能を行なう――したがって一資本家がこれらの操作、これらの労働を自分の資本で行なう――限りでのみ、この資本は商人資本として機能し、一般的利潤率の規制に参加する、すなわち、総利潤から自分の配当分を引き出すのである。しかし b＋(bにたいする利潤) においては、第一には、労働が支払われるように見え（というのは、産業資本家がその労働を商人に、商人自身の労働の代償として支払うにせよ、商人によって支払われる事務員の労働の代償として支払うにせよ、同じことだからである）、第二には、商人自身が行なわなければならないであろうこの労働への支払い金額にたいする利潤が支払われるように見える。商人資本は、第一には、bの払いもどしを受け取り、第二には、これにたいする利潤を受け取る。したがって、このようなことは次のことから生じる。すなわち、商人資本は、第一に、それが商人資本として機能するための労働にたいして支払いをしてもらうということ、そして第二に、それが資本として機能するのだから――すなわち、機能しつつある資本としての自分に利潤のかたちで支払われる労働を行なうのだから――利潤にたいして支払いをしてもらうということからである。したがって、これが解決されなければならない問題である。

Bは一〇〇、bは一〇、利潤率は一〇％であるとしよう。Kをゼロとするのは、購買価格のうち、ここでは問題に属さず、すでにかたづいている要素をふたたび不必要に算入しないためである。こうして販売価格は、B＋p＋b＋p（＝B＋Bp′＋b＋bp′、このp′は利潤率）＝100＋10＋10＋1＝121となるであろう。

しかし、もしbが商人によって労賃に投下されないとすれば――bは、商業労働に、すなわち、産業資本が市場に投げ込む商品資本の価値を実現するために必要な労働に支払われるだけであるから――、事態は次のようになるであろう。商人は、B＝一〇〇で買ったり売ったりするために自分の時間を費やすであろう。そして、彼が使える時間はこれだけであると仮定しよう。もしbすなわち一〇によって代表されている商業労働が労賃によってではなく利潤によって支払われるとすれば、この労働は、もう一つの商人資本＝一〇〇を想定する〔ことになろう〕。というのは、この一〇％がb＝一〇に等しいからである。この第二のB＝一〇〇は、商品の価格に追加的にははいり込まないであろうが、しかし一〇％は確かにはいり込むであろう。だから、一〇〇での二回の操作、すなわち二〇〇の操作を行なって、商品を200＋20＝220で買う*であろう。

＊〔労賃を利潤で支払うのであるから、この「買う」は「売る」の誤りではないかと思われる〕

(310)商人資本は、流通過程で機能する産業資本の一部分の自立化した形態以外のものでは絶対にないのであるから、商人資本にかんするすべての疑問は、次のような仕方で解決されなければならない。すなわち、問題をまずもって、商人資本に特有な諸現象がまだ自立しては現われず、まだ産業資本との直接的連関のなかで、その分枝として現われるような形態で提起するという仕方である。作業場とは区別される事務所として、商業資本*は絶えず流通過程で機能する。したがっていま問題となっているbは、なによりも、ここで、すなわち産業資本家自身の事務所において研究されなければならない。

＊〔草稿では「生産的資本」となっている〕

もともとこの事務所は、産業的作業場に比べれば、つねに取るに足りない小さなものである。ところで、生産規模が拡大されるのに応じて、産業資本の流通のために恒常的に行なわれなければならない商業的諸操作が増加することは明らかである。それらは、商品資本の姿態で目の前にある生産物を売ったり、その代金をふたたび生産諸手段に転化したりするためにも、全体についての計算をするためにも行なわれなければならないものである。価格計算、簿記、出納、通信は、すべてこれに属する。生産規模が発展すればするほど、決して同じ割合でではないとしても、産業資本の商人的諸操作は、したがって価値および剰余価値を実現するための労働およびその他の流通費もまたますます増大する。このため、本来の事務所を形成する商業賃労働者たちの使用が必要となる。彼らのための支出は、労賃の形態でなされるとはいえ、生産的労働の購入に支出される可変資本とは区別される。それは、直接には剰余価値を増加させることなしに、産業資本家の支出、すなわち前貸しされるべき資本の総量を増加させる。剰余価値を増加させないというのは、それはすでに創造された価値の実現にのみ使用される労働に支払われる支出だからである。この種の他の支出がどれでもそうであるように、この支出も利潤率を低下させる。なぜなら、前貸資本は増大するが、剰余価値は増大しないからである。剰余価値mは不変のままであるが、前貸資本Cが$C+\Delta C$に増大すれば、利潤率$\frac{m}{C}$の代わりに、より小さい利潤率$\frac{m}{C+\Delta C}$が現われる。したがって産業資本家は、不変資本のための彼の支出とまったく同じように、この流通費をその最低限に制限しようとする。したがって、産業資本と彼の商業賃労働者たちとの関係は、産業資本と彼の生産的賃労働者たちとの関係と同じではない。他の事情に変わりがなければ、この後者〔生産的賃労働者たち〕がより多く使用されればされるほどそれだけ生産が大量となり、それだけ剰余価値または利潤が大きくなる。ところが、それとは逆に――生産の規模が大きくなればなるほど、実現されるべき価値したがってまた剰余価値が大きくなればなるほど、すなわち生産される商品資本が大きくなればなるほど、それだけ事務所費が、相対的にではないにしても、絶対的に増大し、一種の分業への誘因となる。利潤が、どれだけこれらの支出の前提条件で(311)あるかは、とりわけ、商業賃銀が増大するにつれて、しばしばその一部分が利潤にたいする歩合で支払われるということに現われている。一部は諸価値の計算に、一部は諸価値の実現に、一部は実現された貨幣の生産諸手段への再転化に結びついている媒介的諸操作でしかない労働、したがってその規模が、すでに生産されていてこれから実現されるべき諸価値の大きさに依存する労働――そのような労働が、直接に生産的な労働のようにこれらの価値のそれぞれの大きさと総量との原因として作用するのではなく、結果として作用するということは、ことがらの性質上当然である。その他の流通費についても事情は同様である。多くのものを計測し、計量し、包装し、輸送するためには、それだけ多くのもの〔商品〕がそこになければならない。包装労働、輸送労働などの分量は、その活動の対象である諸商品の総量に依存するのであり、その逆ではない。

商業労働者は、直接には剰余価値を生産しない。しかし、彼の労働の価格は、彼の労働力の価値によって、すなわちその生産費によって規定されているが、他方で、この労働力の発揮は、緊張、力の発現、消耗としては、他のどの賃労働者の場合とも同じように、決して彼の労働力の価値によって限定されてはいない。だから、彼の賃銀は、彼が資本家を助けて実現させる利潤の総量とはなんの必然的な関係もない。彼が資本家に費やさせるものと、彼が資本家にもたらすものとは、異なる大きさである。彼が資本家にもたらすのは、彼が直接に剰余価値を創造するからではなく、彼が、一部分は不払労働を行なう限りで、剰余価値の実現費用の軽減を助けるからである。本来の商業労働者は、賃労働者のうちの比較的高給な部類、すなわち、その労働が熟練労働であって平均的労働よりも上位にある賃労働者に属する。ところがその賃銀は、資本主義的生産様式の進展につれて、平均的労働に比べてすら、低下する傾向がある。これは、〔第一には〕一部は事務所内での分業による。そこから、労働能力の一面的な発達だけがつくり出されることになり、そしてこの発達をつくり出す費用は部分的には資本家に少しも負担をかけず、むしろ労働者の熟練は*機能そのものによって発達し、しかも、分業につれてそれが一面的になればなるほどますます急速に発達するからである。第二には、資本主義的生産様式が教育方法などを実務本位にすればするほど、基礎知識、商業知識、言語知識などが、科学と国民教育との進歩につれてますます急速に、ますます容易に、ますます普遍的に、ますます低廉に再生産されるようになるからである。国民教育の普及は、この種類〔の労働者たち〕を、以前はそこか(312)ら排除されていた、より劣悪な生活様式に慣れていた諸階級から募集することを可能にする。そのうえ、それは応募を増加させ、したがって競争を激化させる。だから、いくつかの例外をのぞいて、資本主義的生産の進展につれて、これらの人々の労働力の価値は減少する。彼らの労働能力は向上するのに、彼らの賃銀は低下する。資本家は、より多くの価値および利潤を実現する必要がある場合には、これらの労働者の数を増加させる。この労働者の増加は、つねに剰余価値の増加の結果であって、決してその原因ではない。(三九〔a〕)

(三九〔a〕)　この一八六五年に書かれた商業プロレタリアートの運命についての予測が、その後どのように実証されたかは、何百人ものドイツ人事務員が苦い経験からそれを語ることができるのであって、彼らはあらゆる商業的操作と三—四ヵ国語とに精通していながら、ロンドンのシティで一週間二五シリング——熟練機械工の賃銀よりもはるかに安い——の勤め口を得られないでいるのである。——草稿にある二ページの空白は、この点がもっと詳しく展開されるはずであったことを示唆している。なお、第二部第六章（流通費）一〇五—一一三ページ〔本訳書、第二巻、二〇八—二二〇ページ〕を参照。そこではすでに、これにかんするさまざまな点が論及されている。——F・エンゲルス

＊〔草稿では「労働者の熟練は」は「労働者の熟練のように」となっている〕

――――――――――――＊

＊〔この区分線は、エンゲルスによる〕

したがって、一つの二重化が生じる。一方では、商品資本および貨幣資本としての（したがって、さらに規定すれば、商業資本としての）諸機能は、産業資本の一般的な形態規定である。他方では、特殊な諸資本、したがってまた一連の特殊な資本家たちが、もっぱら、これらの機能に従事している。このようにして、これらの機能が資本の価値増殖の特殊な部面となる。

商業的諸機能および諸流通費は、商業資本にとってのみ、自立化して現われる。産業資本の、流通に振り向けられる側面は、商品資本および貨幣資本としての産業資本の恒常的定在のうちに存在するだけでなく、作業場とならぶ事務所としても存在する。ところが、この側面は、商業資本にとって自立化する。商業資本にとっては、事務所がその唯一の作業場である。流通費の形態で使用される資本部分は、大商人のもとでは産業家のもとでよりもはるかに大きなものとして現われる。なぜなら、それぞれの産業的作業場と結びついている自己の営業所のほかに、産業資本家の階級全体によって流通費の形態で使用されなければならない資本部分があり、それは個々の商人――流通諸機能を続けて果たすとともに、そこから生じる流通費も続けて担う個々の商人――の手に集中しているからである。

(313) 産業資本にとっては、流通費は空費として現われ、また実際にそうである。商人にとっては、流通費は、彼の利潤の源泉として現われるのであり、この利潤は――一般的利潤率を前提すれば――流通費の大きさに比例する。だから、これらの流通費のために行なわれる支出は、商業資本にとっては生産的な投資である。したがって、商業資本が買う商業労働も、商業資本にとっては直接に生産的なのである。

第一八章[*] 商人資本の回転。価格

＊〔草稿では、「3）商業資本の回転。価格」となっている〕

産業資本の回転は、その生産時間と流通時間との統一であり、したがって生産過程全体を包括する。これに反して、商人資本の回転は、実際には商品資本の自立化した運動にすぎないのであるから、商品の変態の第一局面 W—G を、一つの特殊な資本の自己還流運動として表わしているだけである。すなわち、商人的意味での G—W、W—G を商人資本の回転として表わしているだけである。商人は、まず買い、彼の貨幣を商品に転化させ、それから売り、同じ商品をふたたび貨幣に転化させ、こうして同じことを恒常的に繰り返す。流通の内部では、産業資本の変態は、つねに W_1—G—W_2 として現われる。すなわち、生産された商品W_1の販売によって得られた貨幣が、新たな生産諸手段W_2を買うために利用される。これは、W_1とW_2との現実の交換であり、こうして同じ貨幣が二度その持ち手を換える。この貨幣の運動が、異なる種類の二つの商品W_1とW_2との交換を媒介する。ところが、商人の場合、G—W—G′ では、逆に同じ商品が二度その持ち手を換える。この商品は貨幣の商人への還流を媒介するだけである。

たとえば、商人資本が一〇〇ポンドであり、商人がこの一〇〇ポンドで商品を買い、それからこの商品を一一〇ポンドで売るとすれば、それでこの彼の資本一〇〇は一回転したのであり、一年間の回

転数は、この運動 G—W—G′ が一年間に何度繰り返されるかに依存する。

　われわれはここでは、購入価格と販売価格との差額のうちに潜んでいるかもしれない諸費用をまったく度外視する。というのは、これらの費用は、ここでなによりも考察しなければならない形態になんの変化も生じさせないからである。

　したがってこの場合、与えられた商人資本の回転数は、単なる流通手段としての貨幣の通流の繰り(315)返しとまったくよく似ている。同じターレル貨幣*が一〇回通流すれば、その価値分の諸商品を一〇回買うわけであるが、それと同様に、商人の同じ貨幣資本、たとえば一〇〇が一〇回回転すれば、その価値分の諸商品を一〇回買うのであり、言い換えれば、一〇倍の価値＝一〇〇〇の総商品資本を実現するのである。しかし、次のような区別がある——貨幣が流通手段として通流する場合には、まさに同じ貨幣片がさまざまな人の手を通過し、こうして繰り返し同じ機能を果たすのであり、したがって通流速度によって通流貨幣片の総量が埋め合わされる。ところが、商人の場合には、どんな貨幣片からなっているかにかかわりなく、まさに同じ貨幣資本、同じ貨幣価値が、繰り返しその価値額だけの商品資本を買っては売り、したがって、同じ手中に繰り返し G＋⊿G として還流し、その出発点に価値プラス剰余価値として還流する。このことが、商人資本の回転を資本の回転として特徴づけるのである。商人資本は流通から、恒常的に、自分がそこに投げ込むよりも多くの貨幣を引き出す。なお、商人資本の回転が速くなるにつれて（その場合、発達した信用制度のもとで支払手段としての貨幣の機能がまた優勢になる）同じ貨幣総量がより速く通流するということは、自明である。

＊〔一六世紀から一八世紀にかけてドイツで使用された銀貨〕

しかし、商品取引資本の回転の繰り返しは、購買と販売との繰り返し以外のなにものをも表現しないが、他方、産業資本の回転の繰り返しは、総再生産過程（それには消費過程も含まれる）の周期性と更新とを表現する。ところがこれは、商人資本にとっては、外的な条件として現われるにすぎない。商人資本の迅速な回転が引き続き可能であるためには、産業資本は、恒常的に諸商品を市場に投げ込み、それらをふたたび引きあげなければならない。およそ再生産過程が緩慢であれば、商人資本の回転も緩慢である。ところで、商人資本はなるほど生産的資本の回転を媒介するが、それは、ただ生産的資本の通流時間を短縮する限りでのことである。〔しかし〕商人資本は、同じく産業資本の回転時間にとって一つの制限をなしている生産時間には直接に影響をおよぼさない。このことが、商人資本の回転にとっての第一の限界である。しかし第二に、再生産的消費によって形成される制限を別とすれば、この回転は、究極的には個人的消費全体の速度と範囲とによって制限されている。というのは、商品資本のうち消費元本にはいり込む部分全体が、この速度と範囲とに依存しているからである。

さて、しかし、（商人世界では一商人がいつも同じ商品を他の商人に売るのであり、またこの種の流通が投機時代にはたいへんな花盛りのように見えるであろうが、このような商人世界の内部における回転をまったく度外視すれば）（316）商人資本は、第一に、生産的資本のために局面 W—G を短縮する。第二に、近代的信用制度のもとでは、商人資本は社会の総貨幣資本の一大部分を自由に使うことができるので、その結果、商人資本は、すでに買ったものを最終的に売ってしまうまえに、自分の購入を繰り返すことができる。その場合、わが商人が直接に最終消費者に売るのか、それともこの両者のあいだに一ダースもの別の商人が介在するのかは、どうでもよいことである。[*1]与えられたどんな制限も乗り越えてつねに推進されうる再生産過程の巨大な弾力性のもとでは、商人は、生産そのものにはどんな制限も見いださないか、またはせいぜい非常に弾力性のある制限を見いだすだけである。したがってここに、商品の本性に由来するW—GとG—Wとの分離のほかに、架空の需要[*2]がつくり出される。商人資本の運動は、その運動の自立化にもかかわらず、流通部面内における産業資本の運動以外のなにものでもない。しかし、商人資本は、その自立化によって、ある限界内では再生産過程の諸制限にはかかわりなく運動するのであり、したがってまた再生産過程をその制限を越えてまでも推進する。内的依存性と外的自立性とは、商人資本をかり立てて、内的な連関が強力的に、恐慌によって回復される点にまで到達させるのである。

＊1〔草稿では、この前に「第三に」とある〕

＊2〔「架空の需要」は、「第二」で示唆されている「流通過程の短縮」とならんで、マルクスの恐慌論の上で重要な位置を占める概念である（本訳書、第二巻、一二五—一二六ページの訳注＊1、および同、八五八—八六二ページの訳注＊2参照）〕

恐慌がまず出現し爆発するのは、直接的消費に関係する小売業においてではなく、卸売業と、これに社会の貨幣資本を用立てる銀行業との部面においてであるという恐慌の現象はこうして生じるのである。

現実には製造業者は輸出業者に売り、この輸出業者はまた外国の取引先に売るであろうし、輸入業者は彼の原料を製造業者に売り、この製造業者は、彼の生産物を卸売商人に売るであろう、等々。しかし、どこか目立たない個々の地点で、商品は売れないままになっている。または、こんどは、すべての生産者や中間商人の在庫がしだいに過剰になってくる。まさにそのような場合にこそ消費はもっとも盛んになるのがつねである。なぜなら、一部には、一人の産業資本家が他の産業資本家たちを順順に運動させるからであり、一部には、彼らの就業させる労働者たちが完全就業をして通常よりも多く支出することができるからである。資本家たちの所得とともに、彼らの支出も増加する。さらに、すでに見たように（第二部、第三篇〔本訳書、第二巻、六七七―六八二、六八八―六九五ページ〕）、不変資本と不変資本とのあいだにも恒常的な流通が（促進される蓄積を度外視しても）行なわれており、この流通は、決して個人的消費にはいり込まないという限りでさしあたり個人的消費にかかわりがないが、(317)にもかかわらず最終的には個人的消費によって限界づけられている。というのは、不変資本の生産が行なわれるのは、決して不変資本そのもののためではなく、個人的消費にはいり込む生産物を生産する生産諸部面でより多くの不変資本が使用されるためでしかないからである。とはいえ、これ〔不変資本の生産〕は、しばらくは、見込み需要に刺激されて平穏に進行することができ、したがってこれらの部門では、商人の場合も産業家の場合も事業は非常に景気よく進展する。遠隔地に売る（または国内でも在庫の山をかかえてしまっている）商人たちの〔支出の〕還流が緩慢になって、まばらになり、その結果、銀行に支払いを迫られたり、諸商品購入のさいに振り出した手形が諸商品の転売が行なわれないうちに満期になるということになれば、ただちに恐慌が到来する。そこで強制販売、支払いをするための販売が始まる。そうなればそこにあるのは崩落であって、それは外見的な繁栄に一挙に結末をつけるのである。

しかし、商人資本の回転の外面性と没概念性とは、同じ商人資本の回転が非常に異なる生産諸資本の回転を同時にまたはつぎつぎに媒介しうるので、さらに大きくなる。

しかし、商人資本の回転は、異なる産業諸資本の回転を媒介することができるだけではなく、商品資本の変態の逆向きの局面をも媒介することができる。商人は、たとえばリンネルを製造業者から買って、それを漂白業者に売る。したがってこの場合には、同じ商人資本の回転――実際には同じW―G、すなわちリンネルの実現――が、二つの異なる産業資本にとって二つの逆向きの局面を表わす。商人が一般に生産的消費のために売る限りでは、つねに彼の W―G はある産業資本の G―W を表わし、またつねに彼の G―W は他のある産業資本の W―G を表わす。

本章で行なわれているように、諸商品の購入に投下された金額のほかに商人が前貸しする資本部分である流通費Kをもしわれわれが除外すれば、商人がこの追加資本からあげる追加利潤 ⊿K もちろんなくなる。したがって、商人資本の利潤および回転が諸価格にどのように影響するかを見る必要がある場合には、このように行なうことこそが、厳密に論理的な、数学的に正しい考察の仕方である。

砂糖一重量ポンドの生産価格が一ポンドであれば、商人は一〇〇ポンドで一〇〇重量ポンドの砂糖を買うことができるであろう。商人が一年間にこれだけの分量を売買するものとし、年平均利潤率を

(318)一五％とすれば、彼は、一〇〇ポンドに一五ポンドをつけ加えることになり、一重量ポンドの砂糖の生産価格である一ポンド〔＝二〇シリング〕には三シリングをつけ加えることになる。したがって彼は、一重量ポンドの砂糖を一ポンド三シリングで売るであろう。反対に、一重量ポンドの砂糖の生産価格が一シリングに下落すれば、商人は、一〇〇ポンドで二〇〇〇重量ポンドを買い入れることになり、一重量ポンドを一シリング一$\frac{4}{5}$ペンス〔一シリングは一二ペンス〕で売るであろう。砂糖取引に投下された一〇〇ポンドの資本にたいする年利潤は、相変わらず一五ポンドであろう。異なるのは、彼が、一方の場合には一〇〇重量ポンドを、他方の場合には二〇〇〇重量ポンドを売らなければならないことだけである。生産価格が高くても低くても、利潤率にはなんのかかわりもないであろう。[*1]しかしこの高低は、一重量ポンドあたりの砂糖の販売価格のうち商業利潤に帰着する可除部分――すなわち、商人が一定分量の商品（生産物）につけ加える価格追加――がどれだけの大きさであるかということには非常に大きく、決定的にかかわりをもつであろう。ある商品の生産価格が低ければ、商人がこの商品の購入価格に――すなわちこの商品の一定総量に――前貸しする金額も小さく、したがって、与えられた利潤率のもとでは、彼がこの与えられた分量の安い商品からあげる利潤の額も小さい。または同じことになるが、その場合には彼は、与えられた資本たとえば一〇〇でこの安い商品をきわめて大量に買うことができ、彼が一〇〇からあげる総利潤一五は、この商品総量の個々の各部分にたいして、小さな分数として分配される。逆に、ある商品の生産価格が高ければ、この逆になる。これは、まったく、この商人が取引する諸商品を生産する産業資本の生産性の大小に依存する。たとえばオランダ東インド会社がその当時そうであったように、商人が独占商人であると同時に生産をも独占している〔*2〕というような場合をのぞけば、商人が多数の商品を個々の商品あたりでは少しの利潤で売ろうとするか、それとも少数の商品を個々の商品あたりでは多くの利潤で売ろうとするかは商人の意向しだいであるという、ありきたりの観念ほどばかげたものはないであろう。彼の販売価格にとっては二つの限界がある――一方には彼の自由にならない商品の生産価格があり、他方には同様に彼の自由にならない平均利潤率がある。彼が決定しうる唯一のことは――といっても、そのさい彼の自由にしうる資本の大きさその他の事情が関係するが――高い商品を取引しようとするか、安い商品を取引しようとするか、ということだけである。だから、商人がそれをどのように処理するかは、まったく資本主義的生産様式の発展度に依存するのであり、彼の意向に依存するのではない。生産を独占していた往年のオランダ東インド会社のような商事会社だけが、せいぜい資本主義的生産の初期にしか照応しない方法を、まったく変化した事情のもとで続行しようなどと思い込むことができたのである〔(四〇)*3〕。

（四〇）「利潤は、一般原則では、価格がどうあろうとつねに同じであり、満ち干きする潮に浮かぶ物体〔*4〕のようにその位置を保つ。だから商人は、物価が上がれば価格を引き上げ、物価が下がれば価格を引き下げるのである」（コーベト『諸個人の富の原因および様式の研究』、ロンドン、一八四一年、一五〔正しくは二〇〕ページ）。――本文で一般にそうであるように、ここで問題にするのは、普通の商業だけで、投機ではないのであり、投機の考察は、およそ商業資本の部類分けにかんすることがすべてそうであるように、われわれの考察の範囲外にある。「取引の利潤は、資本につけ加えられる価値であり、この価値は価格にはかかわりがなく、第二の利潤」（投機）「は、資本価値の変動または価格そのものの変動にもとづいている」（同前、一二八ページ）。

＊1〔草稿では、ここにa)と書かれていて、原注四〇がa)の脚注として付されている〕

＊2〔一六〇二年三月に設立されたオランダの東インド（東南アジア）貿易のための特許会社（正称は「合同東インド会社」）。コショウその他の香辛料類の貿易を独占し、その高配当の利潤は、オランダの資本の本源的蓄積に役立った。搾取にたいする住民の反乱、反乱鎮圧のための膨大な支出などがこの会社の崩壊を招き、オランダがフランスに支配された（一七九六―一八〇六年）当時、解散した（一七九八年）〕

＊3〔草稿では、ここに「b)」とあって、三段落あとの「第二に」で始まるロッシャーにかんする段落が脚注として付されている〕

＊4〔初版では「潮（タイド）」でなく「取引（トレイド）」となっていた。原文および草稿によりアドラッキー版で訂正〕

（319）

前記の一般に流布されている偏見――これもまた、利潤についてのすべての誤った観念などと同様に、単なる商業の見方と商人的偏見とから生じる――を支えているのは、とりわけ次のような諸事情である。

第一に――競争の諸現象。しかしこれが関係するのは、ただ総商人資本の持ち分所有者たちである個々の商人のあいだへの商業利潤の分配だけである。たとえば、ある商人が競争相手を撃退するために安売りをする場合。

第二に――ロッシャー教授程度の経済学者は、ライプツィヒで相変わらず、次のように思い込むことができる。すなわち、販売価格における変動を引き起こしたものは「賢明および人間性」という原因であって、この変動は生産様式そのものの変革の結果ではなかった、と。＊

* 〔ロッシャー『国民経済学原理』、第三版、シュトゥットガルト、アウクスブルク、一八五八年、第一〇八節、一九二ページ。本訳書、第三巻、三八七ページ参照。なお、草稿では、この段落は、冒頭に「第二に」ではなく「b)」とあり、本訳書、第三巻、五二三ページの「などと思い込むことができたのである」で終わる段落の末尾につけられた脚注になっている。また、以下の「第三に」「第四に」は「第二に」「第三に」となっている〕

第三に――労働の生産力が増大した結果として生産価格が低落し、したがってまた販売価格も低落すれば、しばしば需要は供給よりもさらに急速に増加し、またそれとともに市場価格が騰貴して、その結果、販売価格が平均利潤よりも多くの利潤をもたらす。

第四に――商人が自分の営業でより大きな資本をより速く回転させるために、販売価格を引き下げることもある（つねにこれは、彼が価格につけ加える普通の利潤の引き下げにほかならない）。これは、すべて、商人どうしのあいだの競争だけにかんすることである。

(320) すでに第一部で明らかにされたように、商品価格の高低は、与えられた一資本によって生産される剰余価値総量を規定するものでもなければ、剰余価値率を規定するものでもない――といっても、ある与えられた分量の労働によって生産される商品の相対的な分量に応じて、個々の商品の価格は、したがってまたこの価格の剰余価値部分が増減する。どの商品分量の価格も、それが価値に一致している限り、これらの商品に対象化された労働の総分量によって規定されている。わずかな労働が多くの商品に対象化されていれば、個々の商品の価格は低く、それに潜んでいる剰余価値はわずかである。

一商品に体現されている労働がどのように支払労働と不払労働とに分割されるか、したがってこの価格のうちどれだけの分量が剰余価値を表わすかは、この労働の全分量、したがって商品の価格とはなんのかかわりもない。しかし、剰余価値率は、個々の商品の価格に含まれている剰余価値の絶対的な大きさにではなく、その相対的な大きさに――同じ商品のうちに潜んでいる労賃にたいする剰余価値の比率に――依存する。そのため、商品各個あたりの剰余価値の絶対的な大きさは小さくても、その率は大きいということが可能である。商品各個における剰余価値のこの絶対的な大きさは、一次的には労働の生産性に依存し、二次的にのみ、支払労働と不払労働とへの労働の分割に依存する。

しかも、商業的販売価格の場合には、生産価格はいまや一つの与えられた外的な前提である。

以前の時代に商業的商品価格が高かったのは、次のような事情のためであった。すなわち、（一）生産価格が高いこと、すなわち労働の生産性が低いこと。（二）一般的利潤率が存在しないこと。というのは、商人資本は、資本の一般的な可動性がある場合に自己に帰属するであろうよりも、はるかに多くの剰余価値の分け前を手に入れたからである。したがって、このような状態がなくなったことは、どちらの面から考察しても、資本主義的生産様式の発展の結果である。

商業部門が異なれば、商人資本の回転は長かったり短かったりし、したがって一年間の回転数も多かったり少なかったりする。同じ商業部門の内部でも、経済循環の局面が異なれば、回転は速いことも遅いこともある。それにもかかわらず、経験によって見いだされるような、ある一つの平均的な回転数が生じる。

すでに見たように、商人資本の回転は産業資本の回転とは異なる。これは、ことの本性に由来する。すなわち、産業資本の回転における個々の局面は、独自な一商人資本——または少なくともその一部分——の完全な回転として現われる。商人資本の回転は、利潤規定および価格規定にたいする関係においても〔産業資本とは〕異なっている。

（321）

産業資本の場合には、回転は、一方では、再生産の周期性を表現し、したがって一定期間内に市場に投げ込まれる商品の総量はそれに依存する。他方では、通流時間は一つの限界、ただし伸縮可能な限界をなすのであり、それは生産過程の規模に影響するので、価値および剰余価値の形成に多かれ少なかれ制限的に作用する。だから回転は、積極的要素としてではなく、制限的要素として、年々生産される剰余価値総量に、したがって一般的利潤率の形成に、規定的にはいり込む。これに反して、平均利潤率は、商人資本にとっては一つの与えられた大きさである。商人資本は、利潤または剰余価値の創造において直接に協力するのではなく、自分が総資本のなかで占める持ち分に応じて、産業資本の生産した利潤総量から自分の配当を引き出す限りでのみ、一般的利潤率の形成に規定的にはいり込む。

第二部第二篇で展開された諸条件のもとでの一産業資本の回転数が大きければ大きいほど、その産業資本が形成する利潤の総量もそれだけ大きい。ところで、一般的利潤率の成立によって、確かに総利潤は、異なる諸資本のあいだに分配されるが、それは、諸資本が直接に総利潤の生産に参加する割合に応じてではなく、諸資本が総資本のなかで占める可除諸部分に応じて、すなわち諸資本の大きさに比例して行なわれる。とはいえ、このことはことの本質を少しも変えない。産業総資本の回転総数が大きければ大きいほど、利潤総量、すなわち年々生産される剰余価値の総量はそれだけ大きく、したがって他の事情に変わりがなければ、利潤率もそれだけ大きい。商人資本については事情は異なる。商人資本にとっては、利潤率は一つの与えられた大きさであり、一方では産業資本が生産した利潤の総量によって規定されており、他方では総商業資本の相対的大きさ――生産過程および流通過程に前貸しされている資本総額にたいする総商業資本の量的割合――によって規定されている。もちろん、総商業資本の回転総数は、総資本にたいする総商業資本の割合に、または、流通に必要な商人資本の相対的大きさに、規定的に影響する。というのは、必要な商人資本の絶対的な大きさとそれの回転速度とが反比例することは明らかだからである。しかし、総商業資本の相対的な大きさ、またはそれが総資本のなかで占める持ち分は、他のすべての事情に変わりがなければ、総資本の絶対的な大きさによって与えられている。総資本が一万であるとすれば、商人資本がその $\frac{1}{10}$ の場合には、商人資本＝一〇〇〇であり、総資本が一〇〇〇であれば、その $\frac{1}{10}$＝一〇〇である。その限りでは、商人資本の絶対的な大きさは、その相対的な大きさが同じままであるにもかかわらず相違し、総資本の大きさに応じて相違する。しかしここでは、われわれは、その相対的大きさ、たとえば総資本の $\frac{1}{10}$ を、与えられたものと仮定しよう。しかし、商人資本のこの相対的な大きさそのものが、これまた回転によって規定される。回転が速い場合には、商人資本の絶対的な大きさは、たとえば第一の場合には一
(322) 〇〇〇ポンド、第二の場合には一〇〇であり、したがってその相対的な大きさは $\frac{1}{10}$ である。回転

がより遅い場合には、商人資本の絶対的な大きさは、たとえば第一の場合には二〇〇〇、第二の場合には二〇〇である。したがって、その相対的な大きさは、総資本の $\frac{1}{10}$ から $\frac{1}{5}$ に増大したのである。商人資本の平均回転を短縮する諸事情、たとえば輸送手段の発達は、〝それだけ〟商人資本の絶対的な大きさを減少させ、したがって一般的利潤率を増大させる。逆に平均回転を延長する諸事情が生じる場合には、その逆になる。発展した資本主義的生産様式は、以前の状態に比べて、商人資本に二重に作用する。すなわち、〔一方では〕同じ分量の商品が、現実に機能する商人資本のより少ない量で回転させられる。商人資本のより速い回転と、それの基礎をなす再生産過程のより大きな速度とによって、産業資本にたいする商人資本の割合が減少する。他方では、資本主義的生産様式の発展につれて、すべての生産が商品生産となり、したがってすべての生産物が流通代理人の手中にはいるが、これに次のような事情がつけ加わる。すなわち、小規模に生産が行なわれていた以前の生産様式のもとでは、生産者自身によって直接に〝現物で〟消費された生産物の総量および〝現物で〟行なわれた貢租給付の総量を別としても、生産者たちの非常に大きな部分は、自分たちの商品を直接に消費者に売ったり、または消費者の個人的な注文に応じて労働したという事情である。だから、以前の生産様式のもとでは、商業資本は、それが回転させる商品資本にたいする比率ではより大きいにもかかわらず、

(一) 絶対的にはより小さい。なぜなら、総生産物のうち比較にならないほど小さい部分が、商品として生産され、商品資本として流通にはいり込むことを必要とし、商人の手中にはいるからである。

商業資本がより小さいのは、商品資本がより小さいからである。しかし同時に、商業資本は相対的にはより大きいが、それは、商業資本の回転がより緩慢であるせいで、また、それが回転させる商品総量に比べて、より大きいというだけではない。商業資本がより大きいのは、労働の生産性がより低い結果、資本主義的生産の場合よりも、この商品総量の価格がより高く、したがってまたそれに前貸しされている商人資本がより大きいからであり、したがって同じ価値がより少ない商品総量で表わされるからである。

（二）資本主義的生産様式の基盤の上では、より大量の商品が生産されるだけでなく（その場合には、この商品総量の価値の減少が差し引かれなければならない）、同じ総量の生産物、たとえば同じ総量の穀物が、より大きい商品量を形成する。すなわち、同じ総量のうちのますます多くの部分が商業にはいり込む。その結果として、さらに、商人資本の総量が増大するだけでなく、一般に、流通に——たとえば船舶輸送、鉄道、電信などに——投下されるすべての資本が増大する。

（三）しかし——これは「諸資本の競争」のところで詳論すべき観点であるが——、資本主義的生(323)産様式が進展するにつれて、小売業に割り込むことが容易になるのにつれて、投機と遊離資本の過剰とが増加するにつれて、機能しない商人資本またはなかば機能しない商人資本が増大する。

しかし、総資本に比べての商人資本の相対的な大きさを与えられたものと前提すれば、異なる商業諸部門における回転の相違は、商人資本に帰属する総利潤の大きさにも、一般的利潤率にも影響しない。商人の利潤は、彼が回転させる商品資本の総量によってではなく、彼がこの回転の媒介のために前貸しする貨幣資本の大きさによって規定されている。一般的年利潤率が一五％で、商人が一〇〇ポンドを前貸しするとすれば、彼の資本が一年に一回回転する場合には、彼は自分の商品を一一五で売るであろう。彼の資本が一年に五回回転する場合には、彼は一〇〇という購入価格をもつ一商品資本を一年間に五回、一〇三で売り、したがってまる一年では五〇〇の商品資本を五一五で売るであろう。しかしこの場合にも、彼の一〇〇という前貸資本にたいする年利潤は、相変わらず一五である。もしそうでないとすれば、商人資本は、その回転数に比例して産業資本よりもはるかに高い利潤を生み出すことになるが、これは一般的利潤率の法則と矛盾する。

したがって、異なる商業諸部門における商人資本の回転数は、諸商品の商業価格に直接に影響する。商業的な価格追加――与えられた一資本の商業利潤のうち、個々の商品の生産価格に帰属する可除部分――の大きさは、異なる営業諸部門における商人諸資本の回転数または回転速度に反比例する。ある商人資本が一年間に五回回転するとすれば、その商人資本が同価値の商品資本につけ加える額は、一年間に一回しか回転できない他の一商人資本が同価値の商品資本につけ加える額の $\frac{1}{5}$ にすぎない。

異なる商業諸部門における諸資本の平均的回転時間が販売価格に与える影響は、次のことに帰着する。すなわち、この回転速度に比例して、同じ利潤総量――商人資本の大きさが与えられていれば一般的年利潤率によって規定され、したがってこの資本の商人的操作の特殊な性格にはかかわりなく規定されている同じ利潤総量――が、同じ価値の商品総量に異なる仕方で分配され、たとえば一年に五回回転する場合には商品価格に $\frac{15}{5}$＝三%がつけ加えられ、これにたいして一年に一回回転する場合には一五%がつけ加えられるということである。

(324) したがって、商業諸部門が異なっても商業利潤の百分率は同じであるが、その百分率は、それらの部門の回転時間の比率に応じて、諸商品の価値にたいしてまったく異なる百分率に計算され、その分だけこれらの商品の販売価格を高くする。

これに反して、産業資本の場合には、回転時間は、生産される個々の諸商品の価値の大きさには決して影響しない――といっても、回転時間は、搾取される労働の総量に影響するから、与えられた資本によって与えられた時間内に生産される価値および剰余価値の総量には影響する。このこと〔影響しないこと〕は、生産価格に着目する場合には、確かにおおい隠されていて、そうではないように見えるが、しかしそれは、さまざまな商品の生産価格が前に展開された諸法則に従ってそれらの商品の価値から背離するからにすぎない。総生産過程を考察し、総産業資本によって生産された商品総量を考察すれば、一般的法則が正しいことがただちにわかる。

したがって産業資本の場合には、回転時間が価値形成におよぼす影響のより精密な考察は、諸商品の価値はそれに含まれている労働時間によって規定されているという一般的法則および経済学の基礎につれもどすのにたいし、他方、商人資本の回転が商業価格におよぼす影響は、諸中間項の非常に詳細な分析抜きには、まったく恣意的な価格の規定――すなわち、資本がともかく一年間に一定分量の利潤をあげると決意したということだけによる〔価格の〕規定――を前提するかのように見える

（325）

諸現象を示す。ことに、回転のこのような影響によって、あたかも流通過程そのものが、一定の限界内では生産過程にかかわりなく、諸商品の価格を規定するかのように見える。再生産の総過程にかんするすべての表面的で転倒した見解は、商人資本の考察から引き出されたものであり、商人資本特有の諸運動が流通代理人たちの頭のなかに呼び起こす諸観念から引き出されたものである。

読者が遺憾ながら認めてきたように、資本主義的生産過程の現実の内的諸連関の分析が非常に複雑なことがらで、また非常に委細にわたる仕事であり、また、目に見える単に現象的な運動を内的な現実的運動に還元することが科学の仕事である以上、資本主義的な生産当事者たちおよび流通当事者たちの頭のなかで、生産の諸法則にかんして、これらの法則からまったく背離する、外観的な運動の意識的表現でしかない諸観念が形成されざるをえないということは、まったく自明である。商人や相場師や銀行家の諸観念は、必然的にまったく転倒している。製造業者たちの観念は、自分たちの資本が従わざるをえない流通行為によって、また一般的利潤率の均等化によって、ねじ曲げられている。（四一）競争も、これらの頭のなかでは必然的にまったく転倒した役割を演じる。価値および剰余価値の諸限界が与えられていれば、どのようにして諸資本の競争が価値を生産価格に、さらにまた商業価格に転化し、剰余価値を平均利潤に転化するかは、たやすく見抜くことができる。しかし、このような限界が与えられなければ、なぜ競争が一般的利潤率をあの限界にではなくこの限界に、一五〇〇％にではなく一五％に帰着させるのかは、絶対に見抜くことができない。競争は、せいぜいのところ、一般的利潤率を一つの水準に帰着させることができるだけである。しかし、この水準そのものを規定するための要素は、競争のなかには絶対にないのである。

(四二) 次の指摘は、非常に素朴であるが、同時にまた非常に正しい——「だから、同一の商品が売り手が異なる場合にははなはだしく異なる価格で入手されうるという事情もまた、確かに、まちがった計算にその原因があることが非常に多い」(フェラーおよびオーダマン『商業算術全科』、第七版、一八五九年〔四五一ページ〕)。このことは、価格規定がどんなに純理論的なものに、すなわち抽象的なものになるかを示す。

したがって、商人資本の立場からは、回転そのものが価格を規定するものとして現われる。他方、産業資本の回転速度は、それが与えられた一資本に、より多くの、またはより少ない労働の搾取を可能にさせる限りでは、利潤総量にたいして、したがって一般的利潤率にたいして、規定的かつ制限的に作用するのにたいし、商業資本にとっては、利潤率は外的に与えられたものであって、利潤率と剰余価値形成との内的連関はまったく消えうせている。他の事情が同じであり、ことに有機的構成が同じである場合に、同じ産業資本が一年に二回でなく四回回転すれば、その資本は二倍の剰余価値、したがって利潤を生産する。そしてこのことは、この資本が自分にこのような回転の加速を許す改良された生産様式〔方法〕*を独占すれば、また独占するあいだは、手に取るように明らかである。逆に、異なる商業諸部門における回転時間の相違は、ある一定の商品資本の一回転であげられる利潤が、これらの商品資本を回転させる貨幣資本の回転数に反比例する、ということのなかに現われる。〝薄利多売〟は、ことに〝小売商人〟にとっては、彼が主義として守る原則として現われる。

* 〔「生産様式〔方法〕」については、本訳書、第一巻、五五八ページの訳注*参照〕

（326）

なお自明のことではあるが、それぞれの商業部門における商人資本の回転にかんするこのような法則は――より速い回転とより遅い回転とがかわるがわる現われて相殺されるということは別として――この部門に投下されている商人資本全体が行なう諸回転の平均にだけあてはまる。Ｂと同じ部門で商売するＡの資本が、諸回転の平均数よりも多く、または少なく回転することがありうる。この場合には、他の諸資本が平均数よりも少なく、またはより多く、回転する。このことは、この部門に投下されている商人資本の総量全体の回転を少しも変化させない。しかしそれ〔平均数よりも多く回転すること〕は、個々の商人または小売商人にとっては決定的に重要である。彼はこの場合には超過利潤をあげるのであり、それはちょうど、産業資本家たちが平均よりも有利な諸条件のもとで生産する場合に超過利潤をあげるのと同じである。競争上そうせざるをえない場合には、彼は、自分の利潤を平均よりも低く低落させることなしに、仲間たちより安く売ることができる。より速い回転の可能性を彼に与える諸条件が、たとえば販売所の位置のようにそれ自体買うことのできる諸条件であれば、彼はそれにたいして特別な賃料を支払うことがありうる。すなわち、彼の超過利潤の一部分は地代に転化するのである。

（327）

第一九章＊　貨幣取引資本

＊〔草稿では、この前に「4)」と書かれている〕

産業資本および商品取引資本――この後者をいまではわれわれはつけ加えることができる（というのは、商品取引資本は産業資本の流通運動の一部分を自分自身の、また自分に特有な運動として引き受けるからである）――の流通過程において貨幣が遂行する純粋に技術的な諸運動、この諸運動は、それが自立して一つの特殊な資本の機能となり、この特殊な資本がこの諸運動を、そしてこの諸運動だけを自分に特有な諸操作として営むようになれば、この資本を貨幣取引資本に転化する。産業資本の一部分、さらに立ち入って言えば商品取引資本の一部分も、絶えず貨幣形態で、貨幣資本一般として存在するだけでなく、この技術的な諸機能にたずさわっている貨幣資本として存在するであろう。いまや、総資本のうちから一定の部分が分離して、貨幣資本――その資本主義的機能はもっぱら、産業資本家たちおよび商業資本家たちの階級全体のためにこの諸操作を遂行することにある――の形態で自立化する。商品取引資本の場合と同様に〔貨幣取引資本の場合も〕、貨幣資本の姿態で流通過程に現存する産業資本の一部分が分離して、残りの資本全体のために再生産過程上のこの諸操作を行なう。したがってこの貨幣資本の諸運動も、これまた、自己の再生産過程中にある産業資本の自立化した一部分の諸運動でしかないのである。

資本が新たに投下される場合にのみ、かつその限りでのみ――蓄積の場合にもまたそうであるが――、貨幣形態にある資本が運動の出発点および終結点として現われる。しかし、ひとたび自己の運動の過程にはいったすべての資本にとっては、出発点も終結点も、通過点として現われるだけである。産業資本が、生産部面から出てふたたび生産部面にはいるまでに変態 W′―G―W を通過しなければならない限りでは、すでに単純な商品流通のところで明らかにしたように、Gは実際には、変態の一（328）局面〔W′―G〕の最終結果であり、そのあとこの局面を補足する反対向きの局面〔G―W〕の出発点となるにすぎない。また、商業資本にとっては、産業資本の W―G はつねに G―W―G として現われるのであるが、それにもかかわらず、商業資本にとっても、それがひとたび投下されてしまえば、現実の過程は、絶えず W―G―W である。しかし、商業資本は W―G および G―W という両行為を同時になしとげる。すなわち、一方の資本が W―G という段階にあるとき、他方の資本が G―W という段階にあるというだけでなく、同じ資本が、生産過程の連続性のせいで、恒常的に買うと同時に恒常的に売るのである。同じ資本が絶えず同時に両方の段階にある。同じ資本の一部分が、のちに商品に再転化するために貨幣に転化するあいだに、同時に他の部分が、貨幣に再転化するために商品に転化する。

貨幣がここで流通手段として機能するか支払手段として機能するかは、商品交換の形態に依存する。どちらの場合にも、資本家は、つねに多くの人々に貨幣を支払い、つねに多くの人々から貨幣の支払いを受けなければならない。貨幣支払いおよび貨幣収納のこの単に技術的な操作は、特別の労働を形成するのであり、この労働は、貨幣が支払手段として機能する限りでは、差額計算や決済行為を必要とする。この労働は、一つの流通費であり、価値を創造する労働ではない。この労働は、それが特殊な一部類の代理人たちまたは資本家たちによって残りの全資本家階級のために遂行されることによって、短縮される。

資本の一定部分は、つねに蓄蔵貨幣として、潜勢的な貨幣資本として、*現存しなければならない——購買手段の準備金、支払手段の準備金、貨幣形態のままで使用を待っている遊休資本として現存しなければならない。また、資本の一部分は、つねにこの形態で還流する。このことは、〔貨幣〕収納、支払い、および簿記のほかに、蓄蔵貨幣の保管を必要にし、これもまた一つの特殊な操作である。すなわち、それは、実際には、蓄蔵貨幣がつねに流通手段および支払手段に分解することであり、また、販売で受け取った貨幣および満期になった支払いから蓄蔵貨幣が再形成されることである。資本のうち、資本機能そのものから分離され、貨幣として存在する部分のこの恒常的な運動、この純粋に技術的な操作、それが、特殊な労働および費用——流通費——の原因になるのである。

＊〔「潜勢的な貨幣資本として」という句は草稿にはない〕

(329) 分業の結果、資本の諸機能によって条件づけられているこの技術的諸操作は、可能な限り、資本家階級全体のために一つの部類の代理人たちまたは資本家たちによって専属の機能として行なわれるようになるか、またはこれらの人々の手に集中するようになる。それはこの場合にも、商人資本の場合と同様に、二重の意味での分業である。それは特殊な営業となる。そして、それが特殊な営業として全階級の貨幣機構のために行なわれるので、それは集中されて大規模に営まれる。ところがまた、この特殊な営業の内部で、互いに自立したさまざまな部門に分裂することによっても、これらの部門の内部で仕事場〔特殊な施設〕が形成されることによっても、分業が生じる（大きな事務所、多数の簿記係と出納係、細分化した分業）。貨幣の支払い、収納、差額の決済、当座勘定の処理、貨幣の保管などが、これらの技術的諸操作を必要にさせる諸行為から分離されて、これらの諸機能に前貸しされた資本を貨幣取引資本にする。

さまざまな操作が自立して特殊な諸営業になることから貨幣取引業が生じるが、これらの操作は、貨幣そのもののさまざまな規定性から、また貨幣の諸機能――したがって資本もまた貨幣資本の形態のもとでなしとげなければならない諸機能――から生じる。

貨幣制度一般が、どのようにして、最初は異なる諸共同体間の生産物交換のなかで発展するかについては、私は前に指摘したことがある。[四二]

（四二）『経済学批判』〔ベルリン、一八五九年〕、二七ページ〔邦訳『全集』第一三巻、三四ページ。また、本訳書、第一巻、一五六―一五九ページ参照〕。

こうして、貨幣取引業――貨幣商品の取引業――は、なによりもまず国際交易から発展する。さまざまな国内鋳貨が存在するようになれば、外国で購入する商人は、自国の国内鋳貨を現地の鋳貨に、また逆に外国で販売する商人は現地の鋳貨を自国の国内鋳貨に、転換しなければならないか、あるいはまた、さまざまな鋳貨を世界貨幣としての未鋳造の純銀もしくは純金に転換しなければならない。

(330) こうして両替業が生じるのであるが、これは、近代的貨幣取引業の自然発生的な基礎の一つとみなすべきものである。[四三] そこから発展してくるのが振替銀行（ヴエクセル）であり、そこでは、銀（または金）が流通鋳貨とは区別された世界貨幣として――いまでは銀行貨幣または商業貨幣として――機能する。為替業は、ある国の両替業者から他国の両替業者にあてた旅行者への支払いの指図にすぎない限りでは、すでにローマおよびギリシアでも、本来の両替業務から発展していた。

（四三）「鋳貨は、量目や品位から見ても、また鋳造権をもつ多くの君侯と都市との刻印から見ても、非常に多種多様であったから、すでにこのことから、一つの鋳貨による決済を必要とした商業においては、どこにおいても地方的な鋳貨を使用する必要が生じた。商人は、外国の市場を旅してまわるときには、現金支払いのために、未鋳造の純銀を、おそらくはまた金を、用意した。同様に彼らは、帰途につくさいには、受け取った地方鋳貨を未鋳造の銀または金と交換した。したがって、両替業、未鋳造の貴金属の地方鋳貨への転換およびその逆の転換は、非常に普及した有利な営業になった」（ヒュルマン『中世の都市制度』、ボン、一八二六―一八二九年、第一巻、四三七、四三八ページ）。――「振替銀行という名称が生じたのは……為替や為替手形からではなく、諸種類の貨幣の両替（ヴエクセル）からである。一六〇九年におけるアムステルダム振替銀行の創立よりずっとまえに、ネーデルラントの商業諸都市にはすでに、両替人や両替店が、振替銀行さえも、存在した。……これらの両替人の業務は、外国商人によって国内に持ち込まれた多くのさまざまな種類の鋳貨を法的に通用力のある鋳貨と両替することであった。彼らの活動範囲はしだいに拡大された。……彼らは、当時の預金出納業者や金融業者（バンキエ）になった。しかし、アムステルダム政府は、預金出納業と両替業との結合を危険とみて、この危険を防ぐために、両替ならびに預金出納を公的権力をもって執行する一大施設の創立が決定された。この施設が有名な一六〇九年のアムステルダム振替銀行であった。同様に、ヴェネツィア、ジェノヴァ、ストックホルム、ハンブルクの振替銀行が生まれたのも、諸種類の貨幣の両替が絶えず必要であったためである。これらすべての銀行のうちで、ハンブルク銀行が、こんにちなお存在する唯一の銀行である。というのは、独自の鋳貨制度をもたないこの商業都市では、このような施設にたいする必要性がいまなお感じられるからである……」（S・フィセリング『実践経済学提要』、アムステルダム、一八六〇〔—一八六二〕年、第一部、二四七、二四八ページ）。

商品（奢侈（しゃし）品製造のための原料）としての金銀の取引は、地金取引業（ブリヨン・トレード）の、すなわち世界貨幣としての貨幣の諸機能を媒介する商業の、自然発生的な土台をなしている。世界貨幣としての貨幣のこれら諸機能は、以前に説明したように（第一部、第三章、第三節、c〔本訳書、第一巻、二四七ページ以下〕）、二重である。すなわち、〔第一に〕国際的支払いの決済のために、また利子を求めての資本の移動の場合に、さまざまな国民的流通部面のあいだで行なわれる〔金銀の〕往復、〔第二に〕それとならんで、貴金属の産源地から出てそれが世界市場に広がる運動、およびさまざまな国民的流通部面のあいだへの供給の分配、である。イギリスでは、一七世紀の大部分をつうじて、まだ金匠〔金銀細工匠〕たちが金融業者（バンキエ）として機能していた。国際的支払いの決済が為替取引などにおいてどのようにいっそう発展するかは、また有価証券業務にかんするすべてのことは、要するにここではまだわれわれにかかわりのない信用制度のすべての特殊な形態は、ここではまったく考慮しないことにする。

世界貨幣としては、国内貨幣はその局地的性格を脱ぎ捨てる。ある国内貨幣が他の国内貨幣で表現
(331) され、こうしてすべての国内貨幣がそれぞれの金銀純分に還元されるが、他方、同時にこの金銀は、

どちらも世界貨幣として流通する二商品として、つねに変動するそれら相互の価値比率に通約されなければならない。この媒介を貨幣取引業者は自分の特殊な営業にする。こうして、両替業と地金取引業とは、貨幣取引業のもっとも本源的な形態なのであり、それらは、貨幣の二重の機能——すなわち国内鋳貨としての機能および世界貨幣としての機能——から生じるのである。

資本主義的生産過程からも、また商業一般からも——前資本主義的生産様式のもとでさえ——、次のことが生じる。

第一に、蓄蔵貨幣としての貨幣の収集、すなわち、こんにちでは資本のうち支払手段および購買手段の準備金としてつねに貨幣形態で現存していなければならない部分の収集。これは蓄蔵貨幣の第一の形態であり、この蓄蔵貨幣は、資本主義的生産様式のもとで再現し、また一般に商業資本の発展にともなって少なくとも商業資本のために形成される。この二つのこと〔蓄蔵貨幣のこの再現と形成〕は、国内流通にも国際流通にも妥当する。この蓄蔵貨幣はつねに流動しており、つねに流通に流れ込み、またつねに流通から復帰する。次に、蓄蔵貨幣の第二の形態は、貨幣形態で遊休していてさしあたりは運用されていない資本の形態であり、新たに蓄積されてまだ投下されていない貨幣資本もこれに属する。こうした蓄蔵貨幣形成そのものによって必要とされる諸機能は、なによりもまず、その保管、簿記などである。

しかし第二に、これらのことには、購買のさいの貨幣の支出、販売のさいの貨幣の受領、支払金の支払いと受領、支払いの決済などが結びついている。これらすべてのことを、貨幣取引業者はさしあ

たり商人および産業資本家のための単なる預金出納業者として行なうのである。(四四)

(四四)「預金出納業者の制度がネーデルラントの商業諸都市においてほどその本源的な自立的な性格を純粋に保持してきたところは、おそらくどこにもないであろう（アムステルダムにおける預金出納業の起源については、E・リュザク『オランダの富』〔ライデン、一七八二年〕、第三巻を見よ）。その諸機能は、部分的には、古いアムステルダム振替銀行の諸機能と一致する。預金出納業者は、彼の業務を利用する商人たちから一定額の貨幣を受け取り、その代わりに商人たちのために自分の帳簿のなかに『貸方欄』を開設する。さらに商人たちは、自分たちの債権証書を彼に送り、預金出納業者は商人たちの代わりにそれを取り立て、その分を彼らの貸方に記入する。この反対に、預金出納業者は、商人たちの指図書（手形）にたいして支払いを行ない、その金額を彼らの当座勘定の借方に記入する。それから彼は、これらの入金と支払金とについてわずかばかりの手数料を計算するが、それは、彼がそのあいだにはいり込む取引が多額であることによってのみ、彼の仕事にたいしてそれにふさわしい報酬をもたらす。〔……〕支払いの決済が、両方とも同じ預金出納業者を利用している二人の商人のあいだで行なわれる場合には、そのような支払いは、相互の記帳によって非常に簡単にかたづくのであり、他方、預金出納業者たちのほうは商人たちのために毎日〔……〕彼らの相互間の請求を決済する。したがって、本来の預金出納営業はこのような支払いの媒介なのである。したがって、それは産業的企業と投機と白地(しらじ)信用の開設とを排除する。というのは、この場合の原則は、預金出納業者は、自分の帳簿に口座を開設してやった人のために決してその貸方残高を超える支払いはしないということでなければならないからである」（フィセリング、前出、二四三、二四四ページ）。――ヴェネツィアの金庫組合については次のように言われている――「必要により、また、現金を持ち回ることが他の地方に比べていっそうやっかいであるというヴェネツィアの土地柄によって、この都市の大商人たちは、適当な保証、監督、管理のもとに金庫組合を設立した。

このような組合の組合員たちは、一定の金額を預託し、これを引き当てに彼らの債権者たちに指図書を振り出し、次にこれに支払われた金額が、そのために設けられた帳簿のなかの債務者欄で借方に記入され、そしてそれが帳簿のなかの債権者の貸方残高につけ加えられた。これが、いわゆる振替（ジロ）銀行の最初のものである。これらの組合は古い。しかし、その起源を一二世紀にまでさかのぼって求めるとすれば、それは、この組合を一一七一年に設立された国債引受施設と混同することになる」（ヒュルマン、前出、四五三、四五四ページ）。*

＊〔ヒュルマンからの引用は、要約〕

（332）貸し付けおよび借り入れの機能ならびに信用取引が、貨幣取引業のその他の諸機能と結合するようになれば――もっともこのことはすでに貨幣取引業の初期にさえ見られるが――、貨幣取引業は完全に発展しているのである。これについては、次篇、利子生み資本のところで述べる。

地金取引そのもの、すなわち一国から他国への金銀の移転は、商品取引の結果でしかないのであり、それは、国際的諸支払いの状態および異なる諸市場における利子率の状態を表現する為替相場によって規定されている。地金取引業者自体は、その諸結果を媒介するだけである。

貨幣を考察したさいに、貨幣の諸運動と形態諸規定がどのようにして単純な商品流通から発展するかを考察して（第一部第三章）すでに見たように、購買手段および支払手段として流通する貨幣の総量の運動は、商品変態によって、すなわち商品変態の規模と速度とによって規定されているのであり、この商品変態自体は、いまではわれわれが知っているように、それ自身総再生産過程の一契機にすぎない。産源地からの貨幣材料――金および銀――の調達について言えば、それは、直接的商品交換、すなわち商品としての金銀と他の商品との交換に帰着し、したがって、それ自身、鉄その他の金属の調達と同様に、商品交換の一契機である。しかし、世界市場における貴金属の運動について言えば（ここでは、貸し付けによる資本移転——このような移転は商品資本の形態ででも行なわれる——を表現する限りでの貴金属の運動は度外視する）、それが国際的商品交換によって規定されていることは、国内の購買手段および支払手段としての貨幣の運動が国内の商品交換によって規定されているの(333)とまったく同様である。ある国民的流通部面から他の国民的流通部面への貴金属の移出入は、それが国内鋳貨の価値減少または複本位制に起因するだけである限りでは、貨幣流通そのものとは無縁であり、国家によって恣意的に引き起こされた逸脱の単なる訂正である。最後に、蓄蔵貨幣の形成について言えば、それが国内商業なり貿易なりのための購買手段または支払手段の準備金を表わす限りで、またそれが一時的遊休資本の単なる形態である限りで、どちらの場合にもそれは流通過程の必然的な沈澱物でしかない。

　貨幣流通全体が、その規模、その諸形態、その諸運動において、商品流通——この商品流通は、資本主義的な立場から見れば、それ自身が資本の流通過程（この過程には、収入の支出が小売業で実現される限りでは、資本対収入の交換および収入対収入の交換が含まれている）を表わすにすぎない——の単なる結果であるのと同様に、貨幣取引業が、商品流通の単なる結果でありその現象様式である貨幣流通を媒介するだけでないこと*は、まったく自明である。この貨幣流通自体は、商品流通の一契機として、貨幣取引業にとっては与えられたものである。貨幣取引業が媒介するものは、貨幣流通の技術的諸操作であり、貨幣取引業はこれらの操作を集中し、短縮し、簡単にするのである。貨幣取引業は、蓄蔵貨幣を形成するのではなく、この蓄蔵貨幣形成が自発的である限り（したがって、遊休資本の表現または再生産過程の撹乱の表現でない限り）、この形成をその経済的最小限に縮小するための技術的諸手段を提供する。というのは、購買手段および支払手段のための準備金は、資本家階級全体のために管理される場合には、各資本家によってべつべつに管理される場合ほど大きい必要はないからである。貨幣取引業は、貴金属を買うのではなく、商品取引業がそれを買ったのち、貴金属の分配を媒介するだけである。貨幣取引業は、貨幣が支払手段として機能する限りでは、差額の決済を容易にし、またこの決済の人為的機構によって、決済に必要な貨幣総量を減少させる。しかし、貨幣取引業は、相互的な諸支払いの連関をも規模をも規定しない。たとえば、銀行と〝手形交換所〟で相互に交換される手形と小切手は、まったく独立した諸業務を表わしており、与えられた諸操作の結果であって、問題になるのは、これら諸結果の決済技術の改善だけである。貨幣が購買手段として流通する限りでは、売買の規模と回数は、貨幣取引業とはまったくかかわりのないものである。貨幣取引(334)業は、ただこの売買にともなう技術的諸操作を短縮し、それによって売買の回転に必要な現金の総量を減少させることができるだけである。

＊〔文脈から見て、この「だけでない」は、「だけである」ではないかと思われる〕

したがって、貨幣取引業は、われわれがここで考察しているような純粋な形態では、すなわち信用制度から切り離された形態では、商品流通の一契機すなわち貨幣流通の技術と、この貨幣流通から生じる貨幣のさまざまな機能とに、関係するだけである。

このことが、貨幣取引業を商品取引業から本質的に区別するのであり、商品取引業のほうは、商品の変態と商品交換を媒介し、または、商品資本のこの過程を、産業資本から区分された一資本の過程として現われさせもするのである。だから、商品取引資本は、独自の流通形態 G—W—G を示すのであり、この形態では、貨幣が二度持ち手を換えることによって商品交換を媒介する W—G—W とは反対に、商品が二度場所を換えることによって貨幣を還流させるのにたいして、貨幣取引資本については、このような特殊な形態を指摘することはできないのである。

貨幣資本が、一つの特殊な部類の資本家によって、貨幣流通のこのような技術的媒介に前貸しされる限りでは——これは、そうでない場合には商人および産業資本家たちが自分でこの目的のために前貸ししなければならないであろう追加資本を縮小した規模で表わす資本である——、資本の一般的形態である G—G′ は、ここにも現存する。Gの前貸しによって、この前貸しをする人のために G＋ΔG が生み出される。しかし、G—G′ の媒介は、ここでは、変態の本質的な諸契機に関係するのではなく、その技術的な諸契機に関係するだけである。

貨幣取引業者たちが取り扱う貨幣資本の総量は、流通のなかにある商人および産業家たちの貨幣資本であるということ、また、貨幣取引業者たちが行なう諸操作は、彼らが媒介する商人および産業家たちの諸操作にすぎないということは、明らかである。

また、彼らの利潤が剰余価値からの控除にすぎないということも同様に明らかである。というのは、彼らは、すでに実現されている価値（たとえ債権の形態で実現されているだけであるとしても）にしかかかわりをもたないからである。

商品取引業の場合と同じように、この場合にも機能の二重化が生じる。というのは、貨幣流通に結びついた技術的諸操作の一部分は、商品取引業者および商品生産者たち自身によっても行なわれなければならないからである。

（335）

第二〇章　商人資本にかんする歴史的スケッチ*

＊〔表題はエンゲルスによる。本章は、草稿では表題の書かれていない「5)」「6)」「7)」からなる〕

商品取引資本および貨幣取引資本による貨幣蓄積の特殊な形態は、次の篇ではじめて考察される。*

＊〔草稿では、ここに「5)」と書かれている〕

これまで展開したところからおのずと明らかなように、たとえば鉱山業、農業、畜産、製造業、輸送業などが、社会的分業によって与えられた産業資本の諸分枝をなし、したがって産業資本の特殊な投下諸部面をなすのと同じように、商人資本――商品取引資本の形態をとるにせよ、貨幣取引資本の形態をとるにせよ――を、産業資本の一つの特殊な種類とみなすことほどばかげたことはありえない。どの産業資本も、自己の再生産過程の流通局面にあるあいだに、商品資本および貨幣資本として、商人資本がこの二つの形態で専属的機能として現われるのとまったく同じ機能を果たすということを簡単に観察するだけでも、この粗雑な見解は不可能にならざるをえないであろう。逆に、商品取引資本および貨幣取引資本においては、生産資本としての〔生産部面における〕産業資本と流通部面における同じこの資本との区別が、次のことによって、自立化されている。すなわち、資本が流通部面で一時的にとる一定の諸形態および諸機能が、資本の分離した一部分の自立的な諸形態および諸機能〔商品取引資本および貨幣取引資本のそれら〕として現われ、もっぱらこの部分のなかに閉じ込められているということによって、自立化されているのである。産業資本の転化形態〔商人資本＝商品取引資本および貨幣取引資本〕と、さまざまな生産に投下されている生産的諸資本のあいだの、相異なる産業諸部門の性質から生じる素材的な諸区別〔鉱業資本、農業資本など〕とは、天と地ほど異なっている。

＊〔草稿では、ここに「6)」と書かれている〕

経済学者は、一般に、形態上の区別というものを粗雑に考察し、実際には素材的側面にしか自分の関心をよせないが、俗流経済学者の場合には、この粗雑さのほかに、さらに二通りのことがこうした取り違えの理由になっている。第一に、商業利潤の独自性を解明する能力が彼にはないこと。第二に、(336) 次のような彼の弁護論的な努力、すなわち、資本主義的生産様式——とりわけ商品流通、したがって貨幣流通を自己の基礎として前提する資本主義的生産様式——の独特な形態から生じる商品資本および貨幣資本という諸形態、さらには商品取引資本および貨幣取引資本という諸形態を、生産過程そのものから必然的に生じる諸姿態として導き出そうとする努力である。

もし商品取引資本および貨幣取引資本と穀物栽培との区別が、穀物栽培と畜産および製造業との区別と少しも違わないとすれば、生産と資本主義的生産とがまったく同じであるということ、またとくに、生産的消費のためであれ個人的消費のためであれ、社会の構成員のあいだへの社会的諸生産物の分配が、ちょうど肉の享受が畜産によって、また衣類の享受がその製造によって媒介されなければならないのと同様に、商人および銀行業者たちによって永遠に媒介されなければならないということも、白日のように明らかである。(四五)

（四五）　賢人ロッシャーのひねりだした考えによれば、[*1] もしある人たちが商業を生産者たちと消費者たちのあいだの「媒介」として性格づけるのであれば、「人」は同様に生産そのものを消費の「媒介」（だれとだれとのあいだのそれか？）として性格づけることができるであろうし、このことから当然、商業資本は、農業資本および工業資本と同じく生産的資本の一部であるということになる。ところで、人間は生産によってのみ自己の消費を媒介することができる（ライプツィヒの教育[*2]を受けなかったとしても人間はそうしなければならない）とか、自然をわがものにするためには労働が必要である（これは「媒介」と名づけることができる）とか言うことができるのであるから、このことから当然、生産の独特な社会的形態から生じる社会的「媒介」が――媒介なのであるから――必然性という同じ絶対的な性格、同じ身分をもつということになる。媒介という言葉がすべてを決定する。ちなみに、商人たちは実は生産者たちと消費者たち（生産者たちから区別された消費者たち、すなわち生産しない消費者たちは、さしあたり問題にしない）のあいだの媒介者ではなく、これらの生産者相互のあいだの諸生産物交換の媒介者であり、一つの交換の中継人たちにすぎないのであって、この交換は、中継人たちなしでつねに何千回も行なわれる。

＊1　〔ロッシャー『国民経済学原理』、第三版、一八五八年、一〇三ページ〕

＊2　〔ロッシャーが一八四八年からライプツィヒ大学教授であったことへの皮肉であろう〕

スミス、リカードウなどのような偉大な経済学者たちは、資本の基本形態、すなわち産業資本としての資本を考察し、流通資本（貨幣資本および商品資本）は、実のところ、それ自身が各資本の再生産過程における一局面である限りでのみ考察しているにすぎないから、一つの独自な種類としての商業資本については当惑している。産業資本の考察から直接導き出される価値形成、利潤などにかんする諸命題は、商人資本には直接にはあてはまらない。だから彼らは、商人資本を事実上まったく無視し、これに言及するのは産業資本の一種類としてのみである。彼らがとくに商人資本を取り扱う場合
(337) には、リカードウが外国貿易のところでしているように、商人資本はなんの価値も（したがってなんの剰余価値も）創造しないということを証明しようとする。しかし、外国貿易にあてはまることは、国内商業にもあてはまるのである。

――――――＊

＊〔草稿にはこの区分線はなく、次の「われわれは」の冒頭に「7)」と書かれている〕

われわれは、これまで、資本主義的生産様式の立場から、また資本主義的生産様式の諸限界内で商人資本を考察してきた。しかし、商業だけでなく商業資本もまた、資本主義的生産様式よりも古く、実際には資本の、歴史的にもっとも古い自由な存在様式である。

すでに見たように、貨幣取引業およびこれに前貸しされる資本は、それの発展のためには、大規模商業の存在、さらには商品取引資本の存在以外にはなにも必要としないので、われわれがここで取り扱わなければならないのは、後者〔商品取引資本〕だけである。

商業資本は流通部面に閉じ込められており、その機能は、もっぱら商品交換を媒介することにあるから、この資本が存在するためには――直接的な交換取引から生じる未発展な形態は度外視する――単純な商品流通および貨幣流通に必要な諸条件以外にはどのような条件も必要ではない。またはむし

ろ、単純な商品流通および貨幣流通は、商業資本の存在条件である。商品として流通にはいり込む諸生産物がどのような生産様式の基盤の上で生産されるにせよ――原始共同体*の基盤の上でにせよ、奴隷生産の基盤の上でにせよ、小農民的および小ブルジョア的生産の基盤の上でにせよ、資本主義的生産の基盤の上でにせよ――このことは商品としての諸生産物の性格を変化させないのであり、また商品としては、諸生産物は交換過程およびそれにともなう形態諸変化を通過しなければならない。商人資本が媒介する両極が商人資本にとって与えられたものであることは、それらが貨幣にとって、また貨幣の運動にとって与えられたものであることとまったく同じである。ただ一つ必要なことは、この両極が商品として現存することであり、生産がその全範囲にわたって商品生産であるか、または自営生産者たちがその生産によって満たす自己の直接的諸欲求を超える超過分だけが市場に投じられるかは、どうでもよい。商人資本は、商人資本にとって与えられた前提であるこの両極の運動、諸商品の運動を媒介するだけである。

＊〔草稿では「原始共同体」は「古アジア的共同体」となっている〕

(338)

生産が商業にはいり込み、商人の手を通っていく範囲は、生産様式に依存しており、資本主義的生産*が十分に発展したとき――生産物がもはや商品としてだけ生産され、直接的な生活維持手段としては生産されなくなっているとき――にその最大限に達する。他方、どの生産様式の基盤の上でも、商業は、生産者たち（ここでは諸生産物の持ち主たちと解すべきである）の享受や蓄蔵貨幣を増やすために、交換にはいり込むべき余剰生産物の生産を促進する。したがって、商業は、生産にたいしてますます交換価値をめざすという性格を与えるのである。

＊〔草稿では「資本主義的生産様式」となっている〕

諸商品の変態、諸商品の運動は、（一）素材的には、異なる諸商品相互の交換から成り立ち、（二）形態的には、商品の貨幣への転化である販売と、貨幣の商品への転化である購買とから成り立っている。そして商人資本の機能は、これらの機能に、すなわち購買と販売とによる諸商品の交換に帰着する。したがって商人資本は、商品交換を媒介するだけであるが、しかし、この商品交換を、はじめからただ直接的生産者たちのあいだの商品交換であるとだけ理解してはならない。奴隷関係、農奴関係、貢納関係（原始共同体が考察される限りでは）においては、生産物の持ち主、すなわち生産物の販売者は、奴隷所有者であり、封建領主であり、貢納を受領する国家である。商人は、多数の人々のために買ったり売ったりする。かずかずの購買と販売とが商人の手に集中し、そのため購買と販売とは、（商人である）買い手の直接的欲求と結びついたものではなくなる。

＊〔草稿では「原始共同体」は「共同体」となっている〕

しかし、生産諸部面——商人はこれら諸部面の商品交換を媒介する——の社会的組織がどのようなものであろうとも、商人の財産は、つねに貨幣財産として存在し、彼の貨幣はいつも資本として機能する。その形態は、いつもG—W—G′である。交換価値の自立的形態である貨幣が出発点であり、交換価値の増殖が自立的目的である。商品交換そのもの、およびそれを媒介する諸操作——生産から分離され、非生産者によって遂行される——は、単に富の増殖の手段としてではなく、交換価値という一般的社会的形態にある富の増殖の単なる手段として行なわれるものである。推進的動機および規定的目的は、GをG+⊿Gに転化することである。G—G′という行為を媒介するG—WおよびW—G′という行為は、GのG+⊿Gへのこの転化の過渡的契機として現われるだけである。商人資本の特徴的運動としてのこのG—W—G′は、商人資本を、使用価値の交換を最終目的としてめざす生産者たち自身のあいだの商品取引W—G—Wから区別する。

だから、生産が未発展であればあるほど、貨幣財産がそれだけ商人の手に集中するか、またはそれだけ商人財産の独特な形態として現われるであろう。

（339）資本主義的生産様式の内部では——すなわち、資本が生産そのものを支配し、生産そのものにまったく変化した独自の形態を与えてしまえば——、商人資本は、特殊な一機能を営む資本としてだけ現われる。それ以前のすべての生産様式においては、そして、生産が生産者の生活諸手段の直接的生産であればあるほどそれだけますます、商人資本であることが、資本の〝典型的〟機能として現われる。

したがって、資本が生産そのものを支配下におくよりもはるか以前に、なぜ商人資本が資本の歴史的形態として現われるのかを見抜くことは、少しも困難ではない。商人資本の存在および一定程度の発展は、それ自体が資本主義的生産様式の発展にとっての歴史的前提である。（一）それは、貨幣財産の集中という先決条件として、そうであり、また（二）資本主義的生産様式は、商業のための生産を前提とし、個々の顧客にたいする販売ではなく大量販売を前提とし、したがってまた、自分の個人的欲求を満たすために買うのではなく、多数の人々の購買行為を自分の購買行為に集中する商人を前提とするから、そうなのである。他方、商人資本のあらゆる発展は、生産にますます交換価値をめざすという性格を与える方向に、諸生産物をますます商品に転化させる方向に作用する。けれども、商人資本の発展は、われわれがすぐ次にもっと詳しく見るであろうように、それだけでは、ある生産様式の他の生産様式への移行を媒介し説明するには不十分である。

資本主義的生産の内部では、商人資本は、以前のその自立した存在から、資本投下一般の特殊な一契機に引き下げられ、また利潤の均等化は、商人資本の利潤率を一般的平均に還元する。商人資本は、もはや生産的資本の代理人として機能するだけである。商人資本の発展にともなって形成される特殊な社会状態は、ここではもはや規定的ではない。反対に、商人資本が優勢なところでは、時代遅れの状態が支配している。このことは、同じ国の内部にもあてはまるのであり、そこではたとえば、純粋な商業諸都市は、工業諸都市とはまったく違う、過去の状態の類似物をなしている。(四六)

(四六)　W・キーセルバッハ氏（『中世における世界商業の進展』〔シュトゥットガルト〕、一八六〇年）は、事実上相変わらず、商人資本が資本一般の形態である世界の諸観念のなかに住んでいる。彼が資本の近代的意味についてまったく知らないことは、モムゼン氏が彼の『ローマ史』〔第二版、全三巻、ベルリン、一八五六―一八五七年〕で「資本」と資本の支配とについて語る場合と同じである。イギリスの近代史では、本来の商業身分と商業諸都市とは、政治的にも反動的なものとして、土地貴族および金融貴族と結んで産業資本に対立して、現われる。たとえば、リヴァプールの政治的役割をマンチェスターおよびバーミンガム[*1]〔のそれ〕と比較せよ。産業資本の完全な支配は、穀物関税[*2]などの廃止以後はじめて、イギリスの商人資本および金融貴族（〝金融界〟）によって承認されたのである。

＊1〔リヴァプールはイングランド北西部ランカシャー州の港湾都市。マンチェスターは同じランカシャー州の工業都市。バーミンガムはイングランド中部の工業都市〕

＊2〔本訳書、第三巻、一八七―一八八ページの訳注参照〕

(340)

商人資本としての資本の自立した優勢な発展とは、生産の資本のもとへの非従属、すなわち、資本にとって疎遠で、資本から独立した生産の社会的形態の基礎の上での資本の発展と同じ意味である。したがって、商人資本の自立的な発展は、社会の一般的な経済的発展に反比例する。

自立的な商人財産は、資本の支配的形態としては、流通過程がその両極にたいして自立化することであり、この両極とは、交換する生産者たち自身である。この両極は流通過程にたいして、また流通過程はこの両極にたいして、自立的であり続ける。生産物は、ここでは商業を通じて商品になる。ここでは諸生産物の商品への姿態転化を発展させるのは商業であって、生産された商品の運動が商業を形成するのではない。したがって、ここでは流通過程においてはじめて資本が資本として登場するのである。流通過程において、貨幣は資本に発展する。流通において、生産物ははじめて交換価値として、商品および貨幣として発展する。資本は、流通過程の両極を、すなわち流通によって媒介されるさまざまな生産諸部面を支配することができるようになるまえに、流通過程で形成されうるし、またそこで形成されなければならない。貨幣流通および商品流通は、その内的構造からすれば、まだ主として使用価値の生産に向けられている非常に多様な組織体の生産諸部面を媒介することができる。流通過程――そこでは生産諸部面が互いに第三者によって結合されているのであるが――のこうした自

（341）

立化は、二様のことを表わしている。一方では、流通はまだ生産を支配しておらず、与えられた前提としての生産に関係するということ。他方では、生産過程はまだ、流通を単なる契機として自己のなかには含めていないということ。資本主義的生産では、反対に、この両方のことが行なわれる。生産過程は、すっかり流通を足元におき、流通は生産の単なる一契機、一通過局面であり、単に商品として生産された生産物の実現、また諸商品として生産されるそれの生産諸要素の補填であるにすぎない。流通から直接に生まれる資本形態――商業資本――は、ここではもはや再生産運動における資本の諸形態の一つとして現われるにすぎない。

商人資本の自立的な発展は資本主義的生産の発展度に反比例するという法則は、ヴェネツィア人、ジェノヴァ人、オランダ人などの場合のように、中継商業（〝中継貿易〟[*1]）の歴史においてもっともよく現われており、したがってこの場合には、おもな利得は、自国の諸生産物を輸出することによってではなく、商業的および一般に経済的に未発展な諸共同体の諸生産物の交換を媒介することによって、そして両方の生産国を搾取することによって、得られる。[四七]ここでは商人資本は純粋であり、商人資本が媒介する両極すなわち生産諸部面から分離されている。これこそ商人資本形成の主要源泉である。しかし、諸国民――商人資本が両方から搾取し、それらの未発展が商人資本の存在基盤であった諸国民――の経済的発展が進むのと同じ割合で、この中継商業の独占が、それにともなって中継商業そのものが衰退していく。中継商業の場合には、これは特殊な一商業部門の衰退として現われるだけでなく、純然たる商業諸国民の優越の衰退としても、またこの中継商業を土台にする彼らの商業的富一般の衰退としても現われる。これこそ、資本主義的生産[*2]の発展が進むにつれて商業資本の産業資本への従属が現われる一つの特殊な形態にほかならない。なお、商人資本が直接に生産を支配しているところで、どのような経営を行なうか、そのやり方については、植民地経営一般（いわゆる植民制度）だけでなく、とりわけ旧オランダ東インド会社[*3]の経営が適切な実例を提供する。

(四七)「商業諸都市の住民たちは、より富裕な国々から洗練された製造品と高価な奢侈品とを輸入し、こうして大土地所有者たちの虚栄心をかなり満足させたが、彼らは熱心にこれら諸商品を買い、それにたいして自分たちの土地の大量の粗生産物を支払った。したがって、この時代のヨーロッパの大部分の商業は、一国の粗生産物を工業のより進んだ国〔原文は「文明のより進んだ諸国民」〕の製造品と交換することにあった。……こうした好みが一般化し、かなりの需要を引き起こしたとき、商人たちは、輸送費を節約するために、自国内に同じような製造業を設立しはじめた〔原文は「設立しようと努めた」〕」（A・スミス〔『諸国民の富』〕、第三篇、第三章〔大内兵衛・松川七郎訳、岩波文庫、(二)、一九六〇年、四六七—四六八ページ〕）。

＊1〔スミス『諸国民の富』、同前訳、(二)、四一〇—四一六ページ参照〕

＊2〔草稿では「資本主義的生産様式」となっている〕

＊3〔本訳書、第三巻、五二四ページの訳注＊2参照〕

(342) 商人資本の運動は G—W—G′ であるから、商人の利潤は、第一に、流通過程の内部だけで行なわれる諸行為によって、すなわち購買および販売という二つの行為で、得られる。また第二に、それは最後の行為である販売で実現される。したがって、それは譲渡利潤（〝譲渡にもとづく利潤〟[*]）である。〝一見したところ〟、純粋な、独立した商業利潤は、諸生産物がその価値どおりに売られる限り不可能であるように見える。高く売るために安く買うことは、商業の法則である。だから、等価物どうしの交換ではない。ここに価値の概念が含まれているのは、さまざまな商品はすべて価値であり、したがって貨幣である、という限りにおいてである。質的に見れば、それらの商品は、一様に社会的労働の表現である。しかし、それらは、等しい価値の大きさではない。諸生産物が交換される量的な割合は、はじめはまったく偶然的である。それらの生産物が商品形態をとるのは、それらが一般に交換されうるもの、すなわち同じ第三のものの表現である限りにおいてである。継続的な交換、および交換のためのいっそう規則的な再生産は、こうした偶然性をしだいに取りのぞく。しかしそうなるのは、はじめは、生産者および消費者にとってではなくて、この両者のあいだの媒介者、貨幣価格を比較してその差額を懐に入れる商人にとってである。商人は、彼の運動そのものによって、等価性を確立する。

＊〔本訳書、第三巻、三九六ページの訳注＊2参照〕

商業資本は、当初は単に、それが支配していない両極のあいだの、またそれが創造しない諸前提のあいだの、媒介運動でしかない。

単なる商品流通の形態 W—G—W から、価値尺度および流通手段としての貨幣のみでなく、商品の、したがってまた富の絶対的形態である蓄蔵貨幣としての貨幣が生まれ、貨幣の貨幣としての自己保存と増大とが自己目的になるのと同様に、単なる商人資本の流通形態 G—W—G′ から、単なる譲渡によって自己を維持し増殖するものとしての貨幣、蓄蔵貨幣が生まれてくる。

古代の商業諸民族は、エピクロスの神々＊のように、またはむしろポーランド社会の気孔のなかのユダヤ人のように、世界の空隙に存在した。最初の自立した、大規模に発展した商業諸都市および商業諸民族の商業は、純粋な中継商業として、生産する諸民族の未開状態を土台にしており、彼らはこれら生産する諸民族のあいだで媒介者の役割を演じた。

＊〔本訳書、第一巻、一四二ページおよび同一四三ページの訳注＊4参照〕

資本主義社会に先行する諸段階では商業が産業を支配するが、近代社会ではその逆である。もちろん、商業は、商業がそのあいだで営まれる諸共同体に多かれ少なかれ反作用するであろう。商業は、享受と生活維持とを、生産物の直接的使用よりはその販売にいっそう依存させることによって、生産をますます交換価値に従属させるであろう。それによって、商業は、古い諸関係を分解する。商業は、
(343)
貨幣流通を増加させる。商業は、もはや単に生産の余剰をとらえるだけではなく、しだいに生産そのものを侵食し、すべての生産部門を自己に依存させる。とはいえ、こうした分解作用は、生産する共同体の性質におおいに依存する。

商業資本が、未発展な諸共同体の生産物交換を媒介する限りでは、商業利潤は詐欺とぺてんのように見えるだけではなく、その大部分が詐欺とぺてんとから生じる。商業資本が異なる国々の生産価格のあいだの差額を搾取するということ（そしてこの点では、商業資本は、商品価値の均等化と確定とをもたらす作用をする）は別としても、右の〔未発展な〕生産諸様式のもとでは、商人資本が剰余生産物の大部分を取得するということにならざるをえない。商人資本は、一部には、諸共同体——その生産がまだ本質的には使用価値をめざしており、その経済組織にとっては一般に流通にはいり込む生

産物部分の販売、したがって一般に諸生産物の価値どおりでの販売が二次的な重要さしかもっていない諸共同体――のあいだの中継商人としてそうするのであり、一部には、あの以前の生産諸様式においては、商人の取引相手である剰余生産物のおもな所有者たち――奴隷所有者、封建領主、国家（たとえば、東洋の専制君主）――が享楽的富を代表し、この富に商人が罠を仕掛けるからであって、そのことは、封建時代について先に引用した個所[*1]で、すでにA・スミスが正しく嗅ぎ出したとおりである。したがって、商業資本が優勢な支配力をもつところではどこでも、それは略奪制度をなしており[(四八)]、実際にまた、商業資本の発展は、古代の商業諸民族のもとでも、近代の商業諸民族のもとでも、暴力的略奪、海賊、奴隷狩り、植民地における圧制[*2]と直接に結びついているのである。カルタゴ、ローマにおいて、のちにはヴェネツィア人、ポルトガル人、オランダ人などのもとでもそうである。

（四八）「現在、貴族たちや盗賊たちにかんして、商人たちの間に大きな苦情がある。[*3]彼らは、大きな危険をおかして取引をしなければならず、そのうえ、捕えられたり、打たれたり、まき上げられたり、略奪されたりするというのである。しかし、もし彼らが正義のためにこうしたことを耐え忍んでいるのであれば、商人たちはまちがいなく聖なる人々と言えるであろう。……しかし、このように大きな不正や非キリスト教的な窃盗と強盗が商人たちによって全世界にわたって、また彼らお互いどうしのあいだでさえも行なわれているのであるから、不正行為で得られたこのように大きな財がふたたび失われたり、奪われたり、さらには彼ら自身が頭を打たれたり、捕えられたりするように、神がおはからいなさるとしても、なんの不思議があろうか？……そして、諸侯たちにとっては、このように不正な商取引を正規の権力によって罰し、彼らの臣下たちが商人たちによってこのように不当に剥ぎ取られるのを防ぐのは、当然である。諸侯たちがそれをしないので、神が騎士たちや盗賊たちを用い、彼らを通して商人たちの不正を罰したもうのであり、彼らは神の悪魔であるに違いない――あたかも神がエジプトの地と全世界とを悪魔たちによって悩まし、または敵をもって滅ぼしたもうのと同様に。こうして神は、一人の悪者を他の悪者をもってこらしめなさるが、それだからといって、神は、一人の騎士は一年に一度か二度、一人か二人から略奪するのに、商人たちは毎日全世界から略奪するがゆえに、騎士たちのほうが商人たちよりも軽い盗賊であることをほのめかされているわけではない」。――「あなたのつかさたちは、盗人の仲間となった、というイザヤ〔初版の「エサウ」は誤り〕書〔第一章第二三節〕の言葉。彼らは、一グルデンか半グルデン〔ドイツの古い貨幣〕を盗んだ盗人をしばり首にさせながら、全世界から略奪し、ほかのすべてのものよりも多く〔初版では「確実に」〕盗む者たちと手を組んでいるのであって、大盗人が小盗人をしばり首にするという諺は、まさに生きている。また、ローマの元老院議員カトーが言ったように、単なる盗人は牢獄で足枷をはめられて横たわるが、公けの盗人は黄金や絹を身につけて歩く。[*4]しかし、これについて神は結局なんと仰せられるであろうか？　神は、エゼキエルを通して〔初版では「に」〕語りたもうようになさるであろう。ちょうどまちが燃え尽きるときのように、つかさたちと商人たち、あれこれの盗人たちを鉛や青銅のように溶かし合わせたまい、[*5]もはやつかさたちも商人たちもなくなってしまう」（マルティーン・ルター『商取引と高利について』、一五二七年[*6]〔正しくは一五二四年〕〔『資本論草稿集』7、大月書店、一九八二年、五二二―五二四ページ参照〕）。

*1〔原注四七をさす。なお、『諸国民の富』、第三篇、第四章（とくに、前出訳、(二)、四七六ページ以下）をも参照〕

*2〔草稿では「植民地における」は括弧でくくられている〕

*3〔「貴族たち」についての「苦情」とは、法外な通行税をさす〕

＊4〔アウルス・ゲリウス『アッティカの夜々』第一一巻、一八の一八〕
＊5〔旧約聖書、エゼキエル、二二・二〇〕
＊6〔『尊師マルティーン・ルター博士著作集、第六部』、ヴィッテンベルク、一五八九年、二九六、二九七ページ（ヴァイマール版、第一五巻、三一一、三一三ページ）。松田智雄・魚住昌良訳、『ルター著作集　第一集』、第五巻、聖文舍、一九六七年、五二五―五二六、五二八ページ〕

（344）

商業と商業資本との発展は、いたるところで、交換価値をめざす生産を発展させ、その範囲を拡大し、それを多様化し、それに世界的性格を与え、貨幣を世界貨幣へと発展させる。それゆえ商業は、既存の生産諸組織――それらはその形態のあらゆる相違にもかかわらず主として使用価値をめざしている――にたいして、いたるところで多かれ少なかれ分解的に作用する。しかし、商業がどの程度まで古い生産様式の分解を引き起こすかは、まずもって、この生産様式の堅固さと内部編制とに依存する。また、この分解過程がどのような結果をもたらすか、すなわち古い生産様式に代わってどのような新しい生産様式が現われるかは、商業にではなく、古い生産様式そのものの性格に依存する。古代世界では、商業の活動と商人資本の発展とは、つねに奴隷経済という結果になる。また、出発点しだいでは、家父長的な、直接的生活維持手段の生産をめざす奴隷制度が、剰余価値の生産をめざす奴隷制度に転化するだけのこともある。それにたいして、近代世界では、それ〔商業活動と商人資本の発展〕は資本主義的生産様式という結果になる。このことから、これらの結果そのものが、さらに、商業資本の発展とはまったく別の事情によって条件づけられていた、という結論が出てくる。

都市の工業そのものが農業から分離すれば、その諸生産物ははじめから商品であり、したがってその販売には商業の媒介が必要であるということは、ことの性質から見て当然である。商業が都市の発展に依存し、他方では都市の発展が商業によって条件づけられているということは、その限りでは自(345)明である。とはいえこの場合、産業の発展がどの程度まで商業と手をたずさえて進むかは、まったく別の諸事情に依存している。古代ローマは、すでに共和制時代〔紀元前五〇九―前二七〕後期に、産業的発展のなにほどかの進歩もなしに、古代世界ではかつてなかったほどの高さに商人資本を発展させているのに、コリントや、その他ヨーロッパと小アジアのギリシア諸都市では、商業の発展は、産業の高度な発展をともなっている。他方では、都市の発展とその諸条件とは正反対に、商業精神と商業資本の発展とがまさに非定住の遊牧諸民族に特有的であることもしばしばである。

一六世紀および一七世紀には、地理上の諸発見[*1]にともなって商業に生じた、商人資本の発展を急速に高めた大きな諸革命が、封建的生産様式の資本主義的生産様式への移行を促進する主要な一契機をなしているということは、疑う余地のないことであり、そしてこの事実こそが、まったく誤った見解を生み出したのである。世界市場の突然の拡張、通流する諸商品の何倍もの増加、アジアの諸生産物とアメリカの埋蔵資源とをわがものにしようとするヨーロッパ諸国民のあいだの競争、植民地制度――これらのものが、生産の封建的諸制限を粉砕するのに本質的に貢献した。とはいえ、近代的生産様式は、その第一期であるマニュファクチュア時代には、そのための諸条件が中世内部で生み出されていたところでだけ発展した。たとえば、オランダをポルトガルと比較せよ[四九]。また、一六世紀に、部分的にはなお一七世紀にも、商業の突然の拡張と新しい世界市場の創出とが、古い生産様式の没落と資本主義的生産様式の興隆とに圧倒的な影響をおよぼしたとすれば、このことは逆に、すでに創出された資本主義的生産様式の基盤の上で生じたのである。世界市場は、それ自身が、資本主義的生産様式の基盤を形成する。他方、つねにより大きな規模で生産しようとするこの生産様式の内在的必然性は、世界市場の恒常的拡大に向かい、その結果、ここでは商業が産業を変革するのではなく、産業が（346）商業を恒常的に変革する。商業の覇権も、いまでは、大工業の諸条件の大なり小なりの優勢と結びついている。たとえば、イギリスとオランダとを比較せよ。支配的商業国としてのオランダ没落の歴史は、商業資本の産業資本への従属の歴史である。前資本主義的な国民的生産様式の内的な堅固さと編制とが商業の分解作用に対抗して設ける障害は、インドおよび中国とのイギリス人の交易に適切に示されている。ここ〔インドおよび中国〕では、生産様式の広範な基盤は小農業と家内工業との統一によって形成されており、その場合インドではさらに、土地の共同所有にもとづく村落諸共同体[*2]の形態が加わるのであるが、もっとも、この形態は中国でも本源的な形態であった。インドでは、イギリス人は、これらの小さな経済的共同体を粉砕するために、支配者および地代取得者として、彼らの直接的な政治的権力と経済的権力とを同時に行使した[五〇]。彼らの商業がここで生産様式に革命的に作用する限りでは、それはただ、彼らが、彼らの諸商品の低価格によって、この工業・農業生産の統一の太古的＝不可欠的部分をなしている紡績業と織物業とを壊滅させ、こうして共同体をずたずたに引き裂く限りでのことにすぎない。ここインドにおいてすら、彼らは、非常に緩慢にしかこの分解の仕事に成功していない。直接的な政治的権力の助けを借りることができない中国では、なおさらである。農耕と加工との直接的結合から生じる大きな経済（エコノミー）〔エコノミーには節約の意味もある〕と時間の節約とが、ここでは、大工業の諸生産物――その価格には、大工業をいたるところでむしばむ流通過程の〝空費〟がはいり込む――にきわめて頑強な抵抗を示す。これにたいして、イギリスの商業とは対照的に、ロシアの商業は、アジア的生産の経済的基礎には手をふれないのである。[(五一)]

（四九）　オランダの発展において漁業、製造業、および農業として築かれた土台が――他の諸事情は別として――いかに重要であったかは、すでに一八世紀の著述家たちによって論述されている。たとえば、マッシーを見よ。[*3]――アジア的、古典古代的、および中世的商業の範囲と意義とを過小評価した従来の見解とは反対に、それらを非常に過大評価することが流行となった。こうした見解を正すには、一八世紀のはじめころのイギリスの輸出入を考察してこんにちのそれと対比するのがいちばんよい。それでも、当時のイギリスの輸出入は、従来のいかなる商業国民の輸出入よりも比較にならないほど大きかった（アンダースン『商業史』〔ロンドン、一七六四年、第二巻、二六一ページ以下〕を見よ）。

（五〇）　もしどこかの国民の歴史で、失敗した、実際には愚かな（実践のうえでは恥ずべき）かずかずの経済的実験の歴史を提供するものがあるとすれば、インドにおけるイギリス人たちの経営がそれである。ベンガル〔インド北東部、西ベンガル州と現在のバングラデシュ〕では、彼らは、イギリスの大土地所有の戯画を創作した。東南インドでは、分割地所有の戯画を創作した。西北部では、彼らは、彼らの力のおよぶ限り、土地の共同所有をともなうインドの経済的共同体[*4]をそれ自身の戯画に転化させた。

（五一）　ロシアが、もっぱら国内市場および隣接アジア市場をあてにする独自の資本主義的生産を発展させようと

きわめて懸命な努力をするようになって以来、このこともまた変化しはじめている。――F・エンゲルス

＊1〔コロンブスのアメリカ大陸到達（一四九二年）、ヴァスコ・ダ・ガマのインド航路発見（一四九八年）、マゼランの世界周航（一五一九―一五二二年）など、それまでヨーロッパ人に知られていなかった大陸や航路の発見をいう。その結果、世界の通商路に大変動が起こり、地中海を経由するジェノヴァ、ヴェネツィアなど北イタリア諸都市の中継貿易が急速に衰え、大西洋沿岸のポルトガル、オランダ、スペイン、イギリスの貿易が興隆した〕

＊2〔草稿では「土地の共同所有にもとづく村落諸共同体」は「自給の諸共同体」となっている〕

＊3〔マッシー『自然的利子率を支配する諸原因にかんする一論』、ロンドン、一七五〇年、六〇ページ。『資本論草稿集』9、大月書店、一九九四年、三六六ページ、邦訳『全集』第二六巻（『剰余価値学説史』）、第一分冊、四七九ページ参照〕

＊4〔草稿では「土地の共同所有をともなうインドの経済的共同体」は「インドの経済的共同体（共同所有）」となっている〕

（347）

封建的生産様式からの移行は、二重の仕方で行なわれる。生産者が商人兼資本家になって、農業的現物経済に対立し、また中世的都市工業の、同職組合に結合された手工業に対立する。これが、現実に革命的な道である。そうでなければ、商人が生産を直接にわがものにする。あとの道が、移行としてどれほど歴史的に作用しようとも――たとえば、一七世紀のイギリスの織物商人(クロウジア)〔織元〕が織物師たち、ただし自立している織物師たちを自己の支配下におき、彼らに彼らの〔織る〕羊毛を売り、また彼らの織物を買い取る場合のように――、この道は、それ自体としては、とうてい古い生産様式を

変革するものではなく、むしろ古い生産様式を保存し、それを自己の前提として保持する。こうして、たとえば、今世紀〔一九世紀〕のなかばにいたるまでなお、フランスの絹工業における製造業者、イギリスの靴下およびレース工業の製造業者は、大部分が単に名目的な製造業者で、現実には単なる商人であったのであり、織物師たちに彼らの元の分散的様式で仕事を続けさせ、商人としての支配権を行使するだけであるが、織物師たちは実際には商人のために仕事をするのである。[五二]このやり方は、いたるところで現実の資本主義的生産様式のさまたげになり、そして、資本主義的生産様式の発展につれて没落する。それは、生産様式を変革することなしに、直接的生産者たちの状態を劣悪化させるだけであり、彼らを、直接に資本のもとに従属させられている労働者たちよりももっと悪い諸条件のもとにある単なる賃労働者およびプロレタリアに転化し、古い生産様式の基盤の上で彼らの剰余労働を取得するのである。同じ関係は、いくらか変形した形で、ロンドンの手工業的経営の家具製造業の一部にも存在する。それは、とくにタワー・ハムレッツ〔ロンドン・シティの東に隣接する地区〕で非常に広範囲に営まれている。生産全体が、非常に多くの互いに独立した事業部門に分割されている。ある事業は椅子だけをつくり、他の事業は机だけをつくり、第三の事業は戸棚だけをつくる、等々。しかし、これらの事業そのものは、数人の職人をつかう一人の小親方によって、多かれ少なかれ手工業的に営まれている。にもかかわらず、生産は、直接に個人のために仕事をするにはあまりにも大量すぎる。その買い手は、家具店の所有者たちである。土曜日には、親方は彼らのところへ行って自分の生産物を売るのであり、そのさい価格について、ちょうど質屋であれこれの品物にたいする前貸しにつ

（348）いて行なわれるのと同様のかけひきが行なわれる。これらの親方は、次週にふたたび原料を買い、労賃を支払えるようにするためだけでも、毎週の販売を必要とする。こうした事情のもとでは、彼らは、文字どおり、商人と自分たち自身の労働者とのあいだの中継商人にすぎない。この商人は、剰余価値の最大部分をポケットに入れる本来の資本家である。（五二）これと似たようなことは、以前は手工業的にまたは農村工業の副部門として営まれていた諸部門からマニュファクチュアに移行する場合にも見られる。この小さな自己経営の技術的発展に応じて――この経営自身がすでに、手工業的経営にも利用可能な機械を使用しているところでは――大工業への移行も行なわれる。すなわち、機械が手ではなく蒸気によって運転されるのであり、このことはたとえば、最近、イギリスの靴下業で起こっているとおりである。

（五二）　同じことは、ライン地方のリボンおよび組みひも製造業、ならびに絹織物業についても言える。クレフェルト〔ライン川沿いの都市〕近郊では、この農村的手織業者たちと都市的「製造業者たち」との交通のために特設鉄道さえ敷設されたが、その後これは、機械織業によって手織業者もろとも遊休させられた。――F・エンゲルス

（五三）　この制度は、一八六五年以後、いっそう大規模に発展した。これについての詳細は、『苦汗制度にかんする上院特別委員会第一次報告書』、ロンドン、一八八八年を見よ。――F・エンゲルス

こうして、三通りの移行が行なわれる。**第一には**、商人が直接に産業家になる。商業を基礎にした産業の場合、とくに、たとえば一五世紀にコンスタンティノープルからイタリアに導入されたように、

商人たちによって原料および労働者と一緒に外国から導入される奢侈品工業の場合がそうである。第二には、商人が小親方たちを自分の中継商人（〝仲介人〟）にしたり、あるいは直接に独立生産者からも買いつける。商人は、直接生産者を名目的には自立させておき、彼の生産様式〔方法〕を変化させないでおく。第三には、産業家が商人になって、直接に商業のために大規模に生産する。

ポッペが正しく述べているように、＊中世には、商人は、諸商品――同職組合員によって生産されたそれであれ、農民によって生産されたそれであれ――の単なる「問屋（フェアレーガー）」である。商人が産業家になる、またはむしろ、手工業的工業、とくに農村的小工業を自分のために仕事をするようにさせる。他方では、生産者が商人になる。たとえば、織布業の親方は、自分の羊毛を徐々に少しずつ商人から受け取って、自分の職人たちと一緒に商人のために仕事をする代わりに、自分で羊毛または糸を買って、自分の織物を商人に売る。生産諸要素は、彼自身の買った諸商品として生産過程にはいり込む。そして、個々の商人または特定の顧客たちのために生産する代わりに、織布業者はいまでは商業世界のために生産する。生産者がそれ自身商人である。商業資本は、もはや流通過程を遂行するだけである。
(349) 最初は、商業は、同職組合工業および農村家内工業、ならびに封建的農業を資本主義的経営に転化するための前提であった。商業は生産物を商品に発展させる。商業は、一部には、商業が生産物に市場を創出することによって、一部には、商業が新しい商品等価物を供給し、生産に新たな原料および補助材料を供給し、それによって、生産諸部門――はじめから商業を基礎にしている生産部門、市場と世界市場とのための生産、ならびに世界市場に由来する生産諸条件を基礎にしている生産部門――を開くことによってそうするのである。マニュファクチュアがある程度強固になれば――そして大工業であればなおのこと――それは自分自身に自分自身で市場を創出し、自分の諸商品によって市場を征服する。いまや商業は、市場の恒常的拡大を生活条件とする工業生産の召し使いとなる。つねに拡張される大量生産は、現存市場を氾濫させ、したがってつねにこの市場を拡張し、市場の諸制限を突破しようとする。この大量生産を制限するものは、商業（存在する需要のみを表わす限りでのそれ）ではなく、機能している資本の大きさ、および労働の生産力の発展である。産業資本家は、つねに世界市場を目の前にしており、彼自身の費用価格を国内の市場価格とだけでなく全世界の市場価格と比較しており、またつねに比較しなければならない。この比較は、以前の時代にはほとんどもっぱら商人たちの仕事であり、そうやって商業資本に産業資本にたいする支配を保証するのである。

＊〔ヨハン・ハインリッヒ・モーリッツ・ポッペ『技術学の歴史』第一巻、ゲッティンゲン、一八〇七年、七〇ページ〕

近代的生産様式の最初の理論的な取り扱い――重商主義――は、必然的に、商業資本の運動において自立化しているがままの流通過程の表面的な諸現象から出発し、したがって外観だけを取り上げた。それは、一部には、商業資本は資本一般の最初の自由な存在様式だからである。また一部には、封建的生産の最初の変革期、近代的生産の成立期に商業資本がおよぼす圧倒的な影響のせいである。近代経済の真の科学は、理論的考察が流通過程から生産過程に移行するところではじめて始まる。確かに利子生み資本も、資本の太古的形態である。それなのに、重商主義が、なぜ利子生み資本から出発しないで、むしろそれにたいして反論する態度をとるのかということは、のちに見るであろう。

（350）

第五篇　利子と企業者利得とへの利潤の分裂。利子生み資本*

＊〔第五篇の表題は、草稿（第五章）では「利子と企業利得（産業利潤または商業利潤）とへの利潤の分裂。利子生み資本」となっている。草稿では、第五章は、「1)」（表題なし。現行版第二一章）、「2)　利潤の分割。利子率。自然的利子率」（同第二二章）、3)（表題なし。草稿では「4)」となっているが、「3)」の誤記と考えられている。同第二三章）、4)「利子生み資本の形態における剰余価値および資本関係一般の外面化」（草稿では「5)」となっているが「4)」の誤記と考えられている。同第二四章）、「5)　信用。架空資本」（同第二五—三五章）、「6)　前ブルジョア的なもの」（同第三六章）の六項目からなっている。エンゲルスは、「序言」のなかで「第二一—二四章はだいたいにおいて仕上げられていた」（本訳書、第三巻、一四ページ）と、また歴史研究にあてられた第三六章は「完全に仕上げられていた」（同前、一六ページ）と書いているが、信用論にあてられた第二五—三五章については、「メモや論評や抜き書きの形での資料の無秩序な堆積」（同前、一三ページ）といった個所が多く、編集に困難をきたしたことを記している〕

第二一章　利子生み資本*

*〔表題はエンゲルスによる。草稿では「1)」とだけ書かれており、そのあとにすぐ本文が書かれている〕

一般的利潤率または平均利潤率を最初に考察したさい[*1]（第三部第二篇）には、平均利潤率は、まだ完成した姿態ではわれわれの前に現われなかった。というのは、そこではまだ、〔利潤率の〕均等化は異なる諸部門に投下された産業資本[*2]のあいだでの均等化としてのみ現われたからである。第二篇のこの考察は前篇〔第四篇〕で補足されたのであり、そこでは、この均等化への商業資本の参加と商業利潤とが論じられた。一般的利潤率および平均利潤は、いまでは、以前よりも狭い限界の内部で現われるようになった。これからの展開のなかでは、今後、われわれが一般的利潤率または平均利潤と言う場合には、それは後者の意味で、すなわち平均率の完成された姿態にかんして言っているということが念頭におかれなければならない。この平均率はいまでは産業資本および商業資本にとって同じであるから、この平均利潤だけが問題である限り、産業利潤と商業利潤とを区別することも、もはや必要ではない。資本が生産部面内で産業的に投下されようと、流通部面で商業的に投下されようと、資本はその大きさに〝比例して[*3]〟同じ年平均利潤をもたらす。

*1〔草稿では「およびそれに対応する平均利潤」となっている〕

*2〔草稿では「生産的資本」となっている。第五篇では、資本を提供する貨幣資本（家）にたいして、剰余

価値の生産や取得に必要な資本機能を果たす産業資本（家）および商業資本（家）を一括して「生産的資本（家）」「機能資本（家）」と呼んでいる。本訳書、第三巻、四六〇ページの訳注＊参照〕

＊3〔草稿には「その大きさに〝比例して〟」はない〕

(351)

貨幣――ここでは貨幣はある価値額の自立的表現と解されており、その価値額が実際に貨幣の形で存在するか商品の形で存在するかは問われない――は、資本主義的生産＊の基礎上では資本に転化されうるのであり、この転化によって、ある与えられた価値から、自己自身を増殖し、自己を増加させる価値になる。それは、利潤を生産する。すなわち、それは資本家に、労働者から一定分量の不払労働、剰余生産物、そして剰余価値を引き出して取得する可能性を与える。そのことによって貨幣は、それが貨幣として有する使用価値のほかに、一つの追加的使用価値、すなわち資本として機能するという使用価値をもつようになる。ここでは貨幣の使用価値とは、まさに、それが資本に転化して生産する利潤のことである。貨幣は、この、可能的資本（メークリヒエス）としての、利潤を生産するための手段としての属性において、商品に、ただし一つの〝特殊な〟商品になる。または同じことになるが、資本としての資本が商品になる。（五四）

（五四）経済の専門家たちも事態をこのように把握している二、三の個所をここで引用すべきであろう――「あなたがた」（イングランド銀行）「は資本という商品を扱う巨大商人なのですね？」〔強調はマルクス〕と、同行の一理事〔ウェゲリン〕が『銀行法にかんする報告書』（下院、一八五七年〔一〇四ページ、第一一九四号〕）のための証人尋問で質問されている。

＊〔草稿では「資本主義的生産様式」となっている〕

年平均利潤率は二〇％であるとしよう。その場合には、一〇〇ポンドの価値のある機械＊は、平均的諸条件のもとで、平均的水準の知能と合目的的活動とをもって資本として使用されるならば、二〇ポンドの利潤をもたらすであろう。したがって、一〇〇ポンドを自由に使用できる人は、一〇〇ポンドを一二〇ポンドに変える力、または二〇ポンドの利潤を生産する力を自分の手に握っているのである。彼は一〇〇ポンドの可能的資本を手に握っている。この人がこの一〇〇ポンドを一年間、実際にそれを資本として使用するだれか他の人に委託するならば、この人は他の人に、二〇ポンドの利潤を生産する力、他の人がそれにたいしてなんの費用も費やさずなんの等価物も支払わない剰余価値を生産する力を、与えるのである。この他の人が一〇〇ポンドの持ち主にたいし、年末にかりに五ポンド、すなわち生産された利潤の一部を支払うとすれば、彼はこれによって、一〇〇ポンドの使用価値にたいして、一〇〇ポンドの資本機能、二〇ポンドの利潤を生産するという機能の使用価値にたいして、支払いをするのである。利潤のうち彼が持ち主に支払う部分は利子と呼ばれるのであり、したがって、これは、利潤のうち、機能資本〔家〕が自分のポケットに入れずに資本の持ち主に支払わなければならない部分を表わす特殊な名称、特殊な項目にほかならない。

＊〔草稿では「価値のある機械」は「価値額」となっている〕

この一〇〇ポンドの所有が、その持ち主にたいして、彼の資本によって生産された利潤の一定部分である利子をわがものにする力を与えるということは、明白である。彼がこの一〇〇ポンドを他の人に渡さなかったなら、後者はこの利潤を生産することができず、この一〇〇ポンドにかんして*資本家として機能することもまったくできなかったであろう。(五五)

(五五)「利潤をあげる意図で貨幣を借りる人が、この利潤の一部を貸し手に与えなければならないということは、自然的公正の自明の一原理である」(ギルバート『銀行業の歴史と諸原理』、ロンドン、一八三四年、一六三ページ)。

* 〔草稿では「この一〇〇ポンドにかんして」はない〕

(352)

ギルバート(右の注を見よ)とともにここで自然的公正について語るのは無意味なことである。生産当事者たちのあいだで行なわれる諸取引の公正は、これらの取引が生産諸関係から自然な帰結として生じるということにもとづいている。法律的諸形態――この形態においては、これらの経済的取引が関与者たちの意思行為として、彼らの共同の意思の発現として、また個々の当事者にたいして国家によって〔その履行が〕強制されうる諸契約として現われる――は、単なる形態であるから、この取引の内容そのものを規定することはできない。それらはこの内容を表現するにすぎない。この内容は、それが生産様式に照応し、適合するならば正当である。それが生産様式と矛盾するならば不当である。奴隷制は資本主義的生産様式の基盤の上では不当である。商品の品質をごまかすことも同じく不当である。

一〇〇ポンドは、産業資本としてであれ商業資本としてであれ、資本として機能することによって、二〇ポンドの利潤を生産する。しかし、資本としてのこの機能の〝不可欠の条件〟は、それが資本として支出されること、したがって貨幣が生産諸手段の購入（産業資本の場合）または商品の購入（商業資本の場合）に投下されることである。しかし、支出されるためには、貨幣がそこになければならない。一〇〇ポンドの持ち主Ａがそれを自分の私的消費のために支出するか、または蓄蔵貨幣として手もとに保持したならば、それは、機能資本家＊Ｂによって資本として支出されることはできなかったであろう。Ｂは、自分の資本ではなく、Ａの資本を支出する。しかしＢは、Ａの同意なしにＡの資本を支出することはできない。したがって、最初に一〇〇ポンドを資本として支出するのは、実際はＡである――といっても、資本家としての彼の全機能は、一〇〇ポンドを資本として支出するというそのことに限られるのであるが。この一〇〇ポンドにかんする限りでは、Ｂが資本家として機能するのは、ただ、Ａがこの一〇〇ポンドを彼に委託し、したがってこれを資本として支出するからであるにすぎない。

＊〔機能資本家については、本訳書、第三巻、五七六―五七七ページの訳注＊２参照〕

まずはじめに利子生み資本の独特な流通を考察しよう。次いで第二に、利子生み資本が商品として販売される独自な仕方、すなわち、決定的に譲渡されるのではなく貸し付けられるという仕方が、研究されなければならない。

出発点となるのは、ＡがＢに前貸しする貨幣である。＊この前貸しは、担保つきまたは無担保で行なわれうる。けれども、諸商品または債務諸証書――手形、株式などのような――を担保とする前貸しを別とすれば、前者〔担保つき前貸し〕の形態は、より古風な形態である。これらの特殊な諸形態は、ここでは、われわれには関係がない。ここで問題にするのは、通常の形態での利子生み資本である。

＊〔草稿では、ここから段落末までは括弧でくくられている〕

Bの手中で貨幣は現実に資本に転化され、運動 G―W―G′ を経過し、次にG′として、すなわちG＋⊿G――この ⊿G は利子を表わす――としてAのもとに復帰する。簡単にするために、われわれは、ここではさしあたり、資本が比較的長期間Bの手中にとどまって利子が期限ごとに支払われる場合を度外視する。

(353) したがって運動は、こうである――

G―G―W―G′―G′

ここで重複して現われているのは、（一）資本としての貨幣の支出、（二）実現された資本としての、G′または G＋⊿G としての、貨幣の還流である。

商業資本の運動 G―W―G′ においては、同じ商品が二度、あるいは商人が商人に売る場合には[*1]何度も持ち手を替える。しかし、同じ商品のこのような場所変換は、いずれもその商品の一つの変態――購買または販売――を示しているのであり、そのことは、商品が最終的に消費にはいり込むまでに[*2]この過程が何度繰り返されようとも変わらない。

＊1〔草稿では、「商人が商人に売る場合には」は「最初の売り手と最後の買い手とのあいだに何人もの商人〔がはいる〕場合には」となっている〕

＊２〔草稿では、「商品が最終的に消費にはいり込むまでに」は「商品が最終的に販売されるまでに」となっている〕

他方、Ｗ―Ｇ―Ｗにおいては、同じ貨幣の二度の場所変換が生じるが、この二度の場所変換は、商品の完全な変態を示しているのであり、この商品はまず貨幣に転化され、次に貨幣からふたたび他の一商品に転化されるのである。

これにたいして、利子生み資本の場合には、Ｇの第一の場所変換は、決して、商品の変態の契機でもなければ、資本の再生産の契機でもない。Ｇがこのような契機となるのは、やっと第二の支出においてであり、Ｇによって商業を営むか、またはそれを生産資本に転化させるかする機能資本家の手中においてである。Ｇの第一の場所変換は、ここでは、ＡからＢへの貨幣の移転または引き渡し――一定の法律的な諸形態と諸条件とのもとで行なわれるのを常とする移転――以外のなにものをも表現しない。

資本としての貨幣のこの二重の支出――その第一はＡからＢへの単なる移転である――には、それの二重の還流が照応する。貨幣は、運動のなかから、Ｇ′またはＧ＋⊿Ｇとして機能資本家Ｂのもとに還流する。次にＢはふたたびこれをＡに移転する。ただし同時に利潤の一部とともに、実現された資本として、Ｇ＋⊿Ｇとして移転する。この場合、⊿Ｇは全利潤に等しいのではなく、利潤の一部である利子でしかない。貨幣がＢに還流するのは、ただ、彼が支出したものとして、機能資本家として、ただし、Ａの所有物として、でしかない。だから、貨幣の還流が完了するためには、ＢがふたたびこれをAに移転しなければならない。ただし、Bは、資本額のほかに、この資本額によってあげた利潤の一部を利子という名でAに渡さなければならない。というのは、AがBに貨幣を渡したのは、資本として、すなわちその運動のなかで自己を維持するだけでなく、その持ち主のために剰余価値を創造する価値として、でしかないからである。＊貨幣は、それが機能資本である限りにおいて、Bの手中にとどまる。そしてその還流とともに――約定期限後は――、それは資本として機能することをやめる。しかし、貨幣は、もはや機能しない資本として、ふたたびA――彼はまだこの貨幣の法律上の所有者であることをやめてはいない――に返還されなければならない。

＊〔草稿では、ここから段落末までは丸括弧でくくられている〕

（354）

この商品にとって、すなわち商品としての資本にとって特有なものである貸付けという形態――ちなみに他の諸取引においても、販売という形態に代わって現われるが――は、ここでは資本が商品として登場するという規定、または資本としての貨幣が商品となるという規定から早くも生じる。

ここでは、次の区別をしなければならない。

すでに見たように（第二部、第一章〔本訳書、第二巻、八九ページ〕）、またここですぐに想起されるように、資本は流通過程においては商品資本および貨幣資本として機能する。しかし、このどちらの形態においても、資本は、資本として商品になるのではない。

生産資本が商品資本に転化されれば、それは市場に投げ入れられ、商品として販売されなければならない。市場では、それは単純に商品として機能する。ここで資本家は商品の売り手としてのみ現われるが、それは、買い手が商品の買い手としてのみ現われるのと同じである。商品としては、生産物は、流通過程において、その販売によって自己の価値を実現し、貨幣という自己の転化された姿態をとらなければならない。したがって、この商品が消費者によって生活手段として買われるか、それとも資本家によって生産手段として、資本の構成部分として買われるかは、まったくどうでもよい。流通という行為においては、商品資本は商品としてのみ機能し、資本としては機能しない。商品資本が単純な商品から区別される商品資本であるのは、次の理由によってである。（一）それがすでに剰余価値を身ごもっており、したがってその価値の実現が同時に剰余価値の実現でもあるということ。ただし、このことは、商品資本の、商品としての、一定の価格をもつ生産物としての単純な定在をなにも変化させない。（二）商品資本の商品としてのこの機能は、商品資本の資本としての再生産過程の一契機であり、したがってまた、商品資本の商品としての運動は――商品資本の〔再生産〕過程の部分的運動にすぎないのだから――同時に商品資本の資本としての運動でもあるということ。ただし、この運動〔商品資本の商品としての〕がそうなるのは、販売という行為そのものによってではなく、この行為と、この一定の価値額の資本としての総運動とのあいだの連関によってのみである。

同様に資本は、貨幣資本としては、実際上ただ単純に貨幣として、すなわち商品（生産諸要素）の購買手段として作用するだけである。この貨幣が、ここでは同時に資本の一形態である貨幣資本であるということは、購買という行為から、貨幣資本がここで貨幣として果たす現実の機能から、生じるのではなく、この行為と資本の総運動との連関から生じてくる。というのは、貨幣資本が貨幣として果たすこの行為が、資本主義的生産過程を導入するからである。

しかし、それら〔商品資本と貨幣資本〕が現実に機能し、現実にその過程においてそれらの役割を果たす限りでは、ここでは商品資本は商品としてのみ、貨幣資本は貨幣としてのみ、作用する。それだけで考察すれば、変態の個々の契機のいずれにおいても、資本家は、その商品を資本として買い手に（355）売るのではなく――といってもそれは彼にとっては資本を表わしているのであるが――、または、貨幣を資本として売り手に譲渡するのではない。どちらの場合にも、資本家は、商品を単純に商品として譲渡し、貨幣を単純に貨幣として、商品の購買手段として、譲渡するのである。[*]

＊〔草稿では、「貨幣として」以下は「購買手段として支出する、すなわち、それで商品を買うのである」となっている〕

資本が流通過程において資本として登場するのは、ただ全経過の連関においてのみであり、出発点が同時に復帰点として現われる契機においてのみ、G―G′ または W―W′[*1] においてのみである（これにたいして、資本が生産過程において資本として登場するのは、資本家のもとへの労働者の従属と剰余価値の生産とによってである）。しかし、この復帰の契機においては、媒介は消滅している。そこにあるものはG′または G+⊿G[*2]（⊿Gだけ増加した価値額が、貨幣の形態で存在するのか、商品の形態で存在するのか、生産諸要素の形態で存在するのかは、ここでは問わない）であり、最初に前貸しされた貨幣額、プラス、それを超えるある超過分すなわち実現された剰余価値、に等しい貨幣額である。そして、資本が実現された資本として、増殖された価値として存在するまさにこの復帰点においては――この復帰点が想像上であれ現実にであれ休止点として固定される限りでは――こうした形態では資本は決して流通にはいり込まないのであり、むしろ、流通から回収されたものとして、全過程の結果として、現われる。その資本がふたたび支出されるときには、それは決して資本として第三者に譲渡されるのではなく、単純な商品として第三者に販売されるか、または単純な貨幣として商品と引き換えに第三者に交付される。資本は、その流通過程においては、決して資本としてではなく、商品または貨幣としてのみ現われるのであり、しかもここでは、それ〔商品または貨幣〕が他者にとって資本の唯一の定在なのである。商品と貨幣とがここで資本であるのは、商品が貨幣に、貨幣が商品に転化する限りにおいてではなく、買い手または売り手にたいするそれらの現実的諸関連においてではなく、単に、それらの観念的な諸関連――資本家自身にとっての（主観的に見れば）、それとも再生産過程の諸契機としての（客観的に見れば）――においてにすぎない。現実の運動において資本が資本として存在するのは、流通過程においてではなく、生産過程すなわち労働力の搾取過程[*3]においてのみである。

＊１〔初版以来「W′―W′」となっているが、草稿により訂正〕
＊２〔草稿では、「生産諸手段、固定資本など」となっている〕
＊３〔「すなわち労働力の搾取過程」はエンゲルスによる〕

しかし、利子生み資本については事情が異なっており、まさにこのことが、利子生み資本の独自の性格をなしている。自分の貨幣を利子生み資本として増殖しようと思う貨幣所有者は、その貨幣を第

（356）三者に譲渡し、それを流通に投げ入れ、それを資本としての商品にする。彼自身にとってだけではなく、他者にとっても資本としての商品にする。それは、単にそれを譲渡する者にとって資本であるだけでなく、最初から資本として、剰余価値すなわち利潤を創造するという使用価値をもつ価値として、第三者に引き渡される。それは、運動のなかで自己を維持し、自己の機能を果たしたのちに最初の支出者、この場合には貨幣所有者のもとに復帰してくる価値として、引き渡される。つまり、それは、ただある期間だけ所有者から遠ざかるのであり、一時的にのみその所有者の占有から機能資本家の占有に移るのであり、したがって、それは支払われてしまうのでも売り渡されるのでもなく、ただ貸し付けられるだけである。すなわち、それは、一定期間後に、第一には、その出発点に復帰するという、ただし第二には、実現された資本として、その結果、剰余価値を生産するというその使用価値を実現した資本として復帰するという条件のもとで、譲渡されるだけである。＊

＊〔草稿では、次のパラグラフ以下五つのパラグラフは、ここへの「追記」と指示されている〕

資本として貸し付けられる商品は、その性状に応じて、固定資本または流動資本として貸し付けられる。貨幣は、どちらの形態においても貸し付けられることができる。たとえば、貨幣が年賦の形式で返済され、利子とともにつねに資本の一部も還流してくる場合には、固定資本として貸し付けられているのである。ある種の諸商品、たとえば家屋、船舶、機械などは、それらの使用価値の性質上、つねに固定資本としてのみ貸し付けられることができる。しかしすべての貸し付けられた資本は、その形態がどのようなものであれ、またその返済がその使用価値の性質によってどのように修正されようとも、つねに貨幣資本の一特殊形態にすぎない。というのは、ここで貸し付けられるものは、つねに一定の貨幣額であり、事実また、この額にたいして利子が計算されるからである。貸し出されるものが貨幣でも流動資本でもない場合には、それはまた固定資本が還流するのと同じ方法で返済される。貸し手は、周期的に、利子と、固定資本自体の消費された価値部分――周期的摩滅分の等価物――とを受け取る。そして期限の終わりには、貸し付けられた固定資本の消費されなかった部分が〝現物で〟復帰する。貸し付けられた資本が流動資本である場合には、それはやはり流動資本の還流方法で貸し手のもとに復帰する。

したがって還流の仕方は、いつでも、自己を再生産する資本の、そしてその資本の特殊な種類の、現実の循環運動によって規定されている。ただし、貸し付けられた資本にとっては、その還流は返済という形態をとる。なぜなら、前貸し、すなわちこの資本の譲渡が、貸し付けという形態をとるからである。

この章では、本来の貨幣資本――貸し付けられた資本の他の諸形態はこれから派生している――だけを取り扱う。

貸し出された資本は二重に還流する。再生産過程のなかでそれは機能資本家のもとに復帰し、次いで、貸し手である貨幣資本家*のもとへの移転として、資本の本当の所有者、資本の法律上の出発点への〔資本の〕返済として、もう一度復帰が繰り返される。

＊〔草稿では、「マニイド・キャピタリスト」となっている。本訳書、第三巻、五九七―五九八ページの訳注

＊2参照〕

（357）現実の流通過程においては、資本はつねに商品または貨幣としてのみ現われ、資本の運動は一連の購買と販売とに帰着する。要するに、流通過程は商品の変態に帰着する。再生産過程の全体を考察する場合には、事情が異なる。貨幣から出発すれば（また、商品から出発しても同じことである。というのは、その場合にはわれわれは商品の価値から出発するのであり、したがって商品そのものを貨幣の〝姿態として〟考察するからである）、ある貨幣額が支出され、一定期間後に、増加分をともなって復帰する。前貸しされた貨幣額の補填分が、剰余価値をプラスして復帰する。この額は、一定の循環運動を通過するなかで、自己を維持し、増殖した。しかし、貨幣が資本として貸し付けられる限りで、それは、まさしくこうした、自己を維持し自己を増殖する貨幣額——一定期間後に追加分をともなって復帰し、いつでもまた新たに同じ過程を経過することができる貨幣額——として貸し出されるのである。それは、貨幣として支出されるのでも商品として支出されるのでもなく、したがって、貨幣として前貸しされる場合にも商品と交換されるのではなく、また商品として前貸しされる場合にも貨幣と引き換えに販売されるのではない。そうではなく、それは資本として支出されるのである。自己自身との関係——資本主義的生産過程を全体および統一体としてとらえれば、資本がそうしたものとして自己を示し、またそこで資本が貨幣を生む貨幣として登場する関係[*1]——が、ここでは媒介的な中間運動なしに、単純にそれの性格として、それの規定性として、それに合体される。そして、それが貨幣資本として貸し付けられる場合には[*2]、それはこの規定性において譲渡されるのである。

＊１〔草稿では、「またそこで資本が貨幣を生む貨幣として登場する」はなく、「資本がそうしたものとして自己を示す関係」となっている〕

＊２〔草稿には「それが貨幣資本として貸し付けられる場合には」はない〕

(358) 貨幣資本の役割についてのプルードンの見解は、奇妙なものである[*1]（『信用の無償性。F・バスティア氏とプルードン氏との論争』、パリ、一八五〇年）。プルードンには、貸し付けは、それが販売ではないという理由から邪悪なことに思われるのである。利子を取っての貸し付けは、「売るものについての所有権を決して譲渡せずに、同じ対象をいつもふたたび販売し、いつもふたたびその代価を受け取る能力である」[*2]（九ページ）。〔貸し付けの〕対象である貨幣、家屋などは、売買の場合のように、所有者を換えることはない。しかしプルードンは、貨幣が利子生み資本の形態で手放される場合にはそれにたいするなんらの等価物も受け取られないということを見ない。どの売買行為においても、およそ交換過程が行なわれる限り、その対象が手放されることはいうまでもない。販売された対象の所有権はつねに譲渡される。しかし価値は手放されない。販売のさいには、商品は手放されるが商品の価値は手放されず、この価値は貨幣の形態で、またはここではただそれの異なる形態にすぎない債務証書もしくは支払請求証書の形態で、もどされる。購買のさいには、貨幣は手放されるが貨幣の価値は手放されず、この価値は商品の形態で補填される。産業資本家は、再生産過程全体を通じて、同じ価値（剰余価値を別とすれば）[*3]を自己の手中に保持するのであり、ただこの価値の形態が変わるだけである。

＊1〔この一文は草稿にはない〕

＊2〔これは、プルードンの信奉者で『ヴォワ・デュ・ププル』紙の編集者の一人、Ch-F・シュヴェの対バスティア論争書簡（一八四九年一〇月二二日付、第一書簡）の文章であり、前掲『信用の無償性』に掲載された。『資本論草稿集』7、大月書店、一九八二年、五一八ページ以下参照〕

＊3〔この括弧の文は草稿にはない〕

交換、すなわち諸対象の交換が行なわれる限りでは、価値変動は起こらない。同じ資本家はいつも同じ価値を手中に保持する。しかし、剰余価値が資本家によって生産される限りでは、交換は行なわれない。交換が行なわれるときには、剰余価値はすでに諸商品のなかに潜んでいる。個々の交換行為ではなく、資本の総循環 G―W―G′ を考察すれば、つねに、一定の価値額が前貸しされ、この価値額に剰余価値または利潤をプラスしたものが流通から回収される。この過程の媒介は、単なる交換行為のなかではもちろん目には見えない。そして、貸付貨幣資本家[＊]の利子は、まさに資本としてのGのこの過程に依拠し、まさにこの過程から発生するのである。

＊〔草稿ではフランス語で「貸付資本家（キャピタリスト・プレトゥール）」となっている。これは、前掲『信用の無償性』の用語を取り入れたもので、次のパラグラフから本訳書、五九四ページにかけての部分にあたる草稿において、引用を含め五カ所で用いられている。エンゲルスは、それを「貸付貨幣資本家（フェアライエンデン・ゲルトカピタリスト）」または「貸付資本家（フェアライエンデン・カピタリスト）」というドイツ語に置きかえた〕

「実際、」――とプルードンは言う――「帽子製造業者は帽子を売って……そのかわりにその価値を受け取るのであり、それより多くも少なくも受け取りはしない。しかし、貸付資本家は……彼の資本の全額を受け取るだけではない。彼はその資本よりも多くを、彼が交換に投じるよりも多くを、手に入れる。彼は、資本のほかになお利子を受け取る」（同前）一六九〔正しくは六九〕ページ）。帽子製造業者は、ここでは、貸付資本家に対立して生産的資本家を代表している。どのようにして生産的資本家は商品を価値どおりに売ることができるのか（生産価格への均等化は、この場合、プルードンの見解にとってはどうでもよいことである）、そして、まさにそのことによって、彼が交換に投じる資本を超えて利潤を受け取るのかという秘密を、プルードンが看破していないことは歴然としている。一〇〇個の帽子の生産価格が一一五ポンドであり、そして、この生産価格がたまたま帽子の価値に等しい、つまり帽子を生産する資本が社会的平均構成の資本であると仮定しよう。利潤＝一五％とすれば、帽子製造業者は、それらの商品をその価値どおりに一一五ポンドで売ることによって、一五ポンドの利潤を実現する。それらの商品が彼に費やさせる費用は、一〇〇ポンドにすぎない。もし彼が自分自身の資本だけで生産したのであれば、彼は超過分一五ポンドをそっくりポケットに入れる。もし借入資本で生産したのであれば、おそらく彼はそのうちの五ポンドを利子として引き渡さなければならないであろう。このことは帽子の価値をなにも変えず、ただその価値のなかにすでに潜んでいる剰余価値の、さまざまな人物のあいだでの分配を変えるだけである。このように、帽子の価値は利子の支払いによっては影響されないのだから、プルードンが次のように言うのはばかげている――「商業においては、資本の利子が労働者の賃銀につけ加えられて商品の価格を構成するのだから、労働者が彼自

（359）身の労働の生産物を買いもどすことができるということは不可能である。〝働きながら生きる〟*ということは、利子の支配のもとでは矛盾を含む原理である」（〔同前〕一〇五ページ）(五六)。

（五六）　だから、「一軒の家」「貨幣」などは、プルードンの考えによれば、「資本」として貸し付けられるべきではなく、「原価で……商品」（〔四三、〕四四ページ）として譲渡されるべきである。ルターはプルードンよりはいくらか水準が高い。彼は、金儲けが貸し付けまたは購買の形態とはかかわりのないことをすでに知っていた――「高利は取引からも生じる。しかし、いまこれを一口でかたづけてしまうには多すぎる。私たちは、いまは一つだけ、すなわち、貸し付けにおける高利についてだけ扱って、これを防止し終えたとき（最後の審判の日ののちに）、取引の高利にたいしてもきびしく説こうと思う」（M・ルター『牧師諸氏に、高利に反対するように説く』、ヴィッテンベルク、一五四〇年〔『ルター著作集』、ヴィッテンベルク、一五八九年、第六部、三〇七ページ。ヴァイマール版、第五一巻、三三七ページ〕）。

＊〔一八三一年一一月に蜂起したリヨンの織工の掲げた革命的スローガン「働きながら生きるか、戦いながら死ぬか」のもじり〕

プルードンがどんなに資本の性質*について理解していなかったかは、彼が資本一般の運動を、利子生み資本に固有な運動として記述している次の文章に示されている――「利子の蓄積のために、貨幣資本（キャピタル・アルジヤン）は、交換のたびにいつもその源泉に復帰するのであるから、いつも同じ人の手によってなされる再貸し付けは、いつも同じ人物に利得をもたらすという結果になる」〔一八四九年一二月三一日付のプルードンの第九書簡、前出、一五四ページ〕。

＊〔草稿では「資本一般の運動」となっている〕

それでは、利子生み資本に特有な運動において、プルードンにとって依然として説明のつかない点はなんであろうか？　購買[*1]、価格、対象の譲渡という諸カテゴリーと、ここで剰余価値が現われる無媒介的形態とである。要するに、ここでは資本が資本として商品になっており、そのために、販売が貸し付けに転化し、価格が利潤[*2]の分け前に転化しているという現象である。

＊1〔草稿では「販売」となっている〕
＊2〔草稿では「超過利潤」となっている〕

(360)

資本のその出発点への復帰は、一般に、資本が総循環[*1]のなかで行なう特徴的な運動である。それは、決して利子生み資本だけの特徴ではない。利子生み資本の特徴をなすのは、外面的な、媒介する循環から切り離された復帰の形態である。貸付資本家は、等価物を受け取らずに彼の資本を手放し、これを産業資本家に移転する。貸付資本家が資本を手放すことは、決して資本の現実的な循環過程の行為ではなく、産業資本家によって達成されるべきこの循環を導入するものでしかない。貨幣のこの第一の場所変換は、どんな変態の行為も、すなわち購買も販売も表わさない。所有権は譲渡されない。なぜなら、どんな交換も行なわれず、どんな等価物も受け取られないからである。産業資本家の手から貸付資本家の手への貨幣の復帰は、単に資本を手放す第一の行為を補完するものでしかない。貨幣形態で前貸しされた資本は、循環過程を経て、産業資本家のもとにふたたび貨幣形態で復帰する。しかし、この資本は支出のさいに彼のものではなかったのだから、復帰のさいにも彼のものではありえない。再生産過程を通過することによってこの資本が彼の所有物に転化するということはありえない。

したがって、彼は資本を貸し手に返還しなければならない。資本を貸し手の手から借り手の手に移転する第一の引き渡しは、一つの法律上の取引であって、この取引は、資本の現実の再生産過程とはなんのかかわりもなく、ただそれを導入するものでしかない。還流した資本を借り手の手からふたたび貸し手の手に移転する返済は、第二の法律上の取引であり、第一の法律上の取引の補完である。第一の法律上の取引は現実の過程を導入し、第二の法律上の取引は現実の過程のあとに行なわれる補足的行為である。したがって、貸し付けられた資本の出発点と復帰点、手放しと返還とは、資本の現実的運動の前とあととに行なわれて、この運動そのものとはなんのかかわりもない、法律上の取引に媒介された任意の運動として現われる。資本がはじめから産業資本家のものであり、したがって彼の所有物として彼のもとにだけ還流したとしても、それは資本のこの現実的運動にとってはどうでもよいことであろう。

＊〔草稿では「総過程」となっている〕

第一の導入行為では、貸し手は彼の資本を借り手に手放す。第二の補足的終結行為では、借り手が資本を貸し手に返済する。貸し手と借り手の両者のあいだの取引だけを考察する限りでは――さしあたり利子は度外視する――、したがって貸し手と借り手とのあいだにおける貸し付けられた資本そのものの運動だけを問題にする限りでは、これら二つの行為（これらは、資本の現実の再生産運動がそのあいだに起こる、より長いまたはより短い時間によって隔てられている）が、この運動の全部を包括する。そして、この運動――返還を条件とする手放し――は、一般に、貸し付けおよび借り入れの運動、すなわち貨幣または商品のもっぱら条件つきの譲渡というこの独自の形態の運動である。

資本一般の特徴的な運動――貨幣の資本家のもとへの復帰、資本のその出発点への復帰――は、利子生み資本においては、現実の運動――右の特徴的な運動はこの現実の運動の形態である――から切り離されたまったく外面的な姿態を受け取る。Ａは彼の貨幣を、貨幣としてではなく、資本として手（361）放す。ここでは、資本[*1]にはなんの変化も生じない。それはただ持ち手を替えるにすぎない。貨幣の資本への現実の転化は、Ｂの手中ではじめて遂行される。しかし、Ａにとっては、貨幣は、単にＢにたいして手渡されただけで資本になっている。生産過程および流通過程からの資本の現実の還流は、Ｂにとってのみ生じる。しかし、Ａにとっては、還流は譲渡と同じ形態で生じる。資本は、Ｂの手からＡの手にふたたび復帰する。一定期間にわたる貨幣の手放しすなわち貸し付けと、利子（剰余価値）をともなうこの貨幣の回収、これが利子生み資本そのものにふさわしい運動の全形態である。貸し付けられた貨幣の資本としての現実の運動は、貸し手と借り手とのあいだの諸取引の外部にある操作である。これらの取引そのものにおいては、この〔現実の運動の〕媒介は消えうせており、目に見えないし、直接にそこには含まれていない。独自な種類の商品として、資本にはまた特有な譲渡の仕方がある。したがってその復帰も、ここでは、ある一定の一連の経済的経過の帰結および結果としてではなく、買い手と売り手とのあいだの特殊な法律的取り決めの結果として現われる。還流時間は、再生産過程の進行に依存する。利子生み資本の場合には、資本としてのその復帰は、貸し手と借り手との単なる合意に依存するように見える。その結果、この取引にかんしては、資本の還流は、もはや生産過程によって規定される結果としては現われず、貸し付けられた資本から貨幣の形態が決して失われなかったかのように現われる。もちろん事実上、これらの取引は現実の還流によって規定されている。しかし、このことは、取引そのものには現われない。実際上も、事態は必ずしもこのとおりにはこぶわけでは決してない。もし現実の還流が予定どおり行なわれなければ、借り手は、どこか他の資金源から貸し手にたいする自己の債務を果たすことを配慮しなければならない。[*2] 資本の単なる**形態**――金額Aとして手放され、一定期間内に、この時間の隔たり[*3]ということ以外にはなんの他の媒介もなしに、金額 $A+\frac{1}{x}A$ として復帰する貨幣――は、現実の資本運動の没概念的形態でしかない。

＊1〔草稿では、「資本」は「貨幣」となっている〕
＊2〔草稿では、「実際上も」からここまでが角括弧にくくられている〕
＊3〔草稿では、「この時間の隔たり」は「引き渡しと返済とのあいだに経過する期間」となっている〕

（362）資本の現実の運動においては、復帰は流通過程の一契機である。まず、貨幣が生産諸手段に転化される。生産過程がそれを商品に転化する。[*1] 商品の販売によってそれは貨幣に再転化され、この形態で、資本を最初に貨幣形態で前貸しした資本家の手もとに復帰する。しかし、利子生み資本の場合には、復帰も手放しも、資本の所有者と第二の人物とのあいだの法律的な取引の結果にすぎない。目に見えるのは手放しと返済だけである。[*2] それらのあいだに行なわれることはすべて消え去っている。

＊1〔草稿では、この一文は「それは生産過程の結果として商品となる」となっている〕
＊2〔草稿では、この一文は「したがってまた、貨幣資本家（マニイド・キャピタリスト）と生産的資本家とのあいだの関係にかんする限

り、それはただ、貨幣の貸し付け（貨幣の手放し、譲渡）と借りられた貨幣の返済（その還流）として現われるだけである」となっている。

マルクスは、このあたりから、利子生み資本として登場する貨幣資本およびその所有者を表現する用語として、「貨幣資本《マニイド・キャピタル》」および「貨幣資本家《マニイド・キャピタリスト》」という用語を使いはじめ、その用語法は、ごく一部の例外をのぞき、第二一章から第三六章まで一貫している。これは、資本の循環の一形態である「貨幣資本《ゲルトカピタル》」と区別するためであった。

エンゲルスは、この部分の編集にあたって、「貨幣資本《マニイド・キャピタル》」の用語を、すべて「貨幣資本《ゲルトカピタル》」あるいは「貸付資本《ライカピタル》」に置きかえ、時には、「貨幣資本《ゲルトカピタル》」の言葉に「貸し付け可能な」などの形容詞をつけて、利子生み資本としての性格を表わそうとした。エンゲルスのこの用語法では、資本の循環の一形態としての「貨幣資本《ゲルトカピタル》」と利子生み資本としての「貨幣資本《マニイド・キャピタル》」との区別がはっきりしない。また「貸付資本《ライカピタル》」は、マルクスが一度も使ったことのない言葉である。草稿には、「貸付可能な資本」という用語はあるが、エンゲルスは、その多くを「貸付資本」に書きかえている。

本訳書では、第五篇のこのページ以後の部分で、マルクスが草稿で「貨幣資本《ゲルトカピタル》」と書いている場合は、ルビをつけて、そのことを示した。ルビのない「貨幣資本」あるいは「貨幣資本家」は、すべて、草稿で「マニイド・キャピタル」あるいは「マニイド・キャピタリスト」の語が使われている場合である。ただ、初出の場合と、「ゲルトカピタル」との対比がとくに問題になる場合には、「マニイド・キャピタル」のルビをつけた。また、「貸付資本」の場合には、草稿で(1)「マニイド・キャピタル」の場合、(2)「貸付可能な資本」の場合、(3)草稿に対応する言葉がなく、エンゲルスが挿入した場合があるが、(2)と(3)の場合だけ、これを訳注で示した〕

しかし、資本として前貸しされた貨幣には、それを前貸しした人、それを資本として支出した人のもとに復帰するという属性があるから、すなわちG―W―G′は資本運動の内在的形態であるから、まさにそうであるからこそ、貨幣所有者は、貨幣を資本として――自己の出発点に復帰し、自己の経過する運動において自己を価値として維持し増殖するという属性をもつものとして――貸し付けることができるのである。彼が貨幣を資本として手放すのは、それが資本として使用されたのちに自己の出発点に還流するからであり、したがって、それが借り手自身のもとに還流するからこそ一定期間ののちには借り手によって返還されうるからである。

したがって、資本としての貨幣の貸し付け――一定期間後の返済を条件とする貨幣の手放し――は、貨幣が現実に資本として使用され、現実に自己の出発点に還流することを前提とする。つまり、資本としての貨幣の現実の循環運動は、法律上の取引――それにしたがって借り手は貸し手に貨幣を返済しなければならない――の前提である。借り手が貨幣を資本として投下しないとしても、それは借り手が決めることがらである。貸し手は貨幣を資本として貸し付けるのであり、貨幣は、資本として、資本諸機能を果たさなければならないのであって、これら諸機能は、貨幣形態でその出発点に還流するまでの貨幣資本の循環を含んでいる。*

＊〔草稿では、「貨幣は」以下の部分は、次のようになっている。「したがって、貨幣は資本の諸機能を果たさなければならないのであって、貨幣の循環運動、つまりその出発点への貨幣の復帰は、これら諸機能を含んでいる」〕

価値額[*1]が貨幣または商品として機能する流通行為 G—W および W—G′ は、この価値額[*2]の総運動の媒介的諸過程、総運動の個別的諸契機であるにすぎない。この価値額[*3]が資本として経過する全運動は、G—G′ である。それは、貨幣またはなんらかの形態での価値額として前貸しされ、価値額として復帰する。貨幣の貸し手は、貨幣を商品の購入には支出せず、また、価値額が商品の形で存在する場合には、その価値額を売って貨幣に換えることはせず、それを資本として、G—G′ として、一定期限でふたたび出発点に復帰する価値として、前貸しする。売ったり買ったりするのではなく、彼は貸し付ける。したがって、この貸し付けは、貨幣を貨幣または商品としてではなく資本として譲渡するのにふさわしい形態である。そうであるからといって、貸し付けが、資本主義的再生産過程とはまったくかかわりのない諸取引のための形態でもあることはありえない、ということには決してならない。

＊1・2・3〔草稿では「価値額」は「資本」となっている〕

---

(363)
これまでわれわれは、貸し付けられた資本がその持ち主と産業資本家とのあいだで行なう運動だけを考察してきた。次に、利子を研究しなければならない。

貸し手は、自分の貨幣を資本として支出する。彼が他人に譲渡する価値額[*1]は資本であり、したがって彼のもとに還流する。[*2]しかし、彼のもとへの単なる復帰は、資本としての貸付価値額の還流ではなく、貸し付けられた価値額の単なる返還であろう。資本として還流するためには、前貸価値額は、その運動において単に自己を維持するだけでなく、自己を増殖し、その価値の大きさをすでに増加させていなければならず、したがって、剰余価値をともなって、G＋⊿G として復帰しなければならないのであり、この場合この⊿Gは利子、すなわち、平均利潤のうち機能資本家の手中にとどまらずに貨幣資本家のものとなる部分である。

＊1 〔草稿では「商品」となっている〕

＊2 〔草稿ではこの次に、「売られるのではなく、一定期間貸し付けられるだけである」という記述がある〕

貨幣が資本として彼〔貨幣資本家〕によって譲渡されるということは、それが G＋⊿G として彼に返済されなければならないということを意味する。そのあいだに利子が期限ごとに還流するが資本は還流せず、かなり長い期間の終わりにはじめて資本の返済が行なわれるという形態については、あとで別個に考察されなければならない。＊

＊〔草稿では、「そのあいだに」以下の一文は括弧でくくられている〕

貨幣資本家は、借り手である産業資本家になにを与えるのか？　前者は後者になにを実際に譲渡するのか？　そして、この譲渡の行為だけが、貨幣の貸し付けを資本としての貨幣の譲渡、すなわち商品としての資本の譲渡にするのである。

資本が貨幣の貸し手によって＊商品として手放されるのは、または、貸し手が自由にできる商品が第三者に資本として手放されるのは、この譲渡という経過を通してだけである。

＊〔草稿にはここに、「――貨幣資本の形態で」という補いの記述がある〕

通常の販売の場合にはなにが譲渡されるのか？　販売される商品の価値ではない。というのは、この価値はその形態を変えるにすぎないからである。この価値は、それが貨幣の形態で実際に売り手の手に移行するまえに、価格として、観念的に商品のなかに存在する。同じ価値と同じ価値の大きさとが、ここではただ形態を変えるだけである。一度は商品形態で、もう一度は貨幣形態で存在する。売り手によって現実に譲渡されるものは、したがってまた、買い手の個人的または生産的消費に移行するものは、商品の使用価値であり、使用価値としての商品である。

それでは、貸付期間中に貨幣資本家が譲渡し、生産的資本家である借り手に引き渡す使用価値とはなにか？　それは、貨幣が資本に転化され、資本として機能することができるということによって貨幣が受け取る使用価値、したがって、貨幣がその運動のなかで、その最初の価値の大きさを保持するほかに、一定の剰余価値、平均利潤（これを上回るもの、または下回るものはここでは偶然として現われる）を生産するということによって貨幣が受け取る使用価値である。＊他の商品の場合には、最後の入手者の手中で使用価値は消費され、それと同時に商品の実体、それとともにその価値も、消滅す(364)る。それに反して、資本という商品は、その使用価値の消費によって、単にその価値および使用価値が維持されるだけではなく、増加されるという独自性をもっている。

＊〔草稿には、ここからこの段落の末尾までの文章はない〕

資本としての貨幣のこの使用価値――平均利潤を生み出す能力――を、貨幣資本家は産業資本家に一定期間譲渡し、この期間中、彼は貸し付けた資本の処分権を産業資本家に引き渡す。

こうして貸し付けられた貨幣は、その限りでは、産業資本家にたいする立場という点で、労働力[*1]とある類似性をもっている。違いは、産業資本家は労働力[*1]の価値を支払うが、他方、彼は貸し付けられた資本の価値を単に返済するということだけである。産業資本家にとっての労働力の使用価値は、労働力そのものが有するよりも、また労働力に要する費用よりも大きな価値（利潤）をその消費中につくりだす、ということである。価値[*2]のこの超過分が、産業資本家にとっての労働力の使用価値である。これと同様に、貸し付けられた貨幣資本（ゲルトカピタル）の使用価値も、価値[*2]を生みかつ増加させるその能力として現われる。

＊1〔草稿では「労働能力」となっている〕
＊2〔草稿では「交換価値」となっている〕

貨幣資本家は、実際に、一つの使用価値を譲渡するのであり、そうすることによって、彼の手放すものは商品として手放される。そして、その限りでは、商品としての商品との類似は完全である。第一に、一方の手から他方の手へと移行するのは一つの価値である。単純な商品、商品としての商品の場合には、同じ価値が買い手と売り手との手中にとどまり、ただ形態が異なるだけである。両者はいずれも、相変わらず彼らが譲渡したのと同じ価値をもっている――買い手は商品形態で、売り手は貨幣形態で。違いは、貸し付けの場合には、この取引において価値を手放すのは貨幣資本家だけであるという点である。しかし彼は、将来の返済によってこの価値を保持する。貸し付けの場合には、一方の側によってのみ価値が手放されるので、一方の側によってのみ価値が受け取られるのである。――第二に、一方の側では現実の使用価値が譲渡され、他方の側ではそれが受け取られて消費される。しかし、通常の商品[*1]とは異なり、この使用価値は、それ自体が価値[*2]である。すなわち、貨幣の資本としての使用によって得られる価値の大きさのうち、最初の価値の大きさを超える超過分である。利潤がこの使用価値である。

＊1〔草稿では「通常の商品」は「商品としての商品」となっている〕

＊2〔草稿では「交換価値」となっている〕

貸し付けられる貨幣の使用価値は、資本として機能しうるということ、また、資本として、平均的事情のもとでは平均利潤を生産するということである。(五七)

(五七)「利子を取ることの正当性は、人が利潤をあげるかいなかにかかるのではなく、それ」(借入金)「が正しく用いられれば利潤を生むことができるということにかかっている」(『自然的利子率を支配する諸原因にかんする一論。本問題にかんするサー・W・ペティおよびロック氏の意見の考察を含む』、ロンドン、一七五〇年、四九ページ。この匿名の書の著者はJ・マッシーである)。

(365)　では、産業資本家はなにを支払うのか？　したがってまた、貸し付けられる資本の価格とはなにか？　「借り入れたものの使用にたいして利子として支払うもの」は、マッシーによれば、「それが生産することのできる利潤の一部である」(五八)〔同前、四九ページ〕。

(五八)「富裕な人々は、自分たちの貨幣をみずから使用せずに……それを他の人々に貸し出し、彼らに利潤をあげさせて、こうしてあげられた利潤の一部を所有者のために保留させるのである」（同前、二三〔、二四〕ページ）。

通常の商品の買い手が買うのは、その商品の使用価値であり、彼が支払うのは、その商品の価値*である。同様に、貨幣の借り手が買うのは、貨幣の資本としての使用価値である。しかし、彼はなにを支払うのか？　他の商品の場合のように、商品の価格または価値ではないということは確かである。貸し手と借り手とのあいだでは、買い手と売り手とのあいだにおけるような、価値の形態変換、すなわち、この価値が一度は貨幣の形態で存在し、もう一度は商品の形態で存在するというような形態変換は起こらない。手放される価値と回収される価値との同一性は、この場合にはまったく別の様式で現われる。価値額すなわち貨幣は、等価物なしに手放され、一定期間後に返済される。貸し手は、価値が彼の手から借り手の手に移行したのちもつねに、同じ価値の所有者であり続ける。単純な商品交換の場合には、貨幣はいつも買い手の側にある。ところが貸し付けの場合には、貨幣は売り手の側にある。貨幣を一定期間手放すのが売り手であり、貨幣を商品として受け取るのが資本の買い手である。しかし、このことが可能であるのは、貨幣が資本として機能し、したがって前貸しされる限りでのことである。借り手は貨幣を資本として、自己増殖する価値として、借り入れる。しかし、この貨幣は、どの資本もその出発点においてそうであるように、その前貸しの瞬間には、まだやっと資本それ自体（アン・ジヒ）であるにすぎない。それは、その使用によってはじめて自己を増殖し、自己を資本として実現する。しかし、借り手はそれを**実現された**資本として、したがって価値プラス剰余価値（利子）として、返済しなければならない。そしてこの後者〔利子〕は、彼によって実現された利潤の一部分でしかありえない。一部分にすぎず、全部ではない。というのは、借り手にとっての使用価値は、それが彼に利潤を生産するということだからである。利潤を生産しなければ、貸し手の側から使用価値の譲渡は行なわれなかったことになるであろう。他方で、利潤全部が借り手のものになることはできない。全部が借り手のものになったとすれば、彼は使用価値の譲渡にたいしてなにも支払わず、前貸しされた貨幣を単純な貨幣として貸し手に返済するだけで、資本としては、実現された資本としては、返済しなかったことになるであろう。というのは、貨幣は、G+⊿G としてのみ、実現された資本であるからである。

*〔草稿では「交換価値」となっている〕

(366)

貸し手と借り手とは、いずれも同じ貨幣額を資本として支出する。しかし、それが資本として機能するのは、後者の手中においてだけである。同じ貨幣額が二人の人物にとって資本として二重に定在することによって、利潤が二倍になりはしない。利潤の分割によってのみ、それは両者にとって資本として機能することができる。貸し手のものとなる部分は、利子と呼ばれる。

前提によれば、取引全体は二種類の資本家、すなわち貨幣資本家と産業資本家または商業資本家[*]とのあいだで行なわれる。

*〔草稿では「産業資本家または商業資本家」は「生産的資本家」となっている〕

[*1]決して忘れてはならないのは、ここでは資本としての資本が商品であるということ、または、ここで

問題にする商品は資本であるということである。だから、ここに現われるすべての関係は、単純商品の立場からは、あるいは、再生産過程で商品資本として機能する限りでの資本の立場からも、不合理なものであろう。売買ではなく貸借であるということが、ここでは、商品――資本という商品――の独特な性質から生じる区別である。ここで支払われるものが商品の価格ではなく利子であるということも、同様である。もし利子を貨幣資本（ゲルトカピタル）の価格と呼ぼうとするのであれば、それは価格の不合理な形態であり、商品の価格という概念とまったく矛盾する。[五九] この場合には、価格は、あれこれの使用価値として機能するなんらかのものにたいして支払われる一定の貨幣額であるという、そのまったく抽象的で無内容な形態に還元されているが、他方で、価格は、その概念からすれば、この使用価値の貨幣で表現された価値[*2]に等しい。

（五九）「価値という表現が〝通貨〟にたいして用いられる場合には、三つの〔異なる〕意味がある。……（二）後日受け取られる同額の〝通貨〟に比較しての〝現に手中にある通貨〟。この場合には、通貨の価値は利子率によって測定され、そしてこの利子率は、〝貸付可能な資本の量とこれにたいする需要との比率によって〟決定される」（陸軍大佐R・トランズ『一八四四年銀行特許法の作用について……』、第二版、〔ロンドン〕一八四七年〔五、六ページ〕）。

＊1〔草稿ではこのまえに、「資本がここではそれ自身商品として現われるとすれば、この場合」という記述がある〕

＊2〔草稿では「交換価値」となっている〕

資本の価格としての利子というのは、もともとまったく不合理な表現である。ここでは、一つの商

（367）品が二重の価値をもっている。価格は価値の貨幣表現であるのに、一度はある価値をもち、次にはこの価値とは異なるある価格をもっているのである。貨幣資本(ゲルトカピタル)は、なによりもまず、ある貨幣額、または、貨幣額として固定された一定の商品総量の価値、にほかならない。商品が資本として貸し付けられるとしても、その商品は、ある貨幣額の変装形態にすぎない。というのは、資本として貸し付けられるのは、あれこれの重量ポンドの綿花ではなく、綿花の価値として綿花の形態で存在するある額の貨幣だからである。だから、資本の価格は、トランズ氏が考えるように（前掲注五九を見よ）〝通貨〟としての資本にではないにしても、貨幣額としての資本に関連づけられている。では、どのようにしてある価値額が、それ自身の価格以外に、すなわちそれ自身の貨幣形態で表現されている価格以外に、ある価格をもつとされるのか？　価格とは、まさに、商品の使用価値とは区別された商品の価値である（そしてこのことは、市場価格の場合にもあてはまるのであり、市場価格と価値との区別は質的ではなく量的にすぎず、価値の大きさにしか関係しない）。価値と質的に異なる価格というのは、筋の通らない矛盾である。[六〇]

（六〇）「貨幣の価値または通貨の価値という語が、諸商品の交換価値と資本の使用価値との双方を意味するものとして現在のように無差別に使用される場合のあいまいさは、混乱の不断の源である」（トゥック『通貨主義の研究』〔第二版、ロンドン、一八四四年〕、七七ページ〔玉野井芳郎訳『通貨原理の研究』、世界古典文庫、日本評論社、一九四七年、一三五ページ〕）。――*価値そのもの（利子）が資本の使用価値になるという（ことがらそのもののなかに見いだされる）主要な混乱に、トゥックは気づかないのである。

＊〔草稿では、「交換価値」となっている〕

資本は、その価値増殖によって自己が資本であることをはっきりと示す。その価値増殖の程度は、資本が資本として自己を実現する量的程度を表現する。資本によって生産された剰余価値または利潤——その率または高さ——は、これを前貸しされた資本の価値と比較することによってのみはかることができる。したがって、利子生み資本の価値増殖の大小も、利子額、すなわち総利潤のうち利子生み資本に帰属する部分を、前貸しされた資本の価値と比較することによってのみはかることができる。だから、価格が商品の価値を表現するとすれば、利子は、貨幣資本の価値増殖を表現し、したがって、貨幣資本とひきかえに貸し手に支払われる価格として現われる。このことからも、プルードンがそうしているように[＊1]、貨幣によって媒介される交換すなわち売買という単純な関係をここに直接に適用しようとすることが最初からどれほど愚かなことであるか、ということが明らかになる。根本的前提は、まさに、貨幣は資本として機能する、したがって、即自的(アン・ジヒ)に資本として、潜勢的資本として[＊2]、第三者に引き渡されることができるということである。

＊1〔草稿には「プルードンがそうしているように」という句はない〕

＊2〔草稿には「潜勢的資本として」という句はない〕

しかし、資本そのものがここで商品として現われるのは、それが市場に売りに出されて、資本としての貨幣の使用価値が現実に譲渡される限りでのことである。しかし、資本の使用価値は、利潤を生産するということである。資本としての貨幣または諸商品の価値は、貨幣または諸商品としてのそれ

(368) らの価値によってではなく、それらがその所有者のために生産する剰余価値の分量によって規定されている。資本の生産物は利潤である。資本主義的生産の基礎上では、貨幣が貨幣として支出されるか、それとも資本として前貸しされるかは、貨幣の使用法の違いにすぎない。貨幣または商品が即自的、潜勢的に資本であるのは、労働力が潜勢的に資本であるのとまったく同じである。[*1] というのは、（一）貨幣は生産諸要素[*2]に転化されうるし、また実際にそうであるように、それは生産諸要素[*2]の単に抽象的な表現、生産諸要素[*2]の価値としての定在だからであり、（二）富の素材的諸要素は、それら諸要素を補完するその対立物、すなわちそれらを資本にするもの——賃労働——が資本主義的生産の基盤の上にあっては目の前に存在しているので、潜勢的にはすでに資本であるという属性[*3]を有しているからである。

*1〔草稿では、この一文は「貨幣（商品）は即自的に資本である（それは労働能力が即自的に労働であるのとまったく同じである）。」となっている〕

*2〔草稿では「生産諸条件」となっている〕

*3〔草稿では、「潜勢的にすでに資本であるという属性を」は「資本であるという属性を即自的に」となっている〕

素材的富の対立的な社会的規定性——素材的富の賃労働としての労働にたいする対立——は、生産過程からは切り離されて、資本所有そのもののなかにすでに表現されている。この一契機〔資本所有〕は、資本主義的生産過程の不断の結果であり、またこの過程の不断の結果としてこの過程の不断の前提なのであるが、しかしいまやこの一契機が、資本主義的生産過程そのものから切り離されて、次のことに表現されている。すなわち、貨幣は、同じくまた商品は、即自的、潜在的、潜勢的*に資本であるということ、それらは資本として販売されうるということ、またそれらは、この形態において他人の労働にたいする指揮権であり、他人の労働を取得する請求権を与え、したがって自己を増殖する価値である、ということにである。ここではまた、資本家の側からの代償としてのなんらかの労働がではなく、この関係こそが、他人の労働を取得するための権原および手段である、ということが明瞭となる。

＊〔草稿には「潜勢的」の語はない〕

さらに、資本が商品として現われるのは、利子と本来の利潤とへの利潤の分割が、諸商品の市場価格とまったく同様に、需要と供給によって、したがって競争によって規制される限りにおいてである。しかしここで、類似と同様に区別もまた決定的になる。需要と供給とが一致すれば、商品の市場価格はその生産価格に一致する。すなわち、その場合には、商品の価格は、競争とはかかわりなく、資本主義的生産の内的諸法則によって規制されるものとして現われる。というのは、需要と供給との諸変動は、市場価格の生産価格からの諸背離——この背離は相互に相殺され、その結果、いくらか長い期間内には平均市場価格が生産価格に等しくなる——以外にはなにも説明しないからである。需要と供給とが一致するとただちに、これらの力は作用しなくなり、帳消しになり、そして、そうなれば、価格規定の一般法則*1が個々の場合の法則としても現われる。その場合、市場価格は、すでにその直接的

(369)

定在において、単に諸市場価格の運動の平均としてではなく、生産様式そのものの内在的諸法則によって規制される生産価格に一致する。労賃の場合にも同じことが言える。需要と供給とが一致すれば、それらの作用はやみ、労賃は労働力[*2]の価値に等しくなる。しかし、貨幣資本の利子[*3]については事情が異なる。ここでは、競争が法則からの諸背離を規定するのではなく、競争によって命令される法則のほかには分割の法則は存在しない。なぜなら、のちにさらに詳しく見るであろうように、「自然的」利子率というものは存在しないからである。自然的利子率ということの意味するものは、むしろ、自由競争によって確定される率のことである。利子率の「自然的」限界というものは存在しない。競争が諸背離と諸変動とを規定するだけではない場合、したがって、競争の互いに反作用する諸力の均衡のもとでおよそいっさいの規定がなくなる場合には、規定されるべきものは、それ自体として、無法則的なもので恣意的なものである。この点については、さらに次章で論じる。

＊1〔草稿では「価格規定の一般法則」は「内在的な価格規定」となっている〕
＊2〔草稿では「労働能力」となっている〕
＊3〔草稿では「貨幣資本の利子」は「貨幣資本」となっている〕

利子生み資本の場合には、すべてが外面的なものとして現われる。資本の前貸しは、貸し手から借り手への資本の単なる移転として現われ、実現された資本の還流は、借り手から貸し手への利子をともなっての単なる逆移転、返済として現われる。同じことは、資本主義的生産様式に内在的な規定——すなわち、利潤率は、個々の一回転中に得られた利潤の、前貸しされた資本価値にたいする比率によってだけではなく、この回転時間そのものの長さによっても規定され、したがって、産業資本が一定の期間中に生み出す利潤としても規定されるということ――についても言える。このことも、利子生み資本の場合には、一定期間につき一定の利子が貸し手に支払われるというように、まったく外面的なものとして現われる。

事物の内的連関にたいするいつもながらの洞察力によって、ロマン派アダム・ミュラーは言う（『国家学要論』、ベルリン、一八〇九年、〔第三部〕三七〔正しくは一三八〕ページ）――「物の価格の決定の場合には、時間は問題にならない。利子の決定については、時間が主として考慮される」。生産時間および通流時間*が商品価格の規定にどのようにはいり込むか、また、まさしくこのことによって、資本のある与えられた回転時間あたりの利潤率がどのように規定されるか、しかもある与えられた時間あたりの利潤の規定によってまさに利子の規定がなされるということが、彼には理解できない。ここでも彼の思慮深さは、いつものように、表面の砂ぼこりを見て、僭越にも、このほこりをなにか神秘的で重要なものであると言いたてることにあるだけなのである。

＊〔草稿では「生産時間および通流時間」は「労働時間および流通時間」となっている〕

(370)

第二二章　利潤の分割、利子率、利子率の自然率*

*〔草稿では、表題の前に「2)」と書かれており、「利子率の自然率」の部分は、英語で「自然的利子率」となっている。なお、初版の目次では「自然」に括弧がついているが、本文の章表題には括弧はついていない〕

本章の対象は、のちに取り扱われるべきすべての信用現象が一般にそうであるのと同様に、ここでは細部にわたって研究することはできない。貸し手と借り手との競争、およびそれから生じる貨幣市場の比較的短期の諸変動は、われわれの考察の範囲外となる。利子率が産業循環のあいだに通過する循環を叙述するためには、産業循環そのものの叙述が前提となるが、この叙述もやはりここではすることができない。世界市場における利子率の大なり小なりのおおよその均等化についても、同じことが言える。われわれがここで問題にするのは、利子生み資本の自立的な姿態と、利潤にたいする利子の自立化とを展開することだけである。

われわれのこれまでの前提によれば、利子は、利潤のうち産業資本家[*1]から貨幣資本家に支払われるべき一部分にすぎないのだから、利潤そのものが利子の最高限度として現われるのであり、その場合には、機能資本家に帰属する部分はゼロとなるであろう。利子が実際に利潤よりも大きいような個々の場合――しかし、そうなれば利子は利潤からは支払われえないが――を度外視すれば、おそらく、利子の最高限度は、全利潤、マイナス、のちに展開されるはずの〔本巻、第二三章〕、全利潤のうち監督賃銀（wages of superintendence）[*2]に解消されうる部分、であるとみなすことができるであろう。利子の最低限度[*3]を規定することはまったくできない。それはどんな任意の低さにでも下落しうる。しかしその場合には、反対に作用する諸事情が繰り返し現われて、利子をこの相対的な最低限よりも上に引き上げる。

*1〔草稿では「機能資本家」となっている〕

*2〔草稿では英語で「監督の賃銀」とだけ書かれている。エンゲルスは、ここで英語を併記しつつ、これ以後は、たんにドイツ語で「監督賃銀」または「管理賃銀」とした。草稿では、これらの言葉はすべて英語で「監督の賃銀」となっている〕

*3〔草稿では「最低率」となっている〕

(371)

「資本の使用にたいして支払われた額と、この資本そのものとの比率は、貨幣ではかられた利子率を表わす」。――「利子率は、（一）利潤率と、（二）総利潤が貸し手と借り手とのあいだに分割される割合とに依存する」（『エコノミスト』、一八五三年一月二二日号〔九〇、八九ページ〕）。「人が借り入れたものの使用にたいして利子として支払うものは、借り入れられたものが生産することのできる利潤の一部であるから、この利子はつねにこの利潤によって規制されざるをえない」（マッシー『自然的利子率を支配する諸原因にかんする一論』、ロンドン、一七五〇年、四九ページ）。

まず、総利潤と、そのうち貨幣資本家に利子として支払われるべき部分とのあいだに、固定的な比率が存在すると仮定しよう。その場合には、利子は総利潤とともに増加または下落するであろうことは明らかであり、そしてこの総利潤は、一般的利潤率[*1]およびその諸変動によって規定されている。たとえば平均利潤率が二〇％、利子が利潤の $\frac{1}{4}$ とすれば、利子率は五％である。もし平均利潤率が一六％であれば、利子は四％である。利潤率二〇％の場合に、利子が八％に上がることもありうるであろうが、それでも産業資本家は、相変わらず、利潤率が一六％で利子率が四％の場合と同じ利潤、すなわち一二％の利潤をあげるであろう。利子が六ないし七％にしか上がらなければ、産業資本家のもとには、なお、利潤[*2]のさらに大きな部分が残るであろう。利子が平均利潤のうちのある不変の分け前に等しいならば、一般的利潤率が高ければ高いほど、総利潤と利子との絶対的差額はそれだけ大きく、したがって、総利潤のうち機能資本家に帰属する部分はそれだけ大きく、その逆に、低ければ低いほど、それだけ小さいということになるであろう。利子が平均利潤の $\frac{1}{5}$ であるとしよう。一〇の $\frac{1}{5}$ は二であり、総利潤と利子との差額は八である。二〇の $\frac{1}{5}$ は四であり、差額は $20-4=16$ である。二五の $\frac{1}{5}$ は五であり、差額は $25-5=20$ である。三〇の $\frac{1}{5}$ は六であり、差額は $30-6=24$ である。三五の $\frac{1}{5}$ は七であり、差額は $35-7=28$ である。四、五、六、七％という異なる利子率が、ここではつねに総利潤の $\frac{1}{5}$ すなわち二〇％を表現するにすぎないであろう。したがって、利潤率が異なれば、異なる利子率が、総利潤の同じ可除部分、または総利潤の同じ百分率的分け前を表現しうる。このように利子の比率が不変な場合には、産業利潤（総利潤と利子との差額）は、一般的利潤率が高ければ高いほど大きく、逆に、低ければ低いほど小さいであろう。

＊1〔草稿では「平均利潤率」となっている〕

＊2〔草稿では、この前に「平均利潤率が一六％で利子が四％である場合よりも」と書かれている〕

　他の事情がすべて同じとすれば、すなわち、利子と総利潤との比率が多かれ少なかれ不変であると仮定すれば、機能資本家は、利潤率の高さに正比例して、より高い、またはより低い利子を支払うことができるし、また喜んで支払うであろう。(六一) すでに見たように、利潤率の高さは資本主義的生産の発展に反比例するのだから、そこから、一国における利子率の高低は、とくに利子率の相違が現実に利潤率の相違を表現する限りでは、産業的発展の高さにたいして同じく反比例するということが導かれる。これは必ずしもつねにそうである必要はないということは、のちに見るであろう。この意味では、利子は利潤によって、詳しく言えば一般的利潤率によって、規制されると言うことができる。そして、
(372) 利子規制のこの方式は、利子の平均にもあてはまる。

　(六一)「自然的利子率は個々人にとっての事業の利潤によって規制される」(マッシー、同前、五一ページ)。

いずれにしても、利潤の平均率は、利子を最終的に規定する最高限度とみなされるべきである。

　利子が平均利潤に関連するという事情は、すぐあとで詳しく考察するであろう。利潤のような、ある与えられた全体が二人の人物のあいだに分割されなければならない場合には、当然まず問題になるのは、分割されるべき全体の大きさであり、そして、この大きさ、すなわち利潤の大きさは、利潤の平均率によって規定されている。一般的利潤率、したがってたとえば一〇〇という与えられた大きさの一資本にたいする利潤の大きさが与えられているものと前提すれば、利子の変動は、明らかに、借

り入れた資本で仕事をする機能資本家の手もとに残る利潤部分の変動に反比例する。そして、分配されるべき利潤の大きさ、すなわち不払労働の価値生産物の大きさを規定する諸事情は、この二種の資本家のあいだでの利潤の分配を規定する諸事情とは非常に異なっており、しばしばまったく反対方向に作用する。（六二）

（六二）　草稿ではここに以下のような書き入れがある――「本章が進むにつれて、利潤分配の諸法則を研究するまえに、まず〔利潤の〕量的分割がどのようにして質的分割になるのかを展開するほうがやはりよいということが、明らかになる。前章からこの点に移るためには、＊さしあたり、利子は利潤のうちの、詳しくは規定されていないなんらかの部分であると想定すること以外にはなにも必要ではない」。〔F・エンゲルス〕

＊〔草稿では、この前に「以前の展開のあとでは、平均利潤率と平均利潤とは与えられているのだから」と書かれている〕

(373)

近代的産業がそのなかで運動する回転循環――沈静状態、活気の増大、繁栄、過剰生産、崩落＊、停滞、沈静状態など、この循環の詳しい分析はわれわれの考察の範囲外にある――を考察すれば、利子の低い水準はたいてい繁栄の時期または特別利潤の時期に対応し、利子の上昇は繁栄とその急変との分かれ目に対応するが、極度の高利水準にまで達する利子の最高限のほうは恐慌に対応していることが見いだされるであろう。（六三）一八四三年の夏以来、明確な繁栄が始まった。一八四二年の春にはまだ四1/2％であった利子率は、一八四三年の春と夏には二％に（六四）、九月には一1/2％にまで低下した（ギルバート〔『実用銀行業務論』、第五版、ロンドン、一八四九年〕、第一巻、一六六ページ）。その後、一八四七年の恐慌のあいだに、利子率は八％およびそれ以上に上昇した。

（六三）「不況直後の第一期には、貨幣は潤沢で投機は行なわれない。第二期には、貨幣は潤沢で投機がさかんである。第三期には、投機が衰えはじめ、貨幣がさがし求められる。第四期には、貨幣が不足して不況が到来する」（ギルバート、同前、第一巻、一四九ページ）。

（六四）トゥックはこのこと〔利子の低下〕を「これまでの数年間有利な投資先のほとんどなかったことに必然的にともなう余剰資本の蓄積によって、蓄蔵資金の解放によって、また景気の見通しにたいする信頼の回復によって」説明している（『一八三九年より一八四七年にいたる物価の歴史』、ロンドン、一八四八年、五四ページ〔藤塚知義訳『物価史』、第四巻、東洋経済新報社、一九八一年、六四ページ〕）。

＊〔草稿では「崩落」は英語で「恐慌 crisis」となっている〕

もちろん他方では、低い利子が停滞と同時に起こり、また利子の適度な上昇が活気の増大と同時に起こることもありうる。

利子率は、支払いをするためにいくら費用がかかってでも借り入れをしなければならない恐慌期に、その最高に達する。このことこそ同時に、利子の上昇には有価証券の価格の低下が対応するから、自由に使用可能な貨幣資本をもっている人々にとっては、＊事態が順調に運べば、利子率がふたたび低下すればすぐにまた少なくともその平均価格に達するに違いない利子生み証券を、捨て値でわがものにするための格好な機会となる。（六五）

（六五）「ある銀行業者の古くからの一顧客が、二〇万ポンドの証券を担保にした貸し付けを拒絶された。彼が自分の支払停止を公示するために立ち去ろうとしたとき、彼はその銀行業者から、そんなことをなさる必要はございません、そういうご事情でしたら、私がその証券を一五万ポンドで買い取りましょう、と言われた」〔H・ロイ〕『取引所の理論。一八四四年の銀行特許法……』、ロンドン、一八六四年、八〇ページ）。

＊〔草稿には、「自由に使用可能な貨幣資本をもっている人々にとっては」の句はない〕

しかし、利子率が利潤率の変動からまったく独立に低下する傾向もまた存在する。しかもそれは次の二つの主要な原因からである──＊

Ⅰ「資本が生産的投資のため以外に借り入れられることは決してないと仮定した場合にも、なお利子率〔原文および草稿は「利子」〕が総利潤率のなんらかの変動なしに変動することがありうる。というのは、一国民が富の発展において前進するにつれて、祖先たちの労働のおかげで利子だけで暮らすことのできる元本を所有している人々の階級が発生し、しかもますます増加するからである。また、青年期と壮年期に活発に事業にたずさわって引退し、高齢期にはため込まれた金額の利子で安穏に暮らす人々も多い。これら二つの階級は国富の増加につれて増加する傾向がある。というのは、すでに〔この語はマルクス〕相当の資本〔原文は「資財（ストック）」〕をもって始める人々は、わずかな資本〔資財〕をもって始める人々より、それを自活できる資産にするのがより容易だからである。このようにして、歴史の(374)古い富裕な諸国では、新たに開拓された貧しい諸国に比べて、国民的資本のうちでその所有者がそれを自分で使用しようとしない部分が、社会の生産的資本〔資財〕の全部にたいしてより大きな割合を占める。イングランドでは〔……〕金利生活者の階級がなんと多いことか！　金利生活者の階級が増加するにつれて資本の貸し手の階級も増加する。というのは、両者は同じだからである」（ラムジー

『富の分配にかんする一論』〔エディンバラ、一八三六年〕、二〇一〔、二〇二〕ページ)。

＊〔草稿にはこの一文はない〕

II　信用制度が発展すること、またそれとともに銀行業者の媒介のもとに社会のすべての階級のすべての貨幣貯蓄を、産業家たちと商人たちとがますます多く自由に使用すること、さらに、これらの貨幣貯蓄がいっそう集中されて貨幣資本(ゲルトカピタル)として作用することができるような大量に達すること、これらのこともやはり利子率を圧迫するに違いない。これについてはのちにもっと詳しく述べる。

利子率の規定にかんして、ラムジーは次のように述べている。すなわち、利子率は、「一部は総利潤率に依存し、一部は総利潤が利子〔原文は「資本利潤」〕と企業者利得(〝企業利潤〟)とに分割される割合に依存する。この割合は〔また〕資本の貸し手と〔……〕借り手との競争に依存する。この競争は、〔実現の〕予期される総利潤率によって影響される――ただし、もっぱらこれによって規制されるわけではないが。(六六) 競争がもっぱらこれ〔原文は「この原因」〕によって規制されるわけではないのは、一方では、なにも生産的投資〔原文は「使用」〕の意図なしに借りる人が多いからであり、他方では、〔国内の〕貸付可能な全資本の大きさ〔原文は「割合」〕が総利潤のなんらかの変動とはかかわりなしに国富とともに変動するからである」(ラムジー、同前、二〇六、二〇七ページ)。

(六六)　利子率は一般に平均利潤率によって規定されているので、異常な思惑が低い利子率と結びついていることが、実にしばしばありうる。たとえば一八四四年の夏の鉄道思惑の場合がそれである。イングランド銀行の利子率が三％に引き上げられたのは、やっと一八四四年一〇月一六日のことであった。＊

＊〔この注の中の「一八四四年」は、いずれも「一八四五年」の書き誤りである。本訳書、第三巻、七一一ページ参照〕

平均利子率を見いだすためには、（一）大きな産業循環中に生じる利子率の諸変動を通じて平均を計算し、（二）資本が比較的長期間貸し出されるような投資における利子率を計算しなければならない。＊

＊〔この一文は、草稿では、本訳書、第三巻、六一九ページの「もちろん他方では」ではじまるパラグラフに続けて書かれていたが、エンゲルスによって、ここに組み込まれた〕

一国で支配的な平均利子率は＊1——つねに変動する市場利子率とは違って——決して法則によっては規定できない。経済学者たちが自然的利潤率と自然的労賃率とについて語るような意味での、自然的利子率というものは存在しない。この点についてはすでにマッシーが次のように指摘しているのはまったく正しい（前出、四九ページ）——「この場合、だれもが疑問としうる唯一の点は、これらの利潤のうちどれだけの割合が正当に借り手のものとなり、どれだけの割合が貸し手のものとなるのか、(375) ということである。そして、一般に借り手と貸し手との意見による以外にはこれを決定する方法はない。というのは、正しいとか間違っているとかいっても、この点では、一般の合意がそうであるとするものしか存在しないからである」。＊2 需要と供給との一致は——平均利潤率を与えられたものと前提すれば——ここではまったくなにも意味しない。需要と供給とが一致しない場合にこの定式に助けが求められるとすれば（そしてそうであれば、そのことは実際上も正しいのであるが）、この定式は、

（376）

競争から独立した、むしろ競争を規定する原則（規制する諸限界、または諸限界を画する大きさ）を見いだすための定式として役立つ。それは、とくに競争の実際、その諸現象およびそれから発生する諸観念にとらわれた人々にとって、競争の内部で現われている経済的諸関係の内的連関についての、これもまた皮相なものであっても、一観念に到達するための定式として役立つ。それは、競争にともなう諸変動からこの諸変動の限界に到達するための一方法である。平均利子率の場合には、そうではない。なぜ中位の競争諸関係、貸し手と借り手との均衡が、貸し手にたいして、その資本の三、四、五％などの利子率を与えたり、あるいはまた、総利潤の二〇％とか五〇％という一定の百分率的分け前を与えることになるのかということには、まったくなんの根拠も現存しないのである。競争そのものが決定するここでは、規定それ自体が偶然的であり、純粋に経験的であって、この偶然性をなにか必然的なものとして展開しようとすることができるのは、ただ衒学（げんがく）か空想だけである。（六七）銀行立法と商業恐慌とにかんする一八五七年と一八五八年との議会報告書のなかで、イングランド銀行の理事やロンドンの銀行業者、地方銀行業者、職業的理論家たちが「現実にできてきた利子率」[*3]についてあれこれとおしゃべりをし、たとえば「貸付可能な資本〔の使用〕に支払われる価格は、この資本の供給とともに変動するはずである」とか、「高い利子率と低い利潤率とはいつまでも並存することはできない」[*4]とか、その他のこの種の愚論のような決まり文句から一歩も出ないのを聞くことほど、おもしろいことはない。（六八）慣習、法律的伝統なども、競争そのものと同程度に、中位の利子率——これが単に平均数としてではなく実際の大きさとして存在する限り——の規定にかかわりがある。[*5]利子が計算されなければならない多くの訴訟においてはもともと、中位の利子率は合法的なものとして採用されなければならない。なぜ中位の利子率の諸限界は一般的諸法則から導出されることができないのか、とさらに質問する人がいるとすれば、それにたいする答えは単純に利子の本性のなかにある。利子は平均利潤の一部にすぎない。同一の資本が、貸し手の手中では貸付可能な資本として、機能資本家の手中では産業資本または商業資本として、二重の規定において現われる。しかし、この資本はただ一回機能するだけであり、利潤もただ一回生産するだけである。生産過程そのものにおいては、貸付可能な資本としての資本の性格は、なんの役割も演じない。この利潤にたいする請求権を有する両人物〔貸し手と機能資本家〕がそれをどのように分け合うかは、一会社事業の共同利潤の百分率的分け前を、どのようにさまざまな出資者たちのあいだに分割するかということと同様に、それ自体が純粋に経験的な、偶然の国に属する事実である。利潤率の決定が本質的に依拠している剰余価値と労賃との分割の(377)場合には、二つのまったく異なる要素、すなわち労働力と資本とが、規定的に作用する。〔剰余価値と労賃〕相互の限界を画するのは、二つの独立変数の関数である。そして、それらの変数の質的な区別から、生産された価値の量的な分割が生じてくる。同じことが剰余価値の地代と利潤とへの分割の場合にも起こることは、のちに見るであろう。利子の場合には、そのようなことはなにも起こらない。この場合には、すぐ見るであろうように、逆に、質的な区別づけが、同じ剰余価値部分の純粋に量的な分割から生じてくるのである。

(六七)　たとえばJ・G・オプダイクは、『経済学にかんする一論』(ニューヨーク、一八五一年〔一一一ページ以下〕において、五%の利子率の普遍性を永遠の諸法則から説明するという、ひどい失敗に終わった試みを行なっている。『独占主義魂と共産主義とに対立する自然適応的国民経済……』（ハーナウ、一八四五年）におけるカール・アルント氏の場合は、もっとはるかに子供じみている。そこでは次のように書かれている――「財貨の生産が自然的に進行する場合に――完全に開発された諸国において――利子率をある程度調整するはずであると思われるのは、ただ一つの現象だけである。ヨーロッパの森林の木材の総量がその年々の後継樹の成長を通じて増加する比率がそれである。この後継樹の成長は、木材総量の交換価値とはまったくかかわりなく」（樹木がその交換価値とはかかわりなく後継樹の成長を調整するとは、なんと滑稽なことであろう！）「一〇〇にたいして三ないし四の比率で生じる。したがって、これによれば」（すなわち、樹木の交換価値がどれほどその後継樹の成長に依存しているとしても、樹木の後継樹の成長はその交換価値とはまったくかかわりがないのだから）「それ」（利子率）「が、もっとも富裕な諸国で現に見られる水準以下に低落することは期待できないであろう」（一二四、一二五ページ）。――これは「森林起源的利子率」と名づけられるのにふさわしい。そして、その発見者は、同じ著書のなかで「犬税の哲学者」として「わが科学」にさらにいっそう貢献している[*6]〔第八八節、四二〇、四二一ページ〕。

（六八）　イングランド銀行は、その割引率を――もちろん公開市場で支配的な率をつねに考慮しながらではあるが――金の流入と流出とに応じて引き上げたり引き下げたりする。「これによって、バンク・レート〔イングランド銀行の割引率〕の変更を予想することによる手形割引賭博が、いまや金融センターの」――すなわちロンドン貨幣市場の――「巨頭たちの商いのなかばをなすにいたっている」（〔H・ロイ〕『取引所の理論』、一一三ページ）。

*1〔草稿では「平均利子率」は「中位のまたは平均利子率」となっている〕

＊２〔草稿では、「この点についてはすでに」以下ここまでは、その前の文章「……存在しない。」につけられた注となっている〕

＊３〔『銀行法特別委員会報告書。一八五七年七月三〇日』、証言第四〇九六号〕

＊４〔同前、第三八五五、三八六六号〕

＊５〔草稿では、このあとに、「そこで、この問題の考察は競争の部分に属する」と書かれている〕

＊６〔二〇世紀後半にはヨーロッパは犬の排泄物でおおいつくされるだろうとも言われたので、アルントは、同書で、犬の飼い主に課税することの適法性と合法則性を基礎づけようとした〕

以上に展開したところから、「自然的」利子率はなんら存在しないということが判明する。しかし、一方では、一般的利潤率とは対照的に、中位の利子率または平均利子率は、つねに変動する市場利子率とは違って、どのような一般的法則によってもその諸限界を確定されることは不可能である――なぜなら、権原を異にする二人の資本所有者のあいだでの総利潤の分割だけが問題なのだから――が、〔他方では〕逆に、利子率は、中位の利子率であれそのときどきの市場利子率であれ、一般的利潤率の場合とはまったく違って、一つの一様な、規定された、明確な大きさとして現われる。（六九）

（六九）「諸商品の価格はつねに変動する。諸商品はすべて異なる用途に用いられる。貨幣はどのような目的にも役立つ。諸商品は、種類が同じであっても、質を異にする。現金はつねに同じ価値をもつか、または少なくともつはずであるとされている。だから、われわれが利子と名づける貨幣の価格は、他のどのような物の価格よりも大きな固定性と一様性をもつのである」（J・スチュアト『経済学原理』、フランス語訳、〔パリ、〕一七八九年、第四巻、二七ページ〔邦訳、小林昇監訳『経済の原理　第3・第4・第5編』、名古屋大学出版会、一九九三年、二三〇ページ〕〕。

利子率の利潤率にたいする関係は、商品の市場価格のその価値にたいする関係に似ている。利子率が利潤率によって規定されている限りでは、それはつねに一般的利潤率によって規定されているのであって、個別の産業諸部門で支配的であるかもしれない特殊な利潤率によって規定されているのではないし、まして、特定の一事業部面において個々の資本家があげるかもしれない特別利潤*によって規
(378) 定されているのではない（七〇）。したがって一般的利潤率は、実際には、経験的な与えられた事実として平均利子率のうちに再現する――もちろん、後者は決して前者の純粋な、または信頼できる表現ではないが。

（七〇）「けれども利潤分割のこの規則は、それぞれの貸し手および借り手に個々に適用されるべきではなく、貸し手たちおよび借り手たちに一般的に適用されるべきものである。……いちじるしく大きい利得といちじるしく小さい利得とは、〔借り手たちの〕熟練の恩恵と知識の不足とであって、貸し手たちはそれとなんのかかわりもない。というのは、貸し手たちは一方によって損をするつもりがないときには、他方によって得をすべきではないからである。同じ事業の特定の人々について述べたことは、特定の業種の諸事業にも適用されうる。なんらかの一事業部門に従事する商人や事業家たちが、その借り入れた貨幣で、同じ国の他の商人や事業家たちがあげる普通の利潤よりも多く手に入れたならば、その特別利得は――それを手に入れるのにただ普通の熟練と知識しか必要でなかったとしても――彼らのものであり、彼らに貨幣を供給した貸し手たちのものではない。……というのは、貸し手たちは、一般利子率程度の支払いを許さないほど低い条件では、どんな事業部門

を営むのにも彼らの貨幣を貸さなかったであろうし、したがってまた、貸し手たちは、彼らの貨幣によってどのような利益があげられるとしても、一般利子率よりも多く受け取るべきではないからである」（マッシー、前出、五〇、五一ページ）。

＊〔草稿では「超過利潤」となっている〕

借り手の提供する担保の種類に応じて、また貸付期間に応じて、利子率そのものがつねに相違するということは、確かにそのとおりである。しかし、これらの担保の種類ごとに、ある与えられた時点では利子率は一様である。したがって、この相違は、利子率の固定的で一様な姿態をそこなうものではない。（七一）

（七一）　バンク・レート……五％

市場割引率、六〇日払手形……三5/8％

同、三ヵ月払手形……三1/2％

同、六ヵ月払手形……三5/16％

手形仲買人への貸付、翌日物……一―二％

同、七日物……三％

証券仲買人への貸付、一四日物最終利子率……四3/4―五％

預金利子（銀行）……三1/2％

同（割引商会）……三―三1/4％

同じ一日におけるこの相違がどれほど大きなものでありうるかは、一八八九年一二月一〇日付『デイリー・

ニューズ』〔イギリスの自由主義的日刊紙〕のシティ関係記事からとった、一二月九日のロンドン貨幣市場の利子率にかんする右の一覧表が証明している。最低は一％で、最高は五％である。〔F・エンゲルス〕

中位の利子率は、どの国においても、比較的長期間について見れば、不変の大きさとして現われる。なぜなら、一般的利潤率は、特殊的利潤率の恒常的な変動にもかかわらず——しかしこの場合、一部面での変動は他の部面での反対の変動によって相殺されるのであるが——比較的長期的にしか変動しないからである。そして、一般的利潤率の相対的な不変性は、まさに中位の利子率（〝平均利子率または一般利子率〟）のこの多かれ少なかれ不変的な性格のうちに現われる。

しかし、つねに変動している市場利子率にかんして言えば、これは、諸商品の市場価格と同様に、各瞬間に固定した大きさとして与えられている。なぜなら、貨幣市場では、つねに、すべての貸付可能な資本が総量として機能資本に相対し、したがって、一方における貸付可能な資本の供給と他方におけるこれにたいする需要との比率が、そのときどきの市場利子水準を決定するからである。信用制度の発展およびそれと結びついたその集中が、貸付可能な資本に一般的社会的な性格を与え、これを一挙に、同時的に貨幣市場に投入するようになればなるほど、ますますそうなっていく。これにたいして、一般的利潤率は、いつでもただ傾向としてのみ、特殊的諸利潤率の均等化の運動としてのみ存在する。資本家たちの競争——それ自体がこの均等化の運動であるが——は、ここでは、実質的に次の点にある。すなわち、彼らは、利潤が比較的長期にわたって平均を下回る諸部面から徐々に資本を引きあげ、平均を上回る諸部面に同じく徐々に資本を導入するということ、あるいはまた、追加資本

(379)

がこれらの部面のあいだにしだいに異なる割合で配分されるということである。ここにあるのは、これらのさまざまな部面にたいする資本の導入および引きあげの恒常的な変動であって、利子率の決定の場合のような、同時的な大量作用では決してない*。

＊〔「利子率の決定の」以下は草稿にはない〕

すでに見たように、利子生み資本は、商品とはまったく異なるカテゴリーであるにもかかわらず、〝特殊な種類の〟商品となるのであり、そのため、利子はその価格となるのであり、この価格は、通常の商品の場合にその市場価格がそうであるように、いつも需要と供給とによって固定されるのである。だから、市場利子率は、つねに変動しているにもかかわらず、与えられた各時点においては、商品のそのときどきの市場価格がそうであるように、つねに固定的かつ一様なものとして現われる。貨幣資本家たちがこの商品を供給して、機能資本家たちがそれを購入し、それにたいする需要を形成する。一般的利潤率への〔利潤の〕均等化の場合には、このようなことは起こらない。ある部面における諸商品の価格が生産価格よりも下または上であれば（この場合、それぞれの事業に独自な諸変動、および産業循環のさまざまな局面に連関する諸変動は度外視する）、その特定の生産諸部門にかんする資本の流入または流出によって媒介された生産の拡大または縮小によって、すなわち、諸産業資本によって市場に投入される商品量の増大または減少によって、均等化が生じる。特殊的利潤率の一般的利潤率または平均利潤率からの背離が修正されるのは、まさにこのようにしてもたらされる諸商品の平均市場価格の生産価格への均等化によってである。この過程は、産業資本または商業資本そのも

（380）のが、利子生み資本のように、買い手にたいして商品であるという形では決して現われないし、また決して現われることはありえない。この過程が現われる限りでは、それはただ、諸商品の市場価格が生産価格に帰着する変動と均等化においてのみ現われ、平均利潤の直接的な確定としては現われない。一般的利潤率は、実際には、（一）総資本が生産する剰余価値によって、（二）この剰余価値の総資本価値にたいする比率によって、（三）競争――ただし、それが、特定の生産諸部面に投下された諸資本がこの剰余価値からそれらの相対的大きさに比例して同等な配当を引き出そうとする運動である限りでの競争――によって、規定されている。つまり、一般的利潤率は、実際には、需要供給の関係によって直接的かつ無媒介的に規定される市場利子率とはまったく異なる、はるかに複雑な諸原因から、その規定を得るのであり、したがって、利子率がそうであるような、明白な、与えられた事実ではない。さまざまな生産諸部面における特殊的諸利潤率は、それ自体が多かれ少なかれ不確実である。しかし、それらが現われる限りでは、現われるのはそれらの一様性ではなく、それらの相違性である。ところが、一般的利潤率そのものは、利潤の最低限界としてのみ現われ、現実の利潤率の経験的な、直接に目に見える姿態としては現われない。

利子率と利潤率とのこの区別を強調するにあたって、われわれとしては、利子率の確定を促す次の二つの事情を度外視している。――（一）利子生み資本の歴史的な先在、および、伝統的に継承されてきた一般的利子率の存在、（二）世界市場が一国の生産諸条件にかかわりなく利子率の確定におよぼす影響――世界市場が利潤率におよぼす影響と比べてはるかに大きなその直接的影響。

平均利潤は、直接に与えられた事実としては現われず、研究を通じてはじめて確定されうる、相反する諸変動の均等化の最終結果として現われる。* 利子率の場合はそうではない。利子率は、それが少なくとも局地的な普遍妥当性をもつところでは、日々固定された事実であり、そのうえ産業資本および商業資本にとっては、自分たちの取引のさいに計算の前提および費目として役立つ事実なのである。二、三、四、五％〔の利子〕を生むことが、すべての一〇〇ポンドの貨幣額の一般的能力となる。気象報告書が気圧と温度との状態を正確に記録するとしても、それは、取引所報告書が利子率の水準――あれこれの資本についてではなく、貨幣市場にある資本、すなわち一般に貸付可能な資本についての利子率の水準――を記録する正確さを超えるものではない。

＊〔草稿では、「研究を通じて」以下は「矛盾する諸変動の平均結果として」となっている〕

貨幣市場では、貸し手と借り手が相対しているだけである。その商品は、貨幣という同じ形態をもつ。(381) 資本がそれぞれ特定の生産諸部面または流通諸部面に投下されるのに応じてとる特殊な姿態は、ここではすべて消え去っている。資本はここでは、自立的価値[*1]すなわち貨幣の無差別な、それ自身一様な姿態で存在する。特定の諸部面の競争は、ここでは行なわれない。特定の諸部面はすべて貨幣の借り手としてひとまとめにされ、資本はまた、それらすべての部面にたいし、さらに特定の使われ方に関係のない形態で相対する。資本は、ここでは、産業資本が特定の諸部面間の運動および競争のなかでしか示さないものとして、すなわち、階級の*即自的に共同的な*資本[*2]として、現実に、重みに応じて、資本の需要供給[*3]のなかに登場する。他方では、貨幣市場にある貨幣資本（ゲルトカピタル）は、それがその特殊な使用法にはかかわりなく共同的要素として、さまざまな部面のあいだに、資本家階級のなかに、各特定部面の生産の必要に応じて配分されていくさいの姿態を現実にとっている。そのうえ、大工業の発展につれて、貨幣資本（ゲルトカピタル）は、それが市場に現われる限りではますます個々の資本家、すなわち市場にある資本のあれこれの小部分の所有者によっては代表されなくなり、実際の生産とはまったく違って、社会的資本を代表する銀行業者たちの管理下におかれている、集中され組織された大量として登場する。[*4] その結果、需要の形態にかんしては、貸付可能な資本には一階級としての重みが相対し、また供給にかんしても、それ自身が〝一団となった〟貸付資本[*5]として登場する。

＊1〔草稿では「価値」は「交換価値」となっている〕
＊2〔草稿では「階級の共同的な資本」となっている〕
＊3〔草稿では「資本への需要」となっている〕
＊4〔草稿では、「実際の生産とは」以下は次のようになっている。「集中され組織されて、また実際の生産とはまったく違って、社会的資本を代表する銀行業者たちの管理下に登場する」〕
＊5〔草稿では「貸付可能な資本」となっている〕

以上が、なぜ一般的利潤率が、一定した利子率に比べて、あいまいではっきりしないものに見えるのかということの理由のいくつかである。この利子率は、その大きさの点では確かに変動するが、しかしそれはすべての借り手にとって一様に変動するということによって、借り手たちにたいしては、つねに固定した、所与のものとして相対する。貨幣の価値が変動しても、貨幣がすべての商品にたいして同等の価値をもつことをさまたげないのとまったく同様である。また、諸商品の市場価格が日々変動しても、その価格が日々報告書に記載されることをさまたげないのとまったく同様である。まったくそのとおりに、利子率も、やはり規則的に「貨幣の価格」として相場がつけられる。その理由は、この場合には資本そのものが貨幣形態で商品として提供されるからであり、したがってその価格の確定は、他のすべての商品の場合と同様に、その市場価格の確定であり、したがって、利子率はつねに一般的利子率として、これだけの貨幣にはこれだけの利子として、量的に規定されたものとして現われるからである。これに反して、利潤率は、同じ部面の内部においてさえ、商品の同じ市場価格のもとで、個々の資本が同じ商品を生産する条件の相違に応じて、相違しうる。というのは、個別資本に
（382）
たいする利潤率*は、商品の市場価格によってではなく、市場価格と費用価格との差額によって規定されるからである。そして、これらの異なる諸利潤率は、まず同じ部面の内部において、次いで異なる諸部面そのもののあいだにおいて、恒常的な諸変動を通じてのみ均等化することができる。

＊〔草稿では「個別資本にたいする利潤率」は「特殊的利潤率」となっている〕

（今後の仕上げのための覚え書き。）* 信用の一つの特殊な形態——貨幣が購買手段としてではなく支払手段として機能する場合には、商品が譲渡されても、その価値はのちになってはじめて実現されるということをわれわれは知っている。この商品がふたたび販売されたのちにはじめて支払いがなされ

るとすれば、この販売は購買の結果として現われるのではなく、この販売によって購買が実現されるのである。言い換えれば、販売が購買の一手段となるのである。――第二に、債務証書、手形などが債権者にとっての支払手段となる。――第三に、債務証書の相殺が貨幣の代わりをする。

*〔草稿には、この括弧書きはなく、「信用……」以後のパラグラフ全体が、一区切りごとに括弧でくくられている〕

（383）

第二三章　利子と企業者利得*

＊〔表題はエンゲルスによる。草稿では、「4)」とだけ書かれており、そのあとにすぐ本文が書かれている。この「4)」は「3)」の誤記であると考えられている〕

利子は、前の二つの章で見たように、機能資本家である産業家または商人が、自己資本でなく借入資本を使用する限りにおいて、この資本の所有者であり貸し手である人に支払わなければならない、利潤すなわち剰余価値の一部分にほかならないものとして、本来現われるのであり、また本来そのようなものであり、そして現実にそのようなものであり続ける。彼が自己資本のみを使用するならば、利潤のこのような分割は生じない。利潤は全部彼のものになる。事実、資本の持ち主たちがみずからその資本を再生産過程で使用する限り、彼らは利子率の決定のための競争には参加しないのであり、すでにこの点において、利子というカテゴリー——それは利子率の規定なしにはありえない——が、産業資本自身の運動とはいかに無縁なものであるかは明らかである。

「利子率は、一定額の貨幣資本（マニィド・キャピタル）*1の使用にたいして、一年またはそれより長期もしくは短期の期間につき、貸し手はすすんで受け取り、借り手はすすんで支払う比例額であると定義されるであろう。……資本の所有者が資本を積極的に再生産に使用するならば、彼は、借り手たちの数にたいするその割合が利子率を決定するこうした資本家たちの部類にははいらない」（Th・トゥック『〔一七九三年より一八三七年にいたる〕物価の歴史』、ロンドン、一八三八年、第二巻、三五五、三五六ページ〔藤塚知義訳『物価史』、第二巻、東洋経済新報社、一九七九年、三三〇―三三一ページ〕）。事実、資本家たちの貨幣資本家たちと産業資本家たちとへの分化だけが、利潤の一部分を利子に転化し、一般に利子というカテゴリーをつくりだすのであり、またこの二種類の資本家間の競争だけが利子率をつくりだすのである。[*2]

＊1〔トゥックからの引用は英文で書かれており、「貨幣資本」は英語で monyed capital とつづられている〕

＊2〔初版では、誤って「ニューマーチ編、ロンドン、一八五七年」となっていた〕

（384）

資本が再生産過程で機能している限り――その資本が産業資本家自身に属し、その結果、彼はこれを貸し手に返済する必要がないと前提しても――、その限りで彼が私人として自由に処分できるのは、この資本そのものではなく、彼が収入として支出できる利潤だけである。彼の資本が資本として機能している限り、その資本は再生産過程に属しており、そこに縛りつけられている。確かに彼はその資本の所有者ではあるが、しかしこの所有は、彼がそれを労働の搾取のための資本として利用する限り、別の仕方で彼がこれを自由に処分することを不可能にする。貨幣資本家についても事情はまったく同じである。彼の資本が貸し出されており、したがって貨幣資本として作用する限り、この資本は彼に利子を、すなわち利潤の一部分をもたらすが、しかし彼は元金を自由に処分することはできない。彼が資本をたとえば一年または数年にわたって貸し付けて、資本の返済は受けないで一定期限ごとに利子を受け取る限り、たちまちこうしたことが現われる。しかし、返済がなされても、ここでは事態になんらの違いも生じない。彼が資本の返済を受けても、その資本が彼のために資本――ここでは貨幣資本――としての作用を果たすべきである限り、彼はその資本を絶えずまた新たに貸し付けなければならない。それが彼の手中にある限り、それは利子を生まず、資本として作用しない。そして、それが利子を生み、資本として作用する限り、それは彼の手中にはない。こうして、資本を恒久的に貸し付ける可能性が生まれてくる。だから、ボウズンキトに反対するトゥックの次の記述は、まったくの誤りである。彼はボウズンキト（『金属通貨、紙券通貨、および信用通貨』〔ロンドン、一八四二年〕、七三ページ）を引用する――「利子率が一％にまで引き下げられたとすれば、借入資本は自己資本とほとんど同列におかれるであろう」と。これにトゥックは、次のような評注をつけている――「この利子率またはもっと低い利子率で借り入れられた資本が、自己資本とほとんど同列にあるとみなされるべきであるというのは、きわめて奇妙な主張であり、もしこの主張が実に聡明でこのテーマの個々の論点に実によく精通している著述家によって述べられたものでなかったとすれば、ほとんどまじめな考慮に値しないほどのものである。彼の前提には返済という条件が含まれるという事情を、彼は見落としたのか、それともこの事情はたいして重要でないと考えているのか？」（Th・トゥック『通貨主義の研究』、第二版、ロンドン、一八四四年、八〇ページ〔玉野井訳『通貨原理の研究』、世界古典文庫、日本評論社、一三九ページ〕）。利子がゼロであれば、資本を借り入れた産業資本家は、自己資本で仕事をする産業資本家と同じ立場に立つであろう。両者とも同一の平均利潤を懐に収めるであろうし、資本が利潤を生産する限りでのみ、資本は、借り入れたものであれ自己のものであれ、資本として作用する。返済という条件は、この点をなにも変えないであろう。利子率がゼロに近づけば近づくほど、す

(385) なわちたとえば一％に低落するならば、借り入れた資本はますます自己資本と同等の立場に立つのである。貨幣資本が貨幣資本として存在すべきである限り、それは絶えず繰り返し貸し出されなければならず、しかも現行利子率、たとえば一％で、絶えず繰り返し産業資本家および商業資本家という同じ階級に貸し出されなければならない。これらの資本家が資本家として機能する限り、借り入れた資本で機能する資本家と自己資本で機能する資本家との区別は、前者は利子を支払わなければならず、後者は支払わなくてもよいということ、後者は利潤pの全部を懐に収めるが、前者は p－z すなわち利潤マイナス利子を懐に収める、ということだけである。zがゼロに近づけば近づくほど、ますます p－z＝p となり、したがってますます二つの資本は同じ立場に立つことになる。前者は、資本を返済してまた新たに借り入れなければならない。しかし後者は、彼の資本が機能しなければならない限り、やはりそれを絶えずまた新たに生産過程に前貸ししなければならず、この過程にかかわりなくこれを自由に処分することはできない。* そのほかにまだ残っている唯一の区別は、後者は自分の資本の所有者であり、前者はそうではないという自明の区別である。

＊〔草稿では、この段落のはじめからここまでが丸括弧でくくられており、「そのほかに」以下はない〕

そこで生じてくる疑問はこうである。利潤の、純利潤と利子とへのこの純粋に量的な分割が、質的な分割に転化するということは、どうしてそうなるのか？　言い換えれば、自己資本のみを使用し借入資本を使用しない資本家もまた、自己の総利潤の一部分を利子という特殊なカテゴリーに入れ、そのようなものとして別個に計算するということは、どうしてそうなるのか？　したがって、さらに、借入資本であってもなくても、すべての資本が利子生み資本として、純利潤をもたらす資本としての自己自身から区別されるということは、どうしてそうなるのか？

言うまでもなく、利潤の偶然的な量的分割が、どれもこのように質的分割に転化するわけではない。たとえば、数人の産業資本家たちが事業を経営するために結合し、* こうして、法律的に確定された取り決めに従って利潤を仲間うちで分配する。他の産業資本家たちは、彼らの事業をそれぞれ自分一人で共同出資者なしに経営する。この後者の資本家たちは、彼らの利潤を二つのカテゴリーに分けて——一部分を個人的利潤として、他の部分は居もしない共同出資者たちのための会社利潤として——計算するようなことはしない。したがって、この場合には、量的分割は質的分割に転化はしない。量的分割が生じるのは、所有者が偶然に複数の法人格からなっている場合であり、そうでない場合には生じない。

＊〔草稿では、「共同事業関係(パートナーシップ)をつくり」となっている〕

この疑問に答えるためには、われわれは、もうしばらく利子形成の現実的出発点にとどまらなければならない。すなわち、貨幣資本家と生産的資本家とは、法律的に異なる人格としてだけでなく、再生産過程においてまったく異なる役割を演じる人格、またはそれらの手中では同じ資本が現実に二重のまったく異なる運動をする人格として、現実に相対し合っているという想定から出発しなければならない。一方は資本を貸すだけであり、他方はこれを生産的に使用する。

(386) 借入資本で仕事をする生産的資本家にとっては、総利潤は二つの部分に——彼が貸し手に支払わなければならない利子と、利子を超えて利潤のうちの彼自身の分け前をなす超過分とに――分かれる。一般的利潤率が与えられていれば、この後者の部分は、利子率によって規定されており、利子率が与えられていれば、一般的利潤率によって規定されている。さらにまた、総利潤すなわち利潤全体の現実の価値の大きさが、各個の場合に、たとえどれほど平均利潤から背離しようとも、機能資本家のものになる部分は利子によって規定されている。というのは、この利子は（特殊な法律上の契約を度外視すれば）一般的利子率によって固定されており、生産過程が始まるまえに、すなわちその成果である総利潤が獲得されるまえに、あらかじめ前提されているからである。すでに見たように、資本の本来の独特な生産物は剰余価値であり、より立ち入って規定すれば利潤である。しかし、借入資本で仕事をする資本家にとっては、資本のこの独特な生産物は利潤ではなく、利潤マイナス利子、すなわち、利潤のうち利子の支払い後に彼のもとに残る部分である。したがって、利潤のうちのこの部分は、資本が機能する限り、彼にとって必然的に資本の生産物として現われるのである。そして、このことが彼にとって現実なのである。というのは、彼はただ機能資本としてだけ資本を代表しているからである。資本が機能する限り、彼は資本の人格化であり、そして、資本が利潤をもたらすように産業または商業に投下される限り、またそれを用いてその使用者がそれぞれ事業部門ごとに決められた諸操作を行なう限り、資本は機能する。したがって、彼が総利潤のうちから貸し手に支払わなければならない利子に相対して、利潤のうちなお残る彼に帰属する部分は、必然的に、産業利潤または商業利潤の形態をとる。または、この両者を包括するドイツ的表現でこれを示せば、企業者利得（ウンターネーマーゲヴィン）*1という姿態

（387）

をとる。総利潤が平均利潤に等しければ、この企業者利得の大きさはもっぱら利子率によって規定される。総利潤が平均利潤から背離すれば、総利潤と平均利潤との差額（双方とも利子を差し引いたのちの）は、一時的な背離――ある特定の生産部面における利潤率の、一般的利潤率からの背離であれ、ある一定の部面で個々の資本家があげる利潤の、この特定の部面の平均利潤からの背離であれ――を引き起こすあらゆる市況によって規定されている。ところが、すでに見たように、利潤率は、生産過程そのものの内部では、剰余価値に依存するだけでなく、その他の多くの事情――生産諸手段の購入価格、平均以上に生産的な諸方法、不変資本の節約など――に依存する。また、生産価格を別とすれば、資本家が生産価格よりも高くまたは低く購入または販売するかどうか、またどの程度までそうするか、したがって流通過程の内部で総剰余価値のより大きな部分またはより小さな部分を取得するかどうか、またどの程度までそうするかは、特殊な市況に依存し、また個々の各取引においては資本家の抜け目のなさと事業欲との大小に依存する。しかし、どの場合にも、総利潤の量的分割はここで質的分割に転化するのであり、しかもその量的分割そのものが、なにが分配されるのか、どのように能動的資本家が資本を運用するのか[*2]、またその資本が彼に、機能資本として、[*3]すなわち能動的資本家としての彼の諸機能の結果として、どれだけの総利潤をもたらすのかに依存するのだから、なおさらのことである。機能資本家は、ここでは、資本の非所有者であると想定されている。資本の所有は、彼に対立して、貸し手すなわち貨幣資本家によって代表されている。したがって、彼が貨幣資本家に支払う利子は、総利潤のうちこの資本所有そのものに帰属すべき部分として現われる。これに対立して、利潤のうち能動的資本家に帰属する部分は、いまや企業者利得——もっぱら、彼が再生産過程において資本を用いて遂行する諸操作または諸機能から、したがってとくに、彼が企業家として産業または商業において行なう諸機能から、発生する企業者利得——として現われる。したがって、彼にたいして利子は、資本所有の単なる果実として、すなわち資本の再生産過程を捨象した、資本が「仕事」せず機能しない限りでの資本それ自体の単なる果実として、現われる。これにたいして、彼にとって企業者利得は、彼[*4]が資本を用いて行なう諸機能の独占的果実として、資本の運動および過程進行——彼にとっては、いまや、生産過程における貨幣資本家の無活動、不参加と対立する、彼自身の活動として現われる過程進行——の果実として、現われる。総利潤の二つの部分のあいだのこの質的な分離、すなわち、利子は、資本それ自体の果実、生産過程を度外視した資本所有の果実であり、企業者利得は、過程進行中の、生産過程で作用しつつある資本の果実であり、それゆえ資本の使用者が再生産過程で演じる能動的役割の果実であるという、この質的分離は、一方の貨幣資本家の、他方の産業資本家の、単なる主観的な見解では決してない。それは客観的事実にもとづいている。というのは、利子は、資本の単なる所有者であり、したがって生産過程に先立って生産過程の外部で単なる資本所有を
(388) 代表している貨幣資本家、すなわち貸し手のもとに流れ込み、そして企業者利得は、資本の非所有者である、単に機能しつつある資本家のもとに流れ込むからである。

＊1〔草稿ではつねに「企業利得（ウンターネームングスゲヴィン）」と書かれている〕

＊2〔草稿では「運用する」は「機能させる」となっている〕

＊3〔初版では、「その資本が」以下は「機能資本としての彼に」となっていた。草稿によりアドラツキー版で訂正〕
＊4〔草稿では、この前に「資本それ自体の果実、資本所有の果実としてではなく」と書かれている〕

このようにして、借入資本で仕事をする限りでの産業資本家にとっても、自己の資本を自分自身では使用しない限りでの貨幣資本家にとっても、同じ資本にたいして、したがってその資本によって生み出された利潤にたいして、二つのそれぞれ異なる権原をもつ二人の異なる人格のあいだでの、総利潤の単に量的な分割が、質的な分割に転化する。利潤の一方の部分は、いまや、ある一つの規定における資本にそれ自体として帰属すべき果実として、利子として、現われ、他方の部分は、それとは対立する規定における資本の特殊な果実として、したがって企業者利得として、現われる。一方は、資本所有の単なる果実として現われ、他方は、その資本を用いての単なる機能の果実として、過程進行中の資本としての資本の果実、または能動的資本家＊の営む諸機能の果実として、現われる。そして、総利潤の両部分があたかも二つの本質的に異なる源泉から生じたかのような、この相互の骨化と自立化は、いまや、総資本家階級にたいし、また総資本にたいし、固定化されざるをえない。しかもその場合、能動的資本家＊によって使用される資本が借り入れたものであってもなくても、あるいはまた貨幣資本家に所属する資本が彼自身によって使用されてもされなくても、変わらない。各資本の利潤、したがってまた諸資本の相互のあいだでの均等化にもとづく平均利潤は、二つの、質的に異なり、互いに自立し互いから独立した部分に、すなわちどちらも特殊な法則によって規定される利子と企業者利得とに分裂し、またはそれらに分解される。自己資本で仕事をする資本家も、借入資本で仕事をする資本家と同じように、自分の総利潤を、所有者としての自分に、自分自身にたいする自分自身の資本の貸し手としての自分に帰属すべき利子と、能動的な機能資本家としての自分に帰属すべき企業者利得とに、分割する。こうして、質的分割としてのこの分割にとっては、資本家が現実に他の資本家と分け合わなければならないかどうかは、どうでもよくなる。資本の使用者は、たとえ自己資本で仕事をしても、二つの人格に――資本の単なる所有者と資本の使用者とに――分裂する。彼の資本そのものは、それがもたらす利潤の諸カテゴリーとの関連では、それ自体が利子をもたらす資本所有すなわち生産過程外にある資本と、過程進行中の資本として企業者利得をもたらす生産過程内にある資本とに、分裂する。

＊〔草稿では「生産的資本家」となっている〕

（389）　したがって、利子は、いまや、産業家が他人の資本で仕事をする場合にのみたまたま起こる、生産にとってはどうでもよい総利潤の分割として現われることがないほどに、確定したものとなる。また産業家が自己資本で仕事をする場合でも、彼の利潤は利子と企業者利得とに分裂する。こうして、単に量的な分割が質的分割になる。このことは、産業家が彼の資本の所有者であるか非所有者であるかという偶然的な事情にはかかわりなく行なわれる。ここにあるのは、単に異なる人格に分配される利潤の分け前ということでなく、利潤の二つの異なるカテゴリー――資本にたいする異なる関係にある、すなわち資本の異なる規定性にたいする関係にあるカテゴリー――である。

こうして、利子と企業者利得とへの総利潤のこの分割がひとたび〔借入資本で仕事をする生産的資本家にとって——草稿による〕質的なものになってしまうと、なぜこの分割が、総資本および総資本家階級にとって、質的分割という性格をもつようになるのかという諸理由は、非常に簡単に判明する。

第一に、このことは、産業資本家の多数が、たとえ数的比率は異なるにしても、自己資本と借入資本とをもって仕事をするという、また自己資本と借入資本との比率が時期が異なれば変動するという、簡単な経験的事情からすでに生じてくる。

第二に——総利潤の一部分の、利子という形態への転化は、総利潤の他の部分を企業者利得に転化させる。この後者の企業者利得は、実際には、利子が独自のカテゴリーとして存在するようになると総利潤のうち利子を超える超過分がとる、対立的形態であるにすぎない。総利潤がどのようにして利子と企業者利得とに分化するかという全研究は、単純に、総利潤の一部分がどのようにして一般的に利子として骨化し自立するかという研究に帰着する。ところが歴史的には、資本主義的生産様式と、それに照応する資本および利潤の観念とが存在するよりずっと以前から、利子生み資本は完成した伝来の形態として存在し、したがって利子は、資本によって生み出された剰余価値の完成した区分形態[*1]として存在する。だから、いまなお、通俗的観念では貨幣資本、利子生み資本が、資本そのもの、〝真の意味の〟資本とみなされる。そこから他方で、利子として支払われるものは貨幣そのものであるというマッシーの時代まで有力であった観念も由来する。貸し付けられた資本が現実に資本として使用されてもされなくても——ただ消費のために借りられる場合であっても——利子をもたらすという事情は、この資本形態の自立性の観念を確定させる。資本主義的生産様式の初期において、利子が利潤に対立して、そして利子生み資本が産業資本に対立して現われるさいの自立性をもっともよく証明するものは、利子は総利潤の単なる一部分であるという事実が一八世紀のなかばにやっと発見された（マッシーにより、また彼のあとにはヒュームにより）*2ということであり、また一般的にこのような発見が必要であったということである。(390)

*1〔草稿では「完成した形態」となっている〕

*2〔J・マッシー『自然的利子率を支配する諸原因にかんする一論』、ロンドン、一七五〇年、四九ページ。D・ヒューム『利子について』、一七五二年、所収『若干の主題にかんする小論および論文集』、新版、第一巻、ロンドン、一七六四年、三二九―三三六ページ（田中敏弘訳『ヒューム経済論集』、『初期イギリス経済学古典選集』8、東京大学出版会、一九六七年、七一―八〇ページ）。なお、『資本論草稿集』9、大月書店、一九九四年、三五九―三六六ページ、邦訳『全集』第二六巻（『剰余価値学説史』）、第一分冊、四七二―四七九ページ参照〕

第三に——産業資本家が自己資本で仕事をするか借入資本で仕事をするかということは、産業資本家にたいして、貨幣資本家階級が一つの特殊な種類の資本家として対立し、貨幣資本が一つの自立的な種類の資本として、また利子がこの独特な資本に照応する剰余価値の自立的形態として対立する、という事情をなんら変えるものではない。

質的に考察すれば、利子は、資本の単なる所有が提供する剰余価値、資本の所有者が再生産過程の外部にとどまるにもかかわらず、資本それ自体がもたらす剰余価値、したがって、資本の過程から分離された資本がもたらす剰余価値である。

量的に考察すれば、利潤のうち利子を形成する部分は、産業資本および商業資本そのものにではなく貨幣資本に関連づけられたものとして現われ、そして剰余価値のこの部分の率、すなわち利子率または利率が、この関係を固定する。というのは、第一に、利子率は――一般的利潤率に依存するにもかかわらず――自立的に規定されるからであり、第二に、それは、諸商品の市場価格と同様に、とらえがたい利潤率とは反対に、あらゆる変動にもかかわらず固定した、一様な、手でつかみうるように明白な、つねに与えられている比率として現われるからである。もし全資本が産業資本家たちの手中にあるならば、利子も利子率も存在しないであろう。総利潤の量的分割がとる自立的な形態が、質的な分割を生み出すのである。産業資本家が自分自身を貨幣資本家と比較すれば、彼を後者から区別するのは、企業者利得、すなわち、総利潤のうち、利子率により経験的に与えられた大きさとして現われる平均利子を超える超過分としての企業者利得だけである。他方で、同じ産業資本家が自分自身を、借入資本でなく自己資本で事業を営む産業資本家と比較すれば、この後者の資本家は、利子を他人に支払わずに自分の懐に入れるということによって、貨幣資本家としてだけ、彼から区別される。どちらの側で見ても、彼にとっては、総利潤のうち利子と区別される部分は企業者利得として現われ、また利子そのものは、資本がそれ自体としてもたらす一剰余価値、したがって資本が生産的に使用されなくてももたらすであろう一剰余価値として現われるのである。

個々の資本家たちにとっては、右のことは実際上正しい。彼の資本が出発点ですでに貨幣資本[*1]として存在するにせよ、これから貨幣資本に転化されるはずであるにせよ、彼は、自分の資本を利子生み資本として貸し付けるか、それとも生産的資本としてみずから増殖させるかを選ぶことができる。〔しかし右のことを〕若干の俗流経済学者がそうしているように一般的にとらえるならば、すなわち社会資本全体に適用するならば[*2]、しかもそれを利潤の根拠として主張するならば、それはもちろんばかげたことである。総資本は、貨幣として存在する相対的に小さい部分を度外視すれば、生産諸手段の形態で現存しているのであるが、生産諸手段を購入して増殖させる人々が存在しないのに、総資本が貨幣資本に転化するというのは、もちろん無意味なことである。そこには、さらにもっと無意味なことが潜められている。それは、資本主義的生産様式の基盤の上で、資本は、生産的資本として機能することなしに、すなわち剰余価値（利子はその一部分にすぎない）を創造することなしに、利子をもたらす、というものであり、資本主義的生産様式は資本主義的生産なしに進行する、というものである。資本家たちのうちの不相応に大きな部分がその資本を貨幣資本に転化しようとすれば、その結果は、貨幣資本の法外な価値減少と利子率の法外な低下とであろう[*3]。多くの資本家たちは、たちまち利子では生活できないようにされ、したがって産業資本家に再転化することを余儀なくされるであろう。しかし、前述のように、個々の資本家たちにとっては、これは事実である。だから、彼は、必然的に、自己資本で事業を営む場合でさえも、自己の平均利潤のうち平均利子に等しい部分を、生産過程を度外視して、自己の資本そのものの果実とみなすのであり、また利子として自立するこの部分に対立さ

(391)

せて、総利潤のうち利子を超える超過分を単なる企業者利得とみなすのである。

＊1〔草稿では「投下の出発点」となっている〕

＊2〔「すなわち社会資本全体に適用するならば」はエンゲルスによる〕

＊3〔草稿では「貨幣に転化されるべき彼らの資本」となっている〕

第四に――〔草稿では空白〔F・エンゲルス〕〕

したがって、利潤のうち機能資本家が借入資本の単なる所有者に支払わなければならない部分は、利潤のうち、借入資本であろうとなかろうとすべての資本が資本として利子という名称のもとにもたらす部分の、自立的形態に転化することが明らかになった。この部分がどれほどの大きさであるかは、平均利子率の高さしだいである。もはや、この部分の起源は、機能資本家が自分の資本の所有者である限り、彼は、利子率の決定については競争しない――少なくとも能動的には競争しない――という点にしか現われない。利潤にたいして異なる権原をもつ二人の人格のあいだでの利潤の純粋に量的な分割は、すでに質的分割に、すなわち資本と利潤との性質そのものから生じているように見える質的分割に転化している。というのは、すでに見たように、利潤の一部分が一般的に利子の形態をとるとすぐに、平均利潤と利子との差額、または利潤のうち利子を超える部分は[*]、利子に対立する一形態に、企業者利得の形態に転化するからである。この利子と企業者利得という二つの形態は、それらの対立においてのみ存在する。したがって、それらは、剰余価値のうちの異なるカテゴリー、分類項目、または名称のもとに固定化された諸部分でしかないのに、両者とも剰余価値とは関連づけられないで、

（392）互いに関連づけられているのである。利潤の一方の部分が利子に転化するので、そのため他方の部分が企業者利得として現われるのである。

＊〔草稿では「または利潤のうち」以下は、「利潤の他の部分は」となっている〕

われわれがここで利潤と言うのは、つねに平均利潤のことである。というのは、〔平均利潤からの〕諸背離——個別的利潤の背離であれ、異なる生産諸部面における利潤の背離であれ——は、したがって、競争戦その他の諸事情につれてあちこちにゆれ動く平均利潤または剰余価値の分配における諸変動は、われわれにとっては、ここではまったくどうでもよいことだからである。このことは、一般に当面の研究全体について言える。

さて利子は、ラムジーが名づけて言う純利潤[＊1]であり、再生産過程の外部にとどまる単なる貸し手にたいしてであれ、自己の資本をみずから生産的に使用する所有者にたいしてであれ、資本所有そのものがもたらすものである。しかし、後者〔自己資本の生産的使用者〕にたいしても資本所有がこの純利潤をもたらすのは、彼が機能資本家である限りにおいてではなく、彼が貨幣資本家である限りにおいて、すなわち、彼自身の資本を、機能資本家としての自己自身にたいして、利子生み資本[＊2]として貸し付ける貸し手である限りにおいてである。貨幣の、また一般に価値の資本への転化が、資本主義的生産過程の不断の結果であるのと同程度に、資本としての貨幣の定在は資本主義的生産過程の不断の前提である。それは、自己を生産諸手段に転化するというその能力によって、つねに不払労働に指令をし、したがって諸商品の生産過程および流通過程を、その所有者のための剰余価値の生産に転化する。

だから利子は、価値一般――一般的社会的形態にある対象化された労働――が、現実の生産過程において生産諸手段の姿態をとる価値が、自立的な力として生きた労働力に対立し、不払労働を取得するための手段であるということの表現にほかならず、また価値がこうした力であるのは、それが他人の所有として労働者に対立することによってであるということの表現にほかならない。けれども他方で、利子の形態では、賃労働にたいするこの対立は消滅している。というのは、利子生み資本は、利子生み資本としては、賃労働と対立するのではなく、機能資本と対立するからである。貸付をする資本家は、貸付をする資本家としては、再生産過程で現実に機能している資本家と直接に対立しているが、しかし、ほかならぬ資本主義的生産の基礎上では生産諸手段を収奪されている賃労働者とは直接には対立していない。利子生み資本は、機能としての資本に対立する所有としての資本である。しかし、資本は、それが機能しない限り、労働者たちを搾取せず、労働とは対立しないのである。[*3]

＊１〔エンゲルスは本文に「ラムジーが名づけて言う」との一句を入れたが、草稿では、ここに「ラムジーは利子を『純利潤』と呼んでいる（前掲書〔『富の分配にかんする一論』、エディンバラ、一八三六年〕、一九三ページ）」との脚注が付されている。この脚注は、原注七二の末尾に取り入れられている〕

＊２〔草稿では、「利子生み資本として」は「貨幣資本（マニィド・キャピタル）すなわち利子生み資本として」となっている〕

＊３〔草稿では「資本主義的生産様式」となっている〕

他方で、企業者利得も賃労働とは対立せず、利子とのみ対立する。

第一に――平均利潤を与えられたものと前提すれば、企業者利得の率は、労賃によってではなく、

(393)利子率によって規定される。その高低は利子率に反比例する。[七二]

（七二）「企業の利潤は資本の純利潤によって定まるのであって、後者が前者によって定まるのではない」（ラムジー『富の分配にかんする一論』、二一四ページ。ラムジーの場合には、純利潤はつねに利子を意味する）。

第二に――機能資本家は、企業者利得にたいする自己の要求[*1]、すなわち企業者利得そのものを、自己の資本所有から導き出すのではなく、資本が無為な所有として存在するにすぎない場合の規定性とは対立している資本の機能から導き出す。この対立は、彼が借入資本を使って操作する場合、したがって利子と企業者利得とが二人の異なる人格に帰属する場合には、直接に現存する対立として現われる。企業者利得は、再生産過程における資本の機能から、すなわち、機能資本家が産業資本および商業資本の機能を媒介する諸操作、活動の結果として発生する。しかし、機能資本の代表者であるということは、利子生み資本の代表のような閑職ではない。資本主義的生産[*2]の基盤の上では、資本家は生産過程ならびに流通過程を指揮する。生産的労働の搾取は、資本家がみずから行なうにせよ、自己の名前で他人に行なわせるにせよ、骨折り[*3]を必要とする。したがって、彼の企業者利得は、彼にとっては、利子に対立して、資本所有とはかかわりのないものとして、むしろ非所有者としての、労働者としての、彼の諸機能の結果として、現われる。

＊1〔草稿では「自己の権原（要求）」となっている〕
＊2〔草稿では「資本主義的生産様式」となっている〕
＊3〔草稿では「骨折り」が「労働」となっている〕

したがって、彼の頭の中では、必然的に次のような観念が展開される。すなわち、彼の企業者利得は――賃労働にたいしてなんらかの対立をなすもの、また他人の不払労働にすぎないもの、などではなく――むしろそれ自身、労賃であり、監督賃銀[*1]、〝wages of superintendence of labour〔労働の監督の賃銀〕〟であり、普通の賃労働者の賃銀より高い賃銀である――なぜなら、（一）彼の労働は複雑労働だからであり、（二）彼は自分自身に労賃を支払うからである、という観念である。資本家としての彼の機能は、剰余価値すなわち不払労働[*2]を、しかももっとも経済的な諸条件のもとで、生産することにあるということは、次の対立のせいで完全に忘れられる。すなわち、利子は、たとえ資本家が資本家としてのなんらかの機能も営まず、資本の単なる所有者にすぎなくても、資本家に帰属するが、これに反して企業者利得は、たとえ機能資本家が、機能するにあたって彼が使用する資本の非所有者であっても、彼に帰属する、という対立である。利潤すなわち剰余価値が分裂していく両部分の対立的
(394) 形態のせいで、この両部分は剰余価値の単なる部分であることが、そして剰余価値の分割は剰余価値の本性、その起源、およびその存在諸条件をなにも変更できないことが、忘れられる。

＊1〔「監督賃銀」はエンゲルスによる〕

＊2〔草稿では「剰余価値すなわち剰余労働」となっている〕

再生産過程では[*]、機能資本家は、賃労働者にたいして他人の所有としての資本を代表し、貨幣資本家は、機能資本家によって代表される者として、労働の搾取に参加する。労働者たちにたいする生産諸手段の代表者としてのみ、能動的資本家は、労働者たちを自分のために労働させ、または生産諸手

段を資本として作動させる、という機能を営むことができるということ、このことが、再生産過程における資本の機能と再生産過程の外部での単なる資本所有との対立のせいで忘れられるのである。

実際には、利潤すなわち剰余価値の両部分が利子および企業者利得としてとる形態においては、労働にたいする関係はなにも表現されていない。なぜなら、この関係は、労働と利潤との、またはむしろ〔労働と〕利潤の両部分の総計・全体・統一としての剰余価値とのあいだにのみ、存在するからである。利潤が分割される比率、およびこの分割がそのもとで行なわれる異なる権原は、利潤を既成のものとして前提し、利潤の定在を前提とする。だから、資本家が、機能するにあたって彼が使用する資本の所有者であるならば、彼は利潤または剰余価値の全部を懐に入れる。彼がそうするか、または一部分を法律上の所有者としての第三者に支払わなければならないかは、労働者にとっては、まったくどうでもよいことである。こうして、二つの種類の資本家のあいだでの利潤の分割の諸根拠が、いつの間にか、分割されるべき利潤の存在の諸根拠に、あとでどのように分割されるかにはかかわりなく資本そのものが再生産過程から引き出す剰余価値の存在の諸根拠に、転化する。利子は企業者利得に、企業者利得は利子に、つまり両者は相互に対立し合うが、労働には対立しないということからは、次のことが出てくる——企業者利得プラス利子、すなわち利潤は、さらにいえば剰余価値は、なにに基礎をおくのか？　それの両部分の対立形態に、である！　しかし、利潤は、利潤のこの分割が行なわれる以前に、利潤のこの分割が問題となりうる以前に、生産されるのである。

＊〔草稿では「現実の過程」となっている〕

（395）

利子生み資本が利子生み資本であることを実証するのは、貸し付けられた貨幣が現実に資本に転化され、利子をその一部分とするある超過分が生産される限りにおいてである。しかし、このことはそれだけで、利子生み資本には、生産過程とはかかわりなく利子を生むということが属性としてそなわっているということを、廃除するものではない。労働力もまた、それが労働過程で活動させられ実現されるときにのみその価値創造力を実証する。しかし、このことは、労働力がそれ自体（アン・ジヒ）として、潜勢的に、[*1]能力として、価値を創造する活動であり、またそのような活動として過程からはじめて発生するのではなく、むしろ過程に前提されているということを、除外するものではない。労働力は、価値を創造する能力として、購買される。人は、労働力を生産的に労働させるつもりなしに労働力を購買することもありうる。たとえば、純粋に個人的な目的、サーヴィス労務などのために。資本についても同様である。借り手が資本を資本として利用するかどうか、すなわち、剰余価値[*2]を生産するという資本に固有な属性を現実に活動させるかどうかは、借り手の問題である。彼が支払いをするのは、どちらの場合においても、それ自体として、可能性から見て、資本という商品に含まれている剰余価値にたいしてである。

＊１〔草稿には「潜勢的に」の語はない〕
＊２〔草稿では「価値」となっている〕

さて、われわれはもっと詳しく企業者利得に立ち入ろう。*

＊〔草稿には右の区分線とこの一文はない〕

資本主義的生産様式における資本の独自の社会的規定性の契機——他人の労働にたいする指揮権であるという属性をもつ資本所有[*1]——が固定され、したがって利子が、この関連のなかで資本の生み出す剰余価値の部分として現われることによって、剰余価値の他の部分——企業者利得——は、必然的に、資本としての資本から生じるのではなく、資本の独特な社会的規定性——この社会的規定性は資本利子[*2]という表現においてすでにそれの特殊な存在様式を受け取っている——とは切り離された生産過程から生じるという形で現われる。しかし、資本から切り離されれば、生産過程は労働過程一般である。だから、資本所有者とは区別されたものとしての産業資本家は、機能資本〔家〕としては現われずに、資本とはかかわりもない職務遂行者として、労働過程一般の単純な担い手として、労働者それも賃労働者として現われるのである。

＊1〔草稿では「他人の労働にたいする」以下は「資本所有——〔他人の所有として労働を指令すること〕」となっている〕

＊2〔草稿では「資本－利子」となっている〕

利子それ自体が表現するのは、まさに、資本としての労働諸条件の定在、すなわち、労働にたいして社会的に対立するものとしての、そして、労働に対立し労働を支配する個人的諸権力に転化したものとしての労働諸条件の定在である。利子は、他人の労働の諸生産物を取得する手段としての単なる資本所有を表わす。しかし、利子は、資本のこの性格を、生産過程の外部で資本に帰属し、この生産過程そのものの独自の資本主義的規定性＊の結果では決してないあるものとして表わす。利子は、このあるものを、労働にたいする直接的対立においてでなく、逆に、労働とは無関係に、そしてある資本家と他の資本家との単なる関係として表わす。すなわち、労働そのものにたいする資本の関係にとっては、外的などうでもよい規定として表わす。したがって、利子において、すなわち利潤のこの特殊な姿態において、資本の対立的性格は一つの自立的表現をとるが、そこにおいては、この対立がその表現において完全に消し去られ、その表現からはまったく捨象されるという仕方で自立的表現をとる（396）のである。利子は、二人の資本家のあいだの一関係であって、資本家と労働者のあいだの関係ではない。

＊〔草稿では「この生産過程そのものの独自の規定性」となっている〕

他方では、利子のこの形態は、利潤の他の部分にたいして、企業者利得という、さらに監督賃銀という質的形態を与える。資本家が資本家として果たすべき特殊な諸機能、そしてまさに労働者たちとの区別において、労働者たちとの対立において資本家に帰属する特殊な諸機能は、単なる労働諸機能として表わされる。彼が剰余価値を創造するのは、彼が*資本家として*労働するからではなく、彼の資本家としての属性はさておき、彼*もまた*労働するからである。したがって、この剰余価値部分は、もはや剰余価値ではまったくなく、その反対物、遂行された労働にたいする等価物である。資本の疎外された性格、労働にたいする資本の対立は、現実の搾取過程のかなた、すなわち利子生み資本のうちに移されるのであるから、この搾取過程そのものは、機能資本家が労働者とは違った労働を遂行するだけの単なる労働過程として現われる。そうなると、搾取する労働と搾取される労働とは、いずれも労働としては同一のものであることになる。搾取する労働も、搾取される労働と同じように労働である。[*]資本の社会的形態——ただし、中立的で無差別な一形態で表わされた——は、利子に帰属し、資本の経済的機能——ただし、この機能の既定の、資本主義的性格は捨象された——は、企業者利得に帰属する。

＊〔草稿ではこの一文は「搾取する労働が、搾取される労働と同一視される」となっている〕

ここで、資本家の意識では、本書〔第三部〕第二篇〔第一二章第三節〕で示した平均利潤への均等化における埋め合わせの諸根拠の場合とまったく同じことが生じる。剰余価値の分配に規定的にはいり込むこれらの埋め合わせの根拠が、資本家の考え方においては、利潤そのものの発生の諸根拠およびそれの（主観的な）正当化の諸根拠にねじ曲げられる。

企業者利得は労働の監督賃銀であるという観念——これは、利子にたいする企業者利得の対立から生まれる——は、さらに次の点に、すなわち、実際に、利潤の一部分が労賃として分離されうるし、現実に分離されているという点、またはむしろ逆に、労賃の一部分は、資本主義的生産様式の基盤の上では、利潤の不可欠な構成部分として現われるという点によりどころを見いだす。この部分は、すでにA・スミスが正しくみつけ出したように、[*1]管理人の給料——すなわち、事業の拡張などによって十分な分業が行なわれ、管理人に特殊な労賃が支払えるほどになっている事業諸部門における管理人の給料――という形で、純粋に、すなわち、一方で利潤（利子と企業者利得との総和としての）から、他方で利潤のうち利子の控除後にいわゆる企業者利得として残る部分から、自立し、まったく分離されて、現われる。[*2]

〔397〕

＊1〔スミス『諸国民の富』、第一篇、第六章（大内・松川訳、岩波文庫、㈠、一九五九年、一八七―一八八ページ）参照〕

＊2〔草稿では、この文章の「管理人の給料」は英語で「総支配人 general manager の賃銀」と、「管理人」は同じく英語で「総支配人 general manager」となっている。草稿において英語で「支配人 manager」または「総支配人」と書かれた個所を、エンゲルスはすべてドイツ語で「管理人 Dirigent」としている〕

監督および指揮という労働は、直接的生産過程が一つの社会的に結合された過程という姿態をとり、自立的生産者たちの個々ばらばらの労働としては現われないところでは、どこでも必然的に生じてくる。（七三）しかし、この労働は、二重の性質をもっている。

（七三）「監督は、ここでは」（農民的土地所有者の場合には）「まったくなしですまされる」（J・E・ケアンズ『奴隷力』、ロンドン、一八六二年、四八〔、四九〕ページ）。

一方では、多数の個人が協業するすべての労働においては、過程の連関と統一とは、必然的に、オーケストラの指揮者の場合のように、一つの指令する意志において、また部分労働にではなく作業場の総活動に関係する諸機能において、現われる。[*] これは、どの結合された生産様式においても遂行されなければならない生産的労働である。

＊〔草稿では「総過程」となっている〕

他方では——商業的部門をまったく別にすれば——この監督労働は、直接生産者としての労働者と生産諸手段の所有者との対立を基礎とするすべての生産様式において、必然的に発生する。この対立が大きければ大きいほど、この監督労働[*1]の演じる役割はそれだけ大きい。それゆえそれは、奴隷制度においてその最高限に達する。(七四) しかし、それは、資本主義的生産様式においてもまた欠くことはできない。というのは、ここでは、生産過程は同時に、資本家による労働力[*2]の消費過程だからである。それは、専制国家において、政府の行なう監督およびすべての面での干渉の労働が、二つのものを、すなわち、あらゆる共同体の本性に由来する共同事務[*3]の遂行、ならびに、政府と人民大衆との対立に起因する独特な諸機能を含んでいるのとまったく同じである。

（七四）「労働の性質が、労働者」（すなわち奴隷）「を広い場所に分散させることを必要にするとすれば、監督者の数、したがってこの監督に必要な労働の費用も、それに比例して増大するであろう」（ケアンズ、同前、四四ページ）。

＊1〔初版では「労働者監督」となっていた。草稿によりアドラツキー版で訂正〕

＊2〔草稿では「労働能力」となっている〕

＊3〔草稿では「一般事務」となっている〕

奴隷制度を眼前に見ている古代の著述家たちの場合には、資本主義的生産様式を絶対的な生産様式とみなす近代の経済学者たちの場合とまったく同じように、監督労働の両面が、理論のなかで——実

（398）
際のうえでもそうであったように――不可分に結合しているのが見いだされる。他方では、私がすぐに一例で示すつもりであるように、近代的奴隷制度〔アメリカの奴隷制〕の弁護論者たちは、他の経済学者たちが監督労働を賃労働制度の正当化の根拠として利用するのとまったく同じように、監督労働を奴隷制の正当化の根拠として利用することを心得ている。

カトー[*1]時代のウィリクス[*2]――「農場奴隷[*3]の頭（かしら）は管理人（ウィラ〔農場〕のウィリクス）で、収支をつかさどり、売買を行ない、主人の指図を受け入れ、主人の不在のときは命令し、処罰する。……管理人はもちろん他の奴隷たちよりは自由であった。マゴンの諸著[*4]は、管理人には、結婚すること、子供をつくること、自己の財布をもつことを許すべきであると勧告し、またカトーは、管理人を女管理人と結婚させるべきであると勧告している。管理人だけは、行状がよい場合には主人から自由を与えられる見込みもあったであろう。その他の点では、彼らはすべて一つの共同的世帯をなしていた。……どの奴隷も、管理人でさえも、自己の必要品を主人の計算で一定期間ごとに決まった率で支給され、それでやっていかなければならなかった。……その量は、労働に応じるものであったのであり、そのため、たとえば、奴隷よりも楽な労働をする管理人は、奴隷よりもわずかな分量を受け取った[*5]」（モムゼン『ローマ史』、第二版、〔ベルリン〕一八五六年、第一巻、八〇八―八一〇〔正しくは八〇九、八一〇〕ページ）。

＊1〔古代ローマの政治家（前二三四―前一四九）。『農業論』その他を著し、マゴンの著書をラテン語に翻訳させた〕

＊2〔土地所有者から農場経営と労働監督を委託された奴隷〕
＊3〔原文による。草稿および初版では「農場奴隷経済」となっていた。アドラツキー版で訂正〕
＊4〔カルタゴの執政官マゴン（紀元前六世紀後半）の農業にかんする二八巻の書。ギリシア語とラテン語に訳され、農業の教科書となった〕
＊5〔この最後の文章の意訳は、本訳書、第一巻、二九九ページの原注四三に既出〕

アリストテレス――「なぜなら、主人」――資本家――「が主人であることを実証するのは、奴隷の獲得」――労働を買う力を与える資本所有――「にあるのではなく、奴隷の使用」――生産過程での労働者の使用、こんにちでは賃労働者の使用――「にあるからである。しかし、その知識は、なんらたいしたものでも賛嘆すべきものでもない。というのは、奴隷がやり方を知っていなければならない仕事を、主人は命令するすべを知っているだけだからである。みずから骨を折る必要がない主人の場合には、監督者〔原文は「管理人(エピトロポス)」〕にこの名誉〔強調はマルクス〕をゆだね、みずからは国政にあずかったり学問にたずさわったりする」（アリストテレス『政治学』、ベッカー編、第一巻、第七章〔山本光雄訳、『アリストテレス全集』15、岩波書店、一九六九年、一九ページ。同訳、岩波文庫、一九六一年、四七ページ〕）。

支配は、政治の領域においてと同様に経済の領域においても、支配する諸機能を権力所持者たちに負わせるということ、したがって経済の領域においては、彼らは労働力を消費することに熟達していなければならないということ――このことを、アリストテレスは率直な言葉で述べてから、さらにつけ加えて、この監督労働はたいしたものでもないので、主人は、十分な資力ができれば、この骨折りの「名誉」を監督者にまかせる、と言っているのである。

指揮および監督の労働が、あらゆる結合された社会的労働の本性から生じる特殊な機能ではなくて、(399) 生産手段の所有者と単なる労働力の所有者との対立――奴隷制度においてのように労働力が労働者自身と一緒に買われるのであろうと、労働者自身が自分の労働力を売り、したがって生産過程が同時に資本による労働者の労働の消費過程として現われるのであろうと――から生じる限りで、指揮および監督の労働という、直接生産者の隷属から生じるこの機能は、実にしばしば、この関係自体を正当化する根拠とされているし、搾取、すなわち他人の不払労働の取得は、同様にしばしば、資本所有者に当然支払われる労賃として描かれてきた。しかし、このことを、アメリカ合衆国における奴隷制の擁護者である弁護士オウコナーによって、「南部にとっての正義」を標榜する一八五九年一二月一九日にニューヨークの一集会で述べられたもの以上に、みごとに言い表わしているものはない。「〝さて諸君〟――と彼は大きな拍手喝采を受けながら言った――「自然そのものが、黒人を隷属状態に運命づけてきたのである。〔……〕黒人には体力があり、労働する力がある。しかし、黒人にこの体力を与えた自然〔原文は「黒人を創造した御手」〕は、統御する知能をも労働する意志をも、彼に与えることをこばんだのである。（拍手）どちらも彼にたいしてはこばまれている！〔「！」はマルクス〕しかも、彼に労働する意志を与えなかった同じ自然は、彼にたいして、労働する意志を強制する主人を、彼がそれにふさわしく創造された風土のなかで、彼自身のためにも彼を統御する主人のためにも彼を有用な〔……〕しもべにする主人を、与えたのである。〔……〕私はこう主張する。黒人を自然がおいた状態のままにしておくこと、黒人に彼を統御〔……〕する主人を与えること、これは決して不正ではないし、またその返礼として、黒人にまたふたたび働くことを強制し、また彼〔黒人〕を統御して彼自身にとっても社会にとっても彼を有用なものにするために彼の主人が使用する労働と才能とにたいして、この主人に正当な代償を与えるよう黒人に強制しても、なんら黒人の権利を奪うことにはならない」〔『ニューヨーク・デイリー・トリビューン』、一八五九年一二月二〇日付、五および八ページ〕。

さて、賃労働者もまた、奴隷と同じように、彼を労働させ統御するための主人をもたなければならない。そして、この支配・隷属関係を前提すれば、賃労働者が、彼自身の労賃を生産するほかに、さらに監督賃銀を、すなわち彼を支配し監督する労働にたいする代償を生産するよう強制され、「また彼を統御して彼自身にとっても社会にとっても彼を有用なものにするために彼の主人が使用する労働と才能とにたいして、この主人に正当な代償を与えるよう」強制されるということは、理の当然である。

監督および指揮の労働は、それが資本の対立的性格から、すなわち労働にたいする資本の支配から発生し、したがって、資本主義的生産様式を含め、階級対立[*1]を基礎とするすべての生産様式に共通する限りで、(400) 資本主義的体制においてもまた[*2]、すべての結合された社会的労働が個々人に特殊な労働として負わせる生産的諸機能と、直接かつ不可分にからみ合っている。〃エピトロポス〃〔前出、アリストテレス参照〕または封建制のフランスでそう呼ばれた〃レジスール〃[*3]の労賃は、このような管理人

（〝支配人〟）に支払いをするのに十分なほど事業が大規模に営まれるようになれば、利潤から完全に分離して、熟練労働にたいする労賃という形態をとる——だからといって、わが産業資本家たちは、「国政にあずかったり学問にたずさわったり」するにはまだほど遠いのであるが。

＊1〔草稿では「階級対立」は「対立」となっている〕

＊2〔草稿では「資本主義的生産様式の基礎上では」となっている〕

＊3〔貢租の管理人・徴収人。これが事業家、資本家に転化することについては、本訳書、第一巻、一二九九—一三〇〇ページの原注二二九参照〕

産業資本家たちでなく、産業〝支配人たち〟が「わが産業制度の魂」〔ユアでは「わが工場制度の魂」〕であることは、すでにユア氏が述べたところである。(七五) 事業の商業的部分について言えば、それについて必要なことは、すでに前篇で述べられている。[*1]

(七五) A・ユア『工場哲学』、フランス語訳、〔パリ〕一八三六年、第一巻、六八ページ〔一八三五年のロンドン版では四三ページ〕。工場主たちのこのピンダロス[*2]は、ここで同時に、工場主たちについて、彼らの大部分は彼らの使用する機械装置についてほとんど理解していないと証言している〔同前、六七ページ。『資本論草稿集』9、大月書店、二二六ページ〕。

＊1〔本訳書、第三巻、五六八—五七二ページ参照〕

＊2〔ピンダロスとは古代ギリシアの叙情詩人。マルクスは、いろいろな現象の無批判的礼賛者に、しばしばこの呼び名をつけた〕

資本主義的生産そのものは、指揮監督の労働が資本所有からまったく分離されて、街頭でいつでも手にはいるまでにした。だから、この指揮監督の労働が資本家によって行なわれるということは無用になっている。音楽の指揮者は、オーケストラの楽器の所有者である必要はまったくないし、また彼が他の楽士たちの「賃銀」になにかかかわり合うということも、指揮者としての彼の機能には属さない。最高の発展をとげた資本家自身が、大土地所有者を余計であるとするのと同じように、資本家が生産の機能者としては余計になったということは、協同組合工場がこれを証明している。資本家の労働が、単に資本主義的生産過程としての生産過程からは生じないで、したがって資本とともにおのずからは消滅しない限りで、またそれが他人の労働を搾取するという機能には限定されない限りで、したがってそれが社会的労働としての労働の形態から、すなわち一つの共同の結果に達するための多数者の結合と協業[*1]とから生じる限りで、この労働は資本とはかかわりがないのであり、それは、この形態そのもの[*2]が、資本主義的外被を打ち破ってしまえば、資本とかかわりがなくなるのとまったく同様である。この労働が、資本主義的労働として、資本家の機能として、必要であると言うことは、〝俗物〟〔俗流経済学者〕が、資本主義的生産様式のふところのなかで発展した諸形態をその対立的な資本主義的性格から分離し解放して考えることができない、ということ以外にはなにも意味しない。貨幣
(401) 資本家にたいしては、産業資本家は労働者――ただし、資本家としての、すなわち他人の労働の搾取者としての労働者――である。産業資本家がこの労働にたいして要求し受け取る賃銀は、取得した他人の労働の分量とちょうど等しく、彼が搾取という必要な骨折りを引き受ける限りで、この労働の搾

取度に直接に依存するのであって、この搾取が彼に必要とさせる努力、また彼が手ごろな報酬を支払って管理人にこれを転嫁できる努力の程度には依存しない。あらゆる恐慌のあとには、イギリスの工場地域では、前工場主たちが、以前に自分の所有であった工場を、いまや新しい所有者――しばしば彼らの債権者――の管理人として、(七六)安い賃銀で監督しているのがいくらでも見受けられる。[*3]

(七六)　私のよく知っているある場合には、一八六八年の恐慌後、ある破産した工場主が自分自身の以前の労働者たちから給金をもらう賃労働者になった。すなわち、その工場は破産後、一つの労働者協同組合によって引き継がれ、かつての所有者は管理人として雇われたのである。――Ｆ・エンゲルス

＊１〔草稿では「したがって」以下は「したがって労働、流通などの社会的形態から」となっている〕

＊２〔草稿では「これらの諸形態そのもの」となっている〕

＊３〔「あらゆる恐慌のあとには」以下の文章は草稿にはない〕

管理賃銀[*1]は、商業的管理人にたいするそれも産業的管理人にたいするそれも、企業者利得[*2]からまったく分離されたものとして現われるのであり、このことは、労働者の協同組合工場においても資本主義的株式企業においても同様である。企業者利得[*3]からの管理賃銀の分離は、他の場合には偶然的に現われるが、ここでは恒常的である。協同組合工場の場合には、監督労働の対立的性格はなくなる。というのは、管理人は、労働者たちに対立して資本を代表する代わりに、労働者たちによって支払われるからである。一般に株式企業――信用制度とともに発展する――が、機能としてのこの管理労働[*4]を、自己資本であれ借入資本であれ資本の占有からますます分離していく傾向を示すが、それは、ちょう

ど、ブルジョア社会の発展につれて司法上および行政上の諸職能が、土地所有――封建時代にはこれらの職能は土地所有の属性であった――から分離していくのと同様である。しかし、一方では、単なる資本所有者である貨幣資本家に機能資本家が相対し、信用の発展につれてこの貨幣資本そのものが社会的性格を帯び、それが銀行に集中され、もはやその直接的所有者からではなく銀行から貸し出されることによって、[*5]また他方では、借り入れによる権原であれ、その他による権原であれ、どんな権原のもとでも資本を占有しない単なる管理人が、機能資本家そのものに帰属するあらゆる現実的諸機能を果たすことによって、ただ機能者だけが残り、資本家は余計な人物として生産過程から消えうせる。

＊1〔草稿では英語で「監督の賃銀」となっている。本訳書、第三巻、六一五ページ訳注＊2参照〕
＊2〔草稿では「利潤（利子とは区別されたものとしての）」となっている〕
＊3〔草稿では「利潤」となっている〕
＊4〔草稿では英語で「監督の労働」となっている〕
＊5〔草稿では、「信用の発展につれて」以下は、「（そして信用制度とともに、この貨幣資本そのものが社会的性格を帯び、そしてその直接的所有者以外の人々から貸し出される）」となっている〕

（402）イギリスの協同組合工場の公表収支報告[(七七)]を見ればわかることであるが、その利潤は、これらの工場が、ときには私営工場主たちよりもはるかに高い利子を支払ったにもかかわらず、――他の労働者たちの賃銀とまったく同様に投下可変資本の一部をなす管理人の賃銀を控除したのちにも――平均利潤より大きかった。この高利潤の原因は、これらのどの場合にも、不変資本の使用におけるより大きな節約であった。しかし、この場合われわれの関心を呼び起こすのは、ここで平均利潤（＝利子プラス企業者利得）が、実際に、そして明白に、管理賃銀にはまるでかかわりのない大きさとして現われていることである。ここでは利潤は平均利潤より大きかったので、企業者利得も普通よりも大きかった。

（七七）　ここに引用された収支報告はせいぜい一八六四年までのものである。というのは、この本文は一八六五年に書かれているからである。――F・エンゲルス

同じ事実は、いくつかの資本主義的株式企業、たとえば株式銀行（Joint Stock Banks）にも見られる。ロンドン・アンド・ウェストミンスター・バンクは、一八六三年に三〇％の年配当を支払い、ユニオン・バンク・オブ・ロンドンその他の銀行は一五％を支払った。この場合、総利潤からは、管理人の給与のほかに、預金に支払われる利子が控除される。高利潤の原因は、この場合には、預金にたいする払込資本の比率が低いことにある。たとえば、ロンドン・アンド・ウェストミンスター・バンクの場合には、一八六三年に払込資本は一〇〇万ポンド、預金は一四五四万二七五ポンドであり、ユニオン・バンク・オブ・ロンドンの場合には、一八六三年に、払込資本は六〇万ポンド、預金は一二三八万四一七三ポンドであった。

企業者利得と、監督賃銀または管理賃銀*との混同は、もともと、利潤のうち利子を超える超過分が利子に対立してとる対立的形態から生じた。この混同はさらに、利潤を剰余価値すなわち不払労働としてではなく、資本家の行なう労働にたいする資本家自身の労賃として描き出そうとする弁護論的意

図から発展させられた。これにたいして、その後、社会主義者たちの側から、利潤は、それが理論的にそうあるべきであるとされるものに、すなわち単なる監督賃銀に、実際に減らされるべきであるという要求が対置された。そして、一方では、多数の産業的および商業的管理人からなる一階級の形成につれて、この監督賃銀が他のすべての労賃と同様に一定の水準と一定の市場価格とを見いだすよう（403）になればなるほど（七八）、他方では、独自に訓練された労働力の生産費を低下させる一般的な発展動向につれて、この監督賃銀も熟練労働にたいするすべての賃銀と同様に低下するようになればなるほど（七九）、この社会主義者たちの要求は、右の理論的美化にたいして、ますます不愉快なものとして対立していった。労働者の側で協同組合が、ブルジョアジーの側で株式企業が発展するにつれて、企業者利得を管理賃銀と混同するための最後の口実もよりどころを奪い去られ、実際的にも、利潤は、単なる剰余価値、なんの等価物も支払われない価値、実現された不払労働として理論的に否定しえないものとして現われた。こうして、機能資本家は労働を現実に搾取するのであり、また彼が借入資本をもって仕事をする場合には、彼の搾取の果実が、利子と、利潤のうち利子を超える超過分である企業者利得とに分かれることになるのである。

（七八）「親方たちは、彼らの雇い職人たちと同じように労働者である。この性格においては、彼らの利害は彼らの職人たちのそれとまったく同じである。しかし彼らはまた、資本家であるか、あるいは資本家の代理人であり、この点では、彼らの利害は労働者たちの利害と決定的に相反する」（ホジスキン『資本の諸要求にたいする労働の擁護』、ロンドン、一八二五年、二七ページ〔安川悦子訳「労働擁護論」、『世界の思想』5、河出書房房新社、一九六六年、三八一ページ〕）。「この国の機械工の職人たちのあいだでの教育の広範な普及は、特殊な知識をもつ人々の数を増大させることによって、ほとんどすべての親方と雇い主との労働および熟練の価値を日々減少させている」（三〇ページ〔同前訳、三八六ページ〕）。

(七九)　「因習的な障壁の一般的緩和と教育の便宜の増大とは〔……〕、不熟練労働者の賃銀を騰貴させるのではなく〔この句はマルクスの挿入〕、熟練労働者の賃銀を下落させる傾向を示す」（Ｊ・St・ミル『経済学原理』、第二版、ロンドン、一八四九年、第一巻、四六三〔正しくは四七九〕ページ〔末永茂喜訳、岩波文庫、(二)、一九六〇年、三六八ページ〕）。

＊〔草稿では「監督賃銀または管理賃銀」は英語で「監督の賃銀」となっている〕

資本[*1]主義的生産の基盤の上では、株式企業において、管理賃銀による新たな詐欺が発展する。それは、現実の管理人とならんで、またその上に、何人かの管理・監督役員が現われることによって行なわれるが、彼らの場合には、事実上、管理と監督[*2]は、株主からの略奪と私腹こやしのための単なる口実となるのである。この点については、〔Ｄ・Ｍ・エヴァンズ〕『ザ・シティ。またはロンドンのビジネスの生理学。付載、取引所およびコーヒー・ハウスでのスケッチ』、ロンドン、一八四五年、に、実に愉快な細かい記述が見いだされる。「銀行家や商人たちが、八つまたは九つの異なる会社の管理に参加することによって、どんなに儲けるかは、次の実例からうかがうことができよう。ティモシー・エイブラハム・カーティス氏が破産したとき、彼が破産裁判所に提出した個人収支表には〔……〕重役職の項目に八〇〇—九〇〇ポンドの年収が記載されていた。カーティス氏は、イングランド銀行および東インド会社の理事であったので、どの株式会社も彼を重役に迎えられれば幸いであると考えた」（八一、八二ページ）。このような会社の重役たちが毎週の会議ごとに受け取る報酬は、少なくとも一ギニー（二一マルク）[*3]である。破産裁判所の審理が示すところでは、この監督賃銀は、通例、これらの名目的な重役たちによって現実になされる監督に反比例している。

＊1〔草稿では、このパラグラフは、前のパラグラフの末尾に付された注記である〕

＊2〔草稿では「管理と監督」は「監督」となっている〕

＊3〔草稿およびエヴァンズの原文では「一ポンド一シリング」となっている。一ギニー金貨は二一シリングに相当した。また一マルクは、ほぼ一シリングに等しかった〕

（404）

第二四章　利子生み資本の形態における資本関係の外面化*

*〔草稿では、「5）　利子生み資本の形態における剰余価値および資本関係一般の外面化」となっている。この「5）」は「4）」の誤記であると考えられている〕

利子生み資本において、資本関係はそのもっとも外面的で物神的な形態に到達する。ここでわれわれが見いだすのは、G—G′、より多くの貨幣を生み出す貨幣、両極を媒介する過程なしに自己自身を増殖する価値、である。商人資本、すなわち G—W—G′ においては、少なくとも資本主義的運動〔資本の運動?〕の一般的形態——ただし、もっぱら流通部面内にとどまり、したがって利潤は単なる譲渡利潤[*1]として現われるのであるが——が現存する。しかし、それでも利潤は、一つの社会的関係の生産物として現われ、単なる物の生産物としては現われない。商人資本の形態は、依然として対立する両局面の統一である一つの過程を、諸商品の購買および販売という対立する二つの経過に分かれる一つの運動を、表わす。この点が、利子生み資本の形態 G—G′ では消えている。たとえば、一〇〇〇ポンドが資本家[*2]によって貸し出され、利子率が五％であれば、一〇〇〇ポンドの一年間の資本としての価値は、$C+Cz'$——このCは資本、z'は利子率、したがってここでは $5\%=\frac{5}{100}=\frac{1}{20}$ である——すなわち $1.000+1.000\times\frac{1}{20}=1.050$ ポンドである。資本としての一〇〇〇ポンドの価値は一〇五〇ポンドに等しい。すなわち、資本は決して単一な大きさではない。資本は大きさの関係であり、自己増殖する価値としての、剰余価値を生んだ元金としての自己自身にたいする元金としての、与えられた価値としての関係[*3]である。そして、すでに見たように、資本そのものは、すべての能動的資本家[*4]——彼らが自己資本で機能するにせよ、借入資本で機能するにせよ——にとって、このような直接に自己増殖する価値として現われる。

＊1〔草稿では「収奪利潤」となっている。譲渡利潤（譲渡にもとづく利潤）については、本訳書、第三巻、三九六ページ訳注＊2参照〕

＊2〔草稿では「貨幣資本家（マニイド・キャピタリスト）」となっている〕

＊3〔草稿では、「自己増殖する価値として」以下は、「剰余価値としての自己自身にたいする元金としての、与えられた価値としての」となっている〕

＊4〔草稿では「生産的資本家」となっている〕

（405）

G—G′。われわれはここに資本の最初の出発点を、すなわち定式 G—W—G′ における貨幣が両極G—G′（このG′は G+ΔG である）に縮約されたもの、より多くの貨幣をつくりだす貨幣を、見いだす。それは、無内容な概括に収縮された、資本の最初の一般的な定式である。それは、完成された資本、すなわち、生産過程と流通過程との統一であり、したがって一定の期間に一定の剰余価値を生み出す資本、である。このことが、利子生み資本の形態においては、生産過程と流通過程とに媒介されずに、直接に現われる[*1]。資本は、利子の、自己自身の増殖の、神秘的で自己創造的な源泉として現われる。物（貨幣、商品、価値）が、いまや単なる物としてすでに資本であり、資本は単なる物として現われる。総再生産過程の結果が、物におのずからそなわる属性として現われる。貨幣を貨幣として支出するか、それとも資本として貸し付けるかは、貨幣――すなわち、いつでも交換されうる形態にある商品――の所有者しだいである。それだから、利子生み資本においては、この自動的な物神――自己自身を増殖する価値、貨幣を生む貨幣――が純粋に仕上げられており、資本は、この形態においては、もはやその発生のなんらの痕跡も帯びていない。社会的関係は、一つの物である貨幣の、自己自身にたいする関係として完成されている。ここに現われるのは、貨幣の資本への現実の転化ではなく、内容のないその形態だけである。労働力[*2]の場合と同様に、ここでは貨幣の使用価値は、価値[*3]を、しかも自己自身に含まれているよりも大きい価値[*4]を創造するという使用価値となる。貨幣そのものがすでに潜勢的[*5]に自己増殖する価値であり、そのようなものとして貸し出されるのであって、これがこの独特の商品の販売形態である。ちょうどナシの実をつけるのがナシの木の属性であるのと同様に、価値を創造し、利子をもたらすことが貨幣の属性となる。そして、このように利子を生む物として、貨幣の貸し手は彼の貨幣を販売する。それで十分とはいかない。現実に機能する資本みずからも、すでに見たように、機能資本としてではなく、資本それ自体として、貨幣資本として、利子をもたらすという現われ方をする。

＊1 〔草稿では、これに続いて次の一文がある。「商人資本では、利潤は交換から出てくる〔だからまた、収奪利潤〕ように見え、したがっていずれにせよ、物からではなくて社会的関係から出てくるように見える」。エンゲルスは、この一文を生かして、本訳書、第三巻、六七四ページ、本文五―六行目に「しかし、それで

も利潤は…」の一文を挿入した〕
＊2〔草稿では「労働能力」となっている〕
＊3・4〔草稿では「交換価値」となっている〕
＊5〔草稿では「貨幣は可能的に」となっている〕

次のこともまた、歪曲されている――利子は利潤の、すなわち機能資本家が労働者からしぼり取る剰余価値の、一部にすぎないのに、いまや逆に、利子が資本の本来の果実、本源的なもの、として現われ、利潤はいまや企業者利得の形態に転化されて、再生産過程でつけ加わる単なる付帯物（アクセソリウム）および付加物として現われる。ここで、資本の物神的姿態と資本物神の観念とが完成する。G―G′においてわれわれが見いだすのは、資本の没概念的形態、生産諸関係の最高度の転倒と物化であり、資本の利子生み姿態、資本が自己自身の再生産過程に前提されているそれの単純な姿態である。それは、再生産から独立して自己自身の価値を増殖する貨幣または商品の能力――もっともきわ立った形態での資本の神秘化である。

資本を価値の、価値創造の、自立的源泉として説明しようとする俗流経済学にとっては、この形態
(406) はもちろん願ったりかなったりのものである。すなわち、もはや利潤の源泉が認識できない形態、資本主義的生産過程の結果が――過程そのものから分離されて――一つの自立的定在をもつにいたっている形態である。

貨幣資本においてはじめて資本は、商品――自己自身を増殖するというその質が、そのときどきの

利子率に表示される一つの固定価格をもつ商品――となったのである。

利子生み資本として、それも利子生み貨幣資本(ゲルトカピタル)としてのその直接的形態（ここではわれわれにまったく関係のない利子生み資本の他の諸形態は、やはりこの形態から導き出されており、この形態を想定している）において、資本は、主体としての、販売されうる物としての、その純粋な物神形態Ｇ―G′を手に入れる。第一に、貨幣としての資本の永続的定在によってであり、その形態では、資本のあらゆる規定性が消滅し、その現実的諸要素が目に見えなくなっている。貨幣こそまさに、使用価値としての諸商品の違いが消滅し、したがってまた、これらの商品とその生産諸条件とからなる産業諸資本の違いも消滅している形態である。貨幣は、価値――ここでは資本――が自立的な交換価値として存在する形態である。資本の再生産過程においては、貨幣形態は、つかの間の一形態、単なる通過的一契機である。これにたいして貨幣市場では、資本はつねにこの貨幣形態で存在する。第二に、資本によって生産された剰余価値――ここではこれも貨幣の形態をとっている――は、資本そのものに帰属するものとして現われる。成長することが樹木の属性に見えるように、貨幣を生み出すこと（τόκος(トーコス)[＊]〔利子、生まれたもの〕）が、貨幣資本(ゲルトカピタル)という形態にある資本の属性に見える。

＊〔本訳書、第一巻、二八七ページ参照〕

利子生み資本においては、資本の運動が短縮されている。媒介する過程は省略されており、こうして資本一〇〇〇は一つの物として――それ自体は一〇〇〇[＊1]であり、地下貯蔵室の中でワインが一定時間後にはその使用価値を高めるのと同様に、一定期間中に一一〇〇に転化する一つの物として――固定されている。資本はいまや物であるが、しかし物として資本である。貨幣はいまや恋にもだえる身となる。*2 それが貸し出されるやいなや、あるいはまた、再生産過程に投下されるやいなや（それがその所有者である機能資本家に、企業者利得*3から分離された利子をもたらす限りでは）、眠っていようと起きていようと、家にいようと旅していようと、昼も夜も、それには利子が生え育ってくる。こうして、利子生み貨幣資本(ゲルトカピタル)において（そして、すべての資本は、その価値表現からすれば貨幣資本(ゲルトカピタル)であり、または、いまや貨幣資本(ゲルトカピタル)の表現として通用するのであるが）、貨幣蓄蔵者の敬虔な願いが実現されている。

＊1〔草稿および初版では「一一〇〇」となっていた。カウツキー版以後訂正〕

＊2〔ゲーテ『ファウスト』、第一部、「ライプツィヒのアウエルバッハの酒場」での学生たちの合唱するリフレインの歌詞。手塚富雄訳、悲劇第一部、中公文庫、一九七四年、一四九―一五一ページ参照〕

＊3〔草稿では「産業利潤」となっている〕

（407）

ある物のなかに根をおろすように、利子がこうして貨幣資本(ゲルトカピタル)のなかに根づいていること（ここでは、資本による剰余価値の生産がそのように見える）こそ、ルターが高利にたいする彼の愚直な論難のなかであのように激しく論じていることである。一定の期限に返済が果たされなかったために、貸し手――彼のほうで支払いをしなければならない――に出費が生じる場合、または、貸し手がたとえば畑を購入することによって手に入れたかもしれない利潤が、右の理由で彼の手にはいらない場合には、利子が請求されてもよいということを述べてから、ルターは続けて次のように言う――「私があなたにそれ」（一〇〇グルデン）「を貸したことで、あなたは、[*1]私がこちらでは支払いができず、あちらでは買うことができず、したがって両方で損害を受けなければならないというシャーデヴァハトの双子[*2]を私にもたらしている。これは、〝二重の差額（インテレッセ）[*3]、こうむった損失と失われた利益〟と称されるものである。……ハンスが彼の貸し付けた一〇〇グルデンで損害を受け、その正当な賠償を求めていると聞くと、彼ら〔金銭の亡者たち〕はとんでいって割り込み、一〇〇グルデンごとにこうした双子の、すなわち、支払いの出費と買い損ねた畑とにたいするシャーデヴァハトを取るのであって、それはまるでその一〇〇グルデンにこうした双子のシャーデヴァハトが自然に生い立っている〔強調はマルクス〕かのようであり、一〇〇グルデンを持っていて彼らがそれを貸し出す場合には、これにたいして、まだ彼らが受けてもいないこうした二つの損害を計算するのである。[*4]……それゆえ、だれもあなたに加えておらず、証明することも計算することもできないあなたの虚構の損害を、あなたの隣人の貨幣でつぐなうあなた自身こそ、高利貸しなのである。法律家たちは、このような損害を、〝真実の差額にあらざる空想の差額〟と呼ぶ。各人が自分自身受けていると空想する損害。……したがって、私が支払いも購入もできなかったので損害が生じるかもしれないと言うのは当たらない。[*5]さもなければ、それは、〝偶然から必然を〟、無きものから有らねばならぬものを、不確かなものからまったく確実なものを生み出すことを意味する。このような高利は、短い年月のうちに世界を食い尽くしてしまわないであろうか、……貸し手の意志によらず彼を襲った偶然の災難であれば、貸し手は償いを受けなければならないが、〔高利〕取引においては実情はその逆、まさに正反対である。そこでは、人々は、貸しい隣人を相手に損害をさがしてでっち上げ、それによって暮らしをたて金持ちになり、怠惰と無為のうちに、心配も危険も損害もなく、他人の労働によって、[*6] ぜいたくざんまいをしようとする。私が暖炉のそばにすわって、私の一〇〇グルデンに国中で私のためにかせがせ、しかもそれは貸した貨幣であるという理由で、なんの危険も心配もなしに、確実に懐に収めるとすれば、友よ、だれがこれを願わないであろうか？」（M・ルター『牧師諸氏に、高利に反対するように説く』、ヴィッテンベルク、一五四〇年）。

＊1〔草稿およびルターの原文により「私が」を補った〕

＊2〔「シャーデヴァハト」は、「利子監視人」を意味し、宗教改革時代に「高利貸し」の空想的人名として用いられた。その双子とは、「二重の利子請求権」を生じさせている意〕

＊3〔ラテン語の「インテレッセ」は「差異、差額」を意味し、「ウスラ（利子）」は禁止されたが、「インテレッセ」は「損害賠償」として許された。その後、ここで言われている「損失」と「利益」という形で弁護される「インテレッセ（利子）」の意味が生まれた。ルターはこの後者を問題にしている〕

＊4〔ルターの原文では、「これにたいして」以下の部分は、「これにたいして、こうした二つの損害を計算し、そこから、まだ彼らが受けてもいないこうした損害の賠償を受け取るのである」となっている〕

＊5〔ルターの原文では、「したがって」以下は「したがって、私が支払いも購入もできないので損害が生じるかもしれないというのは当たらない。そうではなくて、私が支払いも購入もできなかったので損害が生じていることを意味する」となっている〕

＊6〔ルターの原文では、「心配も危険も損害もなく、他人の労働によって」は「他人の労働、心配、危険お

よび損害によって」となっている〕

（408）
資本は、自己自身を再生産し、再生産のなかで増殖する価値であり、その生まれつきの属性――したがってスコラ哲学[*1]の学者たちの言う隠れた質――によって永遠に持続し増大する価値であるという観念は、錬金術師たちの空想をはるかにしのぐプライス博士の途方もない思いつきを生み出した。それは、ピット[*2]がそれを本気で信じて、〝減債基金[*3]〟にかんする彼の諸法律においてその財政運営の支柱にした思いつきである。

＊1〔本訳書、第二巻、三六ページ、訳注＊2参照〕

＊2〔イギリスの政治家。首相（在任一七八三―一八〇一、一八〇四―一八〇六年）〕

＊3〔公債の償還に充てられる特別の基金。プライスの案にもとづくピットの減債基金によれば、国庫から一定額を基金に繰り入れ、それで公債を買い入れるが、買い入れた公債はただちに償還せず、国庫からこれにたいする利子を受け入れ、次年度にこの利子と同年度の基金繰入額との合計で公債を買い入れ、複利式に買い入れ額をふやし、公債を償還しようとする制度であった。しかし実際には、償還額を超える高利債の発行が多く、そのため失敗に終わった。マルクスの同趣旨のプライス批判は、『一八五七―一八五八年草稿』（『資本論草稿集』２、大月書店、一九九三年、七三四―七三五ページ）に、また減債基金に関連するプライス批判は「ディズレイリ氏の予算」（邦訳『全集』第一二巻、四二五―四二七ページ）に見られる〕

「複利を生む貨幣は、はじめはゆっくりと増加する。しかし、その増加率は絶えず加速されるから、ある期間後にはどんな想像力をもあざ笑うほど急速になる。キリスト降誕のときに五％の複利で貸し出された一ペニーは、すでにこんにちまでに、全部純金からなる一億五〇〇〇万個の地球に含まれるであろうものよりも大きな金額に増加していることであろう。しかし、単利で貸し出されていれば、それは同じ期間中に七シリング四$\frac{1}{2}$ペンスに増えているだけであろう。これまでわが政府は、第一の方法ではなく、第二の方法で財政を改善することをよしとしてきた(八〇)」。

(八〇)　リチャード・プライス『国債問題についての公衆への訴え』、第二版、ロンドン、一七七二年〔一八、一九ページ〕。彼には素朴な機知がある――「貨幣は単利で借りて複利でふやすべきである」（R・ハミルトン『大ブリテンの国債の起源および発達にかんする研究』、第二版、エディンバラ、一八一四年〔第三部第一篇「プライス博士の財政観の検討」、一三三ページ〕）。これによれば、およそ借金は個人にとっても致富のもっとも確実な手段であろう。しかし、私がたとえば一〇〇ポンドを年利五％で借りるとすれば、私は年末に五ポンドを支払わなければならず、この前貸しが一億年にわたって続くと仮定しても、その期間中、私はいつまでたっても毎年一〇〇ポンドしか貸し出すことができず、同じく毎年五ポンドを支払わなければならない。このやり方では、私は、一〇〇ポンドを借りることによって一〇五ポンドを貸し出せるようには決してならない。それに、私はどこから五％を支払えばよいのか？　新たな借り入れによって、または、私が国家であれば租税によってである。しかし、もし産業資本家が貨幣を借りるならば、彼は、たとえば利潤が一五％であれば、五％を利子として支払い、五％を消費し（彼の食欲はその所得につれて増大するとはいえ）、五％を資本化しなければならない。したがって、五％の利子を恒常的に支払うために、すでに一五％の利潤が前提されているのである。もしこの過程が続くならば、利潤率は、既述の理由によって、たとえば一五％から一〇％に低下する。しかし、プライスは五％の利子が一五％の利潤率を前提することをまったく忘れて、一五％の利潤率が資本蓄積とともに持続するとしている。彼が考慮するのは、現実の蓄積過程では決してなく、複利で還流するように貨幣を貸し出すことだけである。この複利還流こそは利子生み資本の生まれつきの質なので、どのようにしてこの還流が始まるかは、彼にとってはまったくどうでもよいのである。

彼はその著作『生残年金支払いその他にかんする諸考察』、ロンドン、一七七二年、*では、さらに一段と気炎をあげている──「キリスト降誕のときに」（したがって、おそらくはエルサレムの神殿において）「六％の複利で貸し出された一シリングは〔……〕全太陽系が土星の軌道の直径に等しい直径をもつ球体に変えられたとすれば、この全太陽系が含みうるよりもいっそう巨大な金額〔原文は「巨額の金（きん）」〕に増大しているであろう」。──「国家はそのために困難な状態におかれる必要はまったくない。なぜなら、国家は、最小の貯蓄によって、国家の利益が要求しうる短期間内に、最大の債務をも支払うことができるからである」（一三六〔正しくはXIII, XIV〕ページ）。イギリスの国債にたいする、なんとすばらしい理論的手引きであろう！（409）

＊〔初版では「一七八二年」となっていた。アドラツキー版で訂正〕

プライスは幾何級数から生じる数字の巨大さに簡単に幻惑された。[*1]彼は、資本を、再生産および労働の諸条件を考慮せずに、（ちょうどマルサスが人間を幾何級数的に増殖するとみなしたのと同様に[*2]）自己活動する自動装置、自己増加する単なる数とみなしたので、自分が資本増大の法則を $s = c(1 + z)^n$ という定式──ここでは、sは資本プラス複利の総額、cは前貸しされた資本、zは利子率（百分率で表現された）、nは過程が進行する年数である──において発見したと信じ込むことができた。

＊1〔『一八五七─一八五八年草稿』および『一八六一─一八六三年草稿』のプライスに言及した部分では、

「労働の再生産の諸条件」となっている。『資本論草稿集』2、大月書店、七三五ページ、および同8、三三〇ページ参照〕

＊2〔マルサス『人口の原理にかんする一論』、ロンドン、一七九八年、二五、二六ページ（高野岩三郎・大内兵衛訳『初版　人口の原理』、岩波文庫、一九六二年、三七ページ）〕

ピットは、プライス博士の惑わしをすっかり本気にした。一七八六年に、下院は、公益のために一〇〇万ポンドが調達されるべきことを決議した。ピットが信用したプライスによれば、国民に課税し、こうして調達された金額を「蓄積」し、こうして複利の秘法によって国債を退治することにまさる策は、もちろんなかった。「この下院の決議にすぐ続いて出たのが、支払いを完了した終身年金を含めて、この基金が年々増大して四〇〇万ポンドに達するまで二五万ポンドを積み立てることを命じたピット起草の法律であった」（ジョージ三世〔在位一七六〇―一八二〇年〕治下第二六年の法、第三一号）[＊1][＊2]。ピットは、一七九二年の演説――このなかで彼は減債基金に充てられる金額の引き上げを提案した――において、イギリスの商業的優越の諸原因のうち、機械、信用などをあげたが、「もっとも広範で永続的な原因」として「蓄積」をあげた。「さてこの原理は、かの天才スミスの著作において完全に展開され、十分に解明されている。……諸資本のこの蓄積は、年々の利潤の少なくとも一部を貯えて元金をふやし、その元金を次の年にも同じやり方で利用し、こうして継続的な利潤をあげることによって実現される」[＊3]。こうしてピットは、プライス博士に助けられて、スミスの蓄積論を、債務の蓄積による国民の致富〔論〕に転化し、借金を払うための借金という借金の愉快な無限進行にはまり込むのである。

＊1〔ローダデイルの原文では「二五万ポンドを」は「〔一〇〇万ポンドを〕四回に分けて」となっている〕

＊2〔「各四半期末に一定の金額を委員会に管理させ、委員会がこの金額を国家債務の減少に充当するものとするための法」、ジョージ三世治下第二六年（一七八六年）、第三一号〕

＊3〔以上はローダデイル『公的富の性質と起源……にかんする研究』、仏訳本、パリ、一八〇八年、一七六、一七八―一七九ページから。マルクスは、これを一八四四／四五年の「パリ・ノート」への抜粋から引用している〕

(410)　われわれはすでに、近代銀行業者の父であるジョウサイア・チャイルド[*1]に次のことを見いだす。すなわち、「一〇％の複利で七〇年間貸し付けられた一〇〇ポンドは、一〇万二四〇〇ポンドを生むであろう」（『交易などにかんする論考。J・チャイルド著、……訳』、アムステルダムおよびベルリン、一七五四年、一一五ページ。一六六九年執筆[*2]〔杉山忠平訳『新交易論』、『初期イギリス経済学古典選集』3、東京大学出版会、一九六七年、七八ページ〕）。

＊1〔ジョウサイア・チャイルド（一六三〇―一六九九年）は、海軍御用商人として財産をなし、東インド会社で独裁権をふるった。マルクスの「近代銀行業者の父」という呼び方は、金匠からイギリス最初の銀行業者に転じ、「この職業の父」と言われたフラーンシス・チャイルド（一六四二―一七一三年）に妥当するもので、フラーンシスとジョウサイアとを混同しているのではないかと思われる〕

＊2〔本書は、J・C著『交易および金利にかんする小論』という書名で一六六八年にロンドンで出版され、

これを増補して題名を異にした『交易についての一論』が匿名で一六九〇年に出された。さらに一六九三年には内容がこれと同じで書名を変えた『新交易論』がジョウサイア・チャイルドの著者名を明記して出版された。これには一六六八年の『小論』がそのまま収められている。マルクスはこの版本のフランス語訳を使用したが、一六六九年という刊年の英語版は存在しない。フランス語版刊行者の序文中の「一六六九年」という誤った記載を記したのであろう〕

どれほどプライス博士の見解が現代の経済学にも不用意にまぎれ込んでいるかは、『エコノミスト』の次の個所に示されている――「資本は、貯えられた資本のどの部分にもつく複利によって、すべてを独占するのであるから、所得の源泉となっている世界中の富はすべて、ずっと以前から資本の利子になってしまっているほどである。……すべての地代は、いまや、以前に土地に投下された資本にたいする利子の支払いである」〔〔ジョージ・マクギル「地代は略奪ではない」〕『エコノミスト』、一八五一年[*1]七月一九日号〕。利子生み資本としての属性において、およそ生産されうるいっさいの富は資本に帰属するのであり、資本がこれまでに受け取ったすべてのものは、資本の〝すべてを独占する〟欲求にたいする割賦払いにすぎない。資本の生まれつきの諸法則により、人類がいつも提供できるすべての剰余労働が資本に帰属する。まさにモロク[*2]である。

＊1　〔草稿および初版では「一八五九年」と誤記されていた〕

＊2　〔旧約聖書に登場する古代シリアやパレスチナの神で、人身犠牲の祭儀をともなっていたとされる。旧約聖書、レビ、一八・二一、二〇・二―五、列王記上、一一・七、列王記下、二三・一〇、エレミヤ、三二・

三五参照〕

最後になお、「ロマン派」ミュラーの次のたわごとをあげておこう――「[*1]プライス博士の述べた〔この〕複利の、または人間の自己加速する諸力の、途方もない増大がこの途方もない〔はかり知れない〕諸結果を生み出すべきであるとすれば、それは、何世紀にもわたる分割または中断されない画一的な進み具合〔使用〕を前提とする。資本が細分され、別々に増大し続けるいくつもの個々の挿し木に切断されるやいなや、〔ここで述べた〕諸力の蓄積の全過程〔全進行〕が〔ふたたび〕新たに始まる。自然は、〔諸〕力の累進を、ほぼ各個人の各労働者」（！）「に平均して与えられる約二〇年ないし二五年の人生行路に割り当てた。この期間が経過すれば、労働者は彼の人生行路を離れて、いまや労働の複利によって獲得された資本を新たな一労働者に引き渡さなければならず、たいていの場合、それを数人の労働者または子供のあいだに分配しなければならない。これらの人々は、自分たちに帰属する資本から固有の複利を引き出しうる前に、まずそれに生気を与えて使用することを学ばなければならない。さらに、ブルジョア社会が獲得している途方もない量の資本は、もっとも激動する共同体においてであってさえ、長年にわたって徐々に堆積され、労働の直接的拡大には使用されず、むしろ、かなりの金額がたまるやいなや、それは貸し付けの名称のもとに他の個人、労働者、銀行、国家に引き渡され、そのあと、これを受け取った者は、この資本を実際に運動させることによってこれから複利を引き出すのであって、貸し手にたいして単利を支払う義務をたやすく引き受けることができるのである。最後に、あの途方もない累進――もし生産または節約の法則だけが作用するものとすれば、人

（411）間の諸力とその生産物とがそのように増加しえたであろうあの途方もない累進――にたいしては、〔同じく深く人間の本性に刻み込まれている〕消費、欲求、浪費の法則が〔さらに〕反作用する」（A・ミュラー『国家学要論』、ベルリン、一八〇九年、第三部[*2]、一四七―一四九ページ）。

＊1〔以下のミュラーからの引用文は、マルクスの草稿および初版によるものであるが、原文と少し違うところがある。〔　〕内の句はミュラーの原文による。『資本論草稿集』8、大月書店、一九八四年、三三四―三三五ページ参照〕

＊2〔初版では「第二部」となっていた。カウツキー版で訂正〕

これよりもっとひどいばか話をわずか数行でまとめることは不可能である。労働者と資本家、労働力[*1]の価値と資本の利子等々のこっけいな混同は言わないとしても、複利の受け取りは、とりわけ資本が「貸し出さ」れて、そこで「そのあとで複利」を生むということから説明される、というのである。[*2]わがミュラーのやり方は、あらゆる部門におけるロマン派の特徴である。ロマン派の内容は、事物の皮相きわまりない外観からくみ取られた日常の偏見から成り立つ。そのあと、この誤った、くだらない内容が、惑わしの表現方法によって「高め」られ、詩化されることになる。

＊1〔草稿では「労働能力」となっている〕

＊2〔初版には、この文の二つの「　」はない。草稿によりアドラツキー版で補われた〕

資本の蓄積過程は、利潤（剰余価値）のうち資本に再転化される部分、すなわち、新たな剰余労働を吸い上げるのに役立てられる部分が利子と名づけられうる限りで、複利の蓄積と解することができる。しかし――

（一）あらゆる偶然的な撹乱を度外視すれば、再生産過程の進行中に、現存する資本の一大部分が恒常的に多かれ少なかれ価値減少をする。なぜなら、諸商品の価値は、諸商品の生産に最初に費やされた労働時間によってではなく、それらの再生産に費やされる労働時間によって規定されるのであり、そしてこの後者は、労働の社会的生産力の発展の結果、絶えず減少するからである。だから、社会的生産性のより高い発展段階においては、すべての現存する資本は、資本を貯め込む長期の過程の結果としてではなく、相対的にごく短い再生産時間の結果として現われる。[八二]

（八二）　ミルとケアリ、およびこれにたいするロッシャーの誤解した注釈を見よ。[*]

＊〔ジョン・スチュアト・ミル『経済学原理』、第一巻、第二版、ロンドン、一八四九年、九一―九二ページ（末永茂喜訳、岩波文庫、㈠、一九五九年、一五一―一五三ページ）。ケアリ『社会科学の諸原理』、第三巻、フィラデルフィア、ロンドン、パリ、一八五九年、七一―七三ページ。ロッシャー『国民経済の体系』第一巻、『国民経済学原理』、第三版、シュトゥットガルトおよびアウクスブルク、一八五八年、七七―七九ページ〕

（二）本書の第三篇で証明されたように、利潤率は、資本蓄積の増進およびそれに照応する社会的労働の生産力の向上――それは、まさに不変資本部分に比べての可変資本部分のいっそうの相対的減少となって現われる――に比例して減少する。同一の利潤率を生み出すためには、一人の労働者によって運動させられる不変資本が一〇倍になる場合には、剰余労働時間も一〇倍にならなければならな

(412)
いであろうし、たちまち、全労働時間、いや、一日二四時間がことごとく資本によってわがものにされたとしても、それには足りなくなるであろう。しかし、プライス流の累進、および一般に「〃複利によってすべてを独占する資本〃」にとっての基礎には、利潤率は減少しないという観念が横たわっている。[八二]

（八二）「いかなる労働、いかなる生産力、いかなる創意工夫、またいかなる技術も、複利の圧倒的な諸要求に応じることができないことは明らかである。しかし、すべての節約は資本家の収入からなされるのであり、その結果、実際には、これらの要求がいつも行なわれ、労働の生産力は同じくいつもそれらの要求を満たすのを拒否している。したがって、一種の均衡がつねにとられているのである」（ホジスキン『資本の諸要求にたいする労働の擁護』〔ロンドン、一八二五年〕、二三ページ〔安川訳「労働擁護論」、『世界の思想』5、河出書房新社、三七五ページ〕）。

剰余価値と剰余労働との同一性によって、資本の蓄積にたいする質的限界が画されている――すなわち、総労働日であり、生産諸力と、同時に搾取されうる労働日の総数に限界を画する人口との、そのときどきにみられる発展である。これに反して、もし剰余価値が利子という没概念的形態で把握されるならば、その限界はまったく量的なものとなり、どんな想像力をもあざ笑うものとなる。

しかし、利子生み資本においては、資本物神の観念が完成されている。それは、堆積された、しかもそのうえ貨幣として固定された労働生産物に、生得の秘密の質によって、純粋な自動装置として、幾何級数的に剰余価値を生み出す力を付与する観念であり、[*1] その結果、この堆積された労働生産物は、[*2]

『エコノミスト』がそう考えるように、あらゆる時代の世界のすべての富を、正当にも自分に帰属し自分に与えられるものであるとして、すでにずっと前から割り引いて〔わがものにして〕きたのである。ここでは、過去の労働の生産物、[*3]過去の労働そのものが、それ自体として、現在または将来の生きた剰余労働の一部分をはらんでいる。それに反して、われわれの知っているように、実際には、過去の労働の諸生産物の価値の維持は、そしてその限りではその再生産もまた、過去の労働と生きた労働との接触の結果でしかない。また第二に、生きた剰余労働にたいする過去の労働の諸生産物の支配は、資本関係――すなわち、過去の労働が生きた労働にたいして自立して、優位に立っている特定の社会的関係――が存続するあいだだけ存続する。

＊1〔草稿では、「それは、堆積された」からここまでは次のようになっている。「この資本物神は、自動装置として、ある生得の質によって、対象的な、そのうえ貨幣として固定された富に、幾何級数的に剰余価値を生み出す力を付与するのであり」〕

＊2〔草稿では、「その結果」以下は「それだからまたこの資本物神は」となっている〕

＊3〔草稿には「過去の労働の生産物」はない〕

第二五章　信用と架空資本＊

＊〔第二五章から第三五章に対応する草稿は、「5）信用。架空資本」という表題をつけた八六ページにわたるもので、表題をつけた節の区分はなかった。

草稿は、大きく次のように区分される（括弧内の数字は、マルクスによるページ付け）。

（一）信用全般を説明した最初の部分（草稿三一七―三一八ページ）

（二）経済学者の著作や議会報告書からの抜粋（草稿三一九―三二五ｂページ）

（三）信用問題でのこれまでの考察の総括と今後の研究課題を記述した部分（草稿三二六―三二八ページ）

（四）理論的考察を中心とした部分（草稿三二八―三六〇ページ）。Ⅰ）、Ⅱ）、Ⅲ）の番号で三つに区分されている。

（五）「混乱」と題された議会報告書からの抜粋（これは、前の草稿の三五二ページに続くところに、三五二ａ―三五二ｊのページ付けで挿入されている）。

（六）「混乱」の続きと思われる議会報告書の抜粋（草稿三六〇―三九二ページ）。そこには、経済学者の著作からの抜粋や輸出入統計なども含まれる。

このうち、（一）（三）（四）は、用紙を上下二段にわけ、上段に本文を、下段に注などを書くという通常の『資本論』草稿の様式で書かれている。（二）（五）（六）は、上下の区分なしに、用紙いっぱいに報告書の抜粋その他を書きつけるという、通常の『資本論』草稿とは異なる様式で書かれている。ただし、（六）のなかには、一部、通常の様式で書かれた個所もある。

マルクスは、第五篇の草稿を書いている時期に、エンゲルスあてに、病気のために『資本論』の執筆ができず、「銀行制度などにかんする一八五七年および一八五八年の議会報告書」を読んでいるが、「このごった煮の全部にたいする批判を僕はもっとあとの本」（『資本論』のあとの本という意味）「のなかではじめて与えることができるだろう」と書いている（一八六五年八月一九日付、古典選書『マルクス、エンゲルス書簡選集』上、新日本出版社、二〇一二年、二七五ページ、邦訳『全集』第三一巻、一二二、一二四ページ）。この経緯からみて、草稿のなかの議会報告書の抜粋部分は、『資本論』の草稿ではなく、マルクスがこの手紙で述べた「もっとあとの本」のためのノートであった可能性がある。実際、報告書の抜粋は、あれこれのテーマを追究するかたちではなく、議会報告書のページを追って読みながら、興味ある部分を書きぬくかたちで執筆されている。

なお、第二五章は、草稿の（一）の部分を中心にして編集されているが、一部、それ以外の部分の材料が利用されている〕

信用制度とそれがつくりだす諸用具（信用貨幣など）との立ち入った分析[*1]は、われわれの計画の範囲外にある。ここではただ、資本主義的生産様式一般の特徴づけに必要な二、三のわずかな点だけをはっきりさせておくべきであろう。そのさい、われわれは商業および銀行業者信用[*2]だけを取り扱う。右の信用の発展と公信用の発展との連関は考察しないでおく。

＊1〔草稿では「立ち入った分析」が「分析」となっている〕

＊2〔草稿では、「商業および銀行業者信用」は「商業信用」となっている〕

支払手段としての貨幣の機能、それとともに、商品生産者たちと商品取引業者たちとのあいだでの債権者・債務者の関係が、どのようにして単純な商品流通から形成されるかは、私が前に（第一部、第三章、第三節b（本訳書、第一巻、二三五ページ以下））明らかにしたところである。[*1]商業が発展し、もっぱら流通を顧慮して生産する資本主義的生産様式が発展するにつれて、信用制度のこの自然発生的基礎は拡大され、一般化され、仕上げられる。一般に、貨幣はここでは支払手段としてのみ機能する。すなわち商品は、貨幣と引き換えにではなく、一定の期日に支払うという書面による約束と引き替えに販売される。この支払約束をわれわれは、簡単化のために、すべてをまとめて、手形という一般的カテゴリーのもとに総括することができる。このような手形は、それ自体また、その満期＝支払日にいたるまで支払手段として流通する。そして、これらは本来の商業貨幣を形成する。これらの手形は、債権債務の相殺によって最終的に決済される限りでは、絶対的に貨幣として機能する。というのは、その場合には、貨幣への最終的な転化は生じないからである。生産者たちと商人たちどうしのこの相互的前貸しが[*2]信用の本来の基礎をなすのと同じように、彼らの流通用具である手形は、本来の信用貨幣である銀行券[*3]等々の基礎をなす。この銀行券等々は、貨幣流通――金属貨幣の流通であるか国家紙幣の流通であるかを問わず――に基礎をもつのではなく、手形流通に基礎をもっている。[*4]

＊1〔草稿ではここに、「『経済学批判』、一二二ページ以下」（邦訳『全集』第一三巻、一二〇―一二二ページ）との注がついていた。エンゲルスは、それを『資本論』第一部の該当個所にあらためた〕

＊2〔草稿では「信用制度」Creditwesen となっている〕

＊3〔草稿では「本来の信用貨幣、銀行券流通等々の」となっている〕

＊4〔このあとの三つの段落は、草稿では用紙の下段に注として書かれた部分からとられており、初版では本文より小さい活字で組まれていた。本訳書もこれに従っている。草稿の本文は、本訳書、第三巻、六九九ページの「信用制度のもう一つの側面は」で始まる段落に続いている〕

（414）　W・リーサム（ヨークシャーの銀行業者）『通貨にかんする書簡集』、第二版、ロンドン、一八四〇年――「〔そうであれば〕私の見るところでは、一八三九年一年間を通じての手形〔国内手形および外国手形〕の総額は〔……〕五億二八四九万三八四二ポンドであり」（彼は外国為替手形を総額の約 $\frac{1}{7}$ [＊1]と推定している）「同じ年に同時に流通した手形の額は一億三二一二万三四六〇ポンドであった」（五六ページ）。「手形は、流通手段〔原文は「通貨」〕のうち、残るすべてを合計したものよりも多額な構成部分である」（三〔、四〕ページ）。――「〔為替〕手形というこの巨大な上部構造は、銀行券と金との額によって形成された基礎の上に立っており（！）、諸事件によってこの基礎があまりに狭すぎるようになれば、手形〔という上部構造〕の堅固さどころかその存在さえも危険になる」（八ページ）。――「流通手段〔通貨〕の総額」〔彼の言うのは銀行券のことである〕「と、全銀行〔イングランド銀行と地方銀行〕の要求払い債務額とを推定するならば、私は、法律によって金との兌換を要求されうる一億五三〇〇万という総額を見いだすが、[＊2]これにたいして、この要求に応じるための金の額は、一四〇〇万である」（一一ページ）。――「〔為替〕手形は〔……〕貨幣過剰、および、手形の一部を生み出して手形の危険な大膨脹をうながす低い利子率または割引率を阻止するのでなければ、統制されえない。手形のどの部分が真正の取引たとえば現実の売買に由来するのか、または、どれだけの部分が人為的な（〝架空な〟）もので、単なる融通手形からなるのか、すなわち、流通中の手形を満期前に引きあげるために〔別の〕手形が振り出され、こうして単なる通流手段〔通貨〕の造出を通じて架空の資本を創造する場合であるのか、を決めることは不可能である。貨幣が過剰で低廉な時期には、私の知るところでは、これは巨大な額にのぼるのである」（四三、四四ページ）。J・W・ボウズンキト『金属通貨、紙券通貨、および信用通貨』、ロンドン、一八四二年――「各営業日に〝手形交換所〟」〔ロンドンの銀行業者たちが受け取った小切手および満期の手形を互いに交換し合う場所〕「で決済される諸支払いの平均額は三〇〇万ポンドを超えるが、この目的に必要な日々の貨幣準備額はせいぜい二〇万ポンドである」（八六ページ）。〔一八八九年には、手形交換所の総交換額が七六億一八七五万ポンド、すなわち、約三〇〇営業日として、一日平均、二五五〇万ポンドに達した。――F・エンゲルス〕「〔為替〕手形は、裏書きにより、所有権を人手から人手に移転する限りでは、貨幣から独立した流通手段（〝通貨〟）であることは疑いない」（九二、九三ページ）。「平均して、流通中の各手形は二度裏書きされ、したがって、平均して、各手形はその満期前に二度の支払いを果たすものと仮定することができる。この仮定によれば、裏書きのみによって、〔為替〕手形は、一八三九年中に、五億二八〇〇万ポンドの二倍すなわち一〇億五六〇〇万ポンド、毎日三〇〇万ポンド以上の価値をもつ所有権移転を媒介したように思われる。それゆえ、〔為替〕手形と預金とは、これを合わせれば、人手から人手への所有権移転によって、貨幣の助けなしに、毎日少なくとも一八〇〇万ポンドの金額に達する貨幣機能を果たしていることは確かである」（九三ページ）。

＊1〔草稿および初版では「$\frac{1}{5}$」となっていた。リーサムの原文によりヴェルケ版で訂正〕

＊２〔リーサムからの引用は、「ロンドン・ノート」（一八五〇—一八五三年）第七冊での抜粋から行なわれており、これ以下の部分は要約・抜粋になっている。リーサムの原文は、「この要求に応じるための金の額を私はいくらと見いだすか？　一〇〇〇万がイングランドおよびウェイルズで——というのは、アイルランドおよびスコットランドは、いまだに一ポンド券というやっかいものをもっているから——流通中と推定される。また約四〇〇万がイングランド銀行の金庫にある。すなわち、一億五三〇〇万に応じるための総額は、一四〇〇万となる」となっている〕

（415）

トゥックは、信用一般について次のように言っている——「信用とは、これをもっとも簡単に表現すれば、その根拠が十分であろうとなかろうと信頼であって、それにもとづいてある人は、貨幣で、または一定の貨幣価値で評価された諸商品で、ある額の資本を他の人にゆだね、しかもその額は一定の期限が過ぎた後にはいつでも支払われうるのである。資本が貨幣で、すなわち、銀行券で、または当座貸越で、または取引先あての手形で、貸し付けられる場合には、資本の使用にたいして、返済額に何％かの追加がなされる。その貨幣価値が当事者間で確定され、かつその譲渡が販売を構成している諸商品の場合には、支払われるべき約定された金額は、資本の使用にたいする、また満期までに負担される危険にたいする報酬〔原文は「定められた支払期限の満了までの資本の使用にたいする、またそれまでの危険にたいする報酬」〕を含んでいる。こうした信用にたいしては、たいてい、一定の満期日を定めた支払約束書がつけられる。そして、こうした〔引受日後に〕譲渡可能な約束書または約束手形は、もし貸し手たちが、これらの手形の満期以前に、貨幣形態でであれ商品形態でであれ、彼らの資本を使用する機会を見いだす場合には、手形につけ加えられた第二の名前の信用〔裏書き〕で自分たち自身の信用を強化することによって、たいていの場合により安く借りたり買ったりすることができるための手段となる」（『通貨主義の研究』、八七ページ〔玉野井訳『通貨原理の研究』、世界古典文庫、日本評論社、一四六―一四七ページ〕）。

Ch・コクラン「産業における信用と銀行とについて」、『ルヴュ・デ・ドゥ・モンド』、一八四二年、第三一巻〔七九七ページ〕――「どの国でも、信用取引の多くは産業的連関の範囲そのもののなかで行なわれる。……原料の生産者は原料を加工製造業者に前貸しして、後者から満期日の確定した支払約束書を受け取る。この製造業者は、仕事の自分の部分を遂行したのち、ふたたび、同じような条件で、自分の生産物を、さらに加工しなければならない他の製造業者に前貸しし、こうして信用は、消費者にいたるまで、人から人へますます広がっていく。卸売業者は小売業者に商品の前貸しをするが、彼自身は製造業者または仲買人から商品の前貸しを受ける。各人が一方の手では借り、他方の手では貸すのであり、それは貨幣のこともあるが、生産物であることのほうがはるかに多い。このようにして、産業的連関のなかで、互いに結びつき四方八方で交錯する多くの前貸しの絶え間ないやりとりが行なわれる。これら相互的前貸しが何倍にも増大することこそは、信用の発展にほかならず、そして、ここにこそ、信用の力の真のあり場所があるのである」。

信用制度のもう一つの側面は、貨幣取引の発展に結びついており、資本主義的生産[*1]においては、この貨幣取引の発展は、もちろん、商品取引の発展と歩調をそろえて進んでいく。前篇〔第四篇〕（第一九章）で見たように、事業家たち[*2]の準備金の保管、貨幣の受け払いや国際的支払いの技術的諸操作、

(416) したがってまた地金取引は、貨幣取引業者たちの手に集中される。この貨幣取引と結びついて、信用制度のもう一つの側面、利子生み資本あるいは貨幣資本（マニイド・キャピタル）の管理が、貨幣取引業者たちの特殊的機能として発展する。貨幣の貸借が彼らの特殊的業務となる。彼らは、貨幣資本の現実の貸し手と借り手との媒介者として現われる。一般的に言えば、銀行業者の業務は、この面から見れば、貸付可能な貨幣資本（ゲルトカピタル）を自分の手に大量に集中し、こうして、個々の貨幣の貸し手に代わって銀行業者たちが、すべての貨幣の貸し手の代表者として、産業資本家たちおよび商業資本家たち[*3]に相対することにある。彼らは、貨幣資本の一般的な管理者になる。他方では、彼らは、商業世界全体のために借りるのであるから、すべての貸し手にたいして借り手を集中する。銀行は、一方では、貨幣資本の集中、貸し手たちの集中を表わし、他方では、借り手たちの集中を表わす。銀行の利潤は、一般的に言えば、自分が貸す場合よりも安い利子で借りることにある。

*1 〔草稿では「資本主義的生産様式一般」となっている〕

*2 〔草稿では「商人たちなど」となっている〕

*3 〔草稿では、「産業資本家たちおよび商業資本家たち」は「再生産的資本家たち」となっている。マルクスは、再生産過程で現実の機能を果たしている資本家を、利子生み資本家と区別する意味で、「再生産的資本家」という語をしばしば使っている〕

銀行が自由に処分できる貸付可能な資本は、いろいろな方法で銀行に流れ込む。第一に、銀行は産業資本家たちの現金出納業者であるから、それぞれの生産者や商人が準備金として保有する貨幣資本、または支払金として彼のもとに流れてくる貨幣資本が、銀行の手に集中する。この準備金は、こうして、貸付可能な貨幣資本に転化する。そのようにして、商業世界の準備金は、共同の準備金として集中されるので、必要な最小限に制限されるのであり、またそうでなければ準備金として休眠するであろう貨幣資本の一部分が貸し出され、利子生み資本として機能するのである。第二に、銀行の貸付可能な資本は、貨幣資本家たちの預金からなるのであり、彼らは銀行にこの預金の貸し出しをゆだねるのである。さらに、銀行制度の発展につれて、またことに銀行が預金に利子を支払うようになれば、すべての階級の貨幣貯蓄および一時的に遊休している貨幣が銀行に預けられる。それだけではどれも貨幣資本として作用しえない小さな金額が大きな金額にまとめられ、こうして一つの貨幣力を形成する。小さな金額のこの集積は、銀行制度の特殊的作用として、本来の貨幣資本家たちと借り手たちとのあいだの銀行制度の仲介的役割からは区別されなければならない。最後に、徐々にしか消費されないはずの収入も、銀行に預けられる。

貸し付け（ここでは本来の商業信用だけを問題にする）は、手形の割引――手形を満期前に貨幣に換えること――によって、また、さまざまな形態での前貸し、すなわち、対人信用による直接前貸し、国庫債券やあらゆる種類の株式など利子生み証券を担保とする前貸し、ことにまた船荷証券・倉庫証券（ドックワランツ）・その他の証明ずみ商品所有権証書にたいして行なわれる前貸し、預金を超える当座貸越などによって、行なわれる。(417)

さて、銀行業者の与える信用はさまざまな形態で与えられうるのであり、たとえば、他の銀行あての手形、他の銀行あての小切手、同種の信用開設、最後に、発券銀行の場合にはその銀行の自行銀行券で与えられる。[*1]銀行券とは、いつでも持参人に支払われうる、銀行業者によって個人手形に置き換えられる、銀行業者あての手形にほかならない。この最後の信用形態は、素人にはとくに目につく重要なものに見える。なぜなら、第一に、この種の信用貨幣[*2]は、単なる商業流通から出て一般的流通にはいり、ここで貨幣として機能するからである。また、たいていの国では、銀行券を発行する主要銀行は、国家的銀行と私営銀行との奇妙な混合物として実際にはその背後に国家信用をもち、その銀行券は多かれ少なかれ法定の支払手段であるからである。また、[*3]銀行券はただ流通する信用章標を表わすにすぎないので、[*4]銀行業者が商売の対象にするのは信用そのものであるということが、ここで明瞭になるからである。しかし、銀行業者は、他のあらゆる形態での信用をも取引の対象にするのであり、自分のもとに預けられた貨幣を現金で前貸しする場合でもそうである。実際には、銀行券はただ卸売業の鋳貨をなすにすぎず、銀行で主要事として重要性をもつのはつねに預金である。その最良の証明を提供するのは、スコットランドの諸銀行である。

＊1〔草稿では「たとえば」以下は「たとえば、銀行業者手形、銀行信用、小切手等々で、最後に銀行券で、与えることができる」となっている〕
＊2〔草稿では「この種の信用貨幣」は「信用貨幣のこの形態」となっている〕
＊3〔草稿では、ここに「第二に」と書かれている〕
＊4〔草稿では「銀行券はただ」以下は「銀行券はただ流通する信用章標にすぎないので」となっている〕

特殊な信用諸機関[*1]、また銀行自体の特殊な諸形態は、われわれの目的のためにはこれ以上詳しく考察する必要はない[*2]。

＊1〔草稿では「諸機関」は「諸用具」となっている〕

＊2〔草稿（一）の部分の本文はここで終わっている。このあと、次の段落からの五段落は、草稿の下段の注の部分からとられたもので、初版では小さい活字で組まれていた。本訳書も、これに従っている。ギルバートの抜粋には、草稿（二）の部分から取られているものもある〕

「銀行業者は……二重の業務をもつ。（一）資本をその直接的使途をもたない人々から集めて、それを使用することのできる他の人々に分配し、移転すること、（二）彼らの顧客たちの所得の預託を受け、顧客たちが消費支出に必要とするだけの額を彼らに払い出すこと。〔……〕前者は資本の流通であり、後者は貨幣（〝通貨〟）の流通である」。――「前者は、一方では資本の集中、他方では資本の分配である。後者は、周辺地域の地方的目的のための通貨の管理である」――トゥック『通貨主義の研究』、三六、三七ページ〔前出訳、七九ページ〕。われわれは第二八章〔本訳書、第三巻、七八一ページ以下〕でこの個所に立ちもどる[*]。

＊〔この一文はエンゲルスによる〕

(418) 『委員会報告書』[*1]〔下院〕、第八巻、『商業の窮境』、第二巻第一部、一八四七―一八四八年、証言記録。――（以下では、『商業の窮境』、一八四七―一八四八年、として引用する。）一八四〇年代には、ロンドンにおける手形割引においては、無数の場合に、銀行券ではなく、一銀行から他の銀行あての二一日払いの手形が用いられた（地方銀行業者J・ピーズの供述、第四六三六号および第四六四五号）。同じ報告書によれば、貨幣が足りなくなれば、銀行業者たちは、決まって、こうした手形で彼らの顧客に支払いをするのが習慣であった。受取人が銀行券を欲するならば、彼はこの手形をふたたび割り引いてもらわなければならなかった。これは、銀行にとっては貨幣をつくる特権にも等しかった。ジョウンズ＝ロイド社[*2]は、貨幣が不足して利子率が五％を超えたときには、「はるか遠い昔から」こういう方法で支払った。顧客はこうした銀行手形を喜んで受け取った。なぜなら、ジョウンズ＝ロイド社の手形は、自分自身の手形よりも容易に割引をしてもらえたからである。これらの手形は、二〇人ないし三〇人もの手を通ることもしばしばであった（同前、第九〇一―九〇五、九九二号）。

＊１〔このパラグラフは、マルクスの草稿をエンゲルスが要約したもの〕
＊２〔オウヴァストンが父と義父との共同経営を引き継いで一八四四年から営んだマンチェスターの銀行〕

すべてこれらの形態は、支払請求権を移転しうるものとするのに役立つ。「およそ信用がとりうる形態のうちで、信用がときおり貨幣の機能を果たさないような形態は、ほとんど存在しない。この形態が銀行券であろうと、〔為替〕手形であろうと、小切手であろうと、過程は本質的に同じであり、結果も本質的に同じである」――フラートン『通貨調節論』、第二版、ロンドン、一八四五年、三八ページ〔福田長三訳『通貨論』、岩波文庫、一九四一年、六一ページ〕。――「銀行券は信用の小額貨幣である」（五一ページ〔同前訳、七六ページ〕）。

以下は、Ｊ・Ｗ・ギルバート『銀行業の歴史と諸原理』、ロンドン、一八三四年、からの引用である――「銀行の資本は二つの部分、すなわち、投下された資本と借り入れられた銀行資本（銀行業資本（バンキング・キャピタル））

とからなっている」（一一七ページ）。「銀行〔業〕資本または借入資本は三つの方法で調達される――（一）預金の受け入れによって、（二）自行の銀行券の発行によって、（三）手形の振り出しによって、である。ある人が私に一〇〇ポンドを無償で貸してくれて、私がこの一〇〇ポンドを他のある人に四％の利子で貸すならば、私は、一年たつうちに、この取引によって四ポンド儲けるであろう。同様に、ある人が私の支払約束」（〝私は支払いを約束する〟というのが、イギリスの銀行券の普通の形式である）「を受け取ってくれて、それを年末に私に返し、そして、あたかも私が彼に一〇〇ポンド〔原文は「一〇〇ポンドのソヴリン金貨」〕を貸したかのように、それにたいして四％を支払ってくれるならば、私は、この取引によって四ポンド儲けることになる。さらにまた、地方都市にいるある人が、私に一〇〇ポンドを、私が二一日後にロンドンにいる第三者に同じ金額を支払うという条件でよこすとすれば、そのあいだに私がこの貨幣で得ることのできるすべての利子は、私の利潤であろう。これが、銀行の諸操作の、および、預金・銀行券・手形によって銀行〔業〕資本が創造される仕方の、事実にそくしたまとめである」（一一七ページ）。「銀行業者の利潤は、一般に、彼の借入資本または銀行〔業〕資本の額に比例する。〔……〕銀行の実際の利潤を確定するためには、総利潤から投下資本にたいする利子を差し引かなければならない。残額が銀行利潤〔原文は「銀行業利潤」〕である」（一一八ページ）。「顧客への銀行業者たちの前貸しは、他の人々の貨幣によって行なわれる」（一四六ページ）。「銀行券を発行しない銀行業者たちでさえ、手形の
(419) 割引によって銀行〔業〕資本を創造する。彼らは、その割引操作によって自行の預金を増加させる。ロンドンの銀行業者たちは、自行に預金勘定をもつ商会〔原文は「人々」〕のためにのみ割引をする」（一一九

ページ)。「取引銀行で手形を割引して、この手形の全額にたいして利子を払った商会は、少なくともこの額の一部分を、それにたいして利子を受け取ることなしに銀行の手に残さなければならない。このやり方で、銀行業者は、前貸しした貨幣にたいしてそのときの現行利子率よりも高い利子率を受け取り、また、自分の手にとどまっている残高によって銀行〔業〕資本を調達する」(〔一一九―〕一二〇ページ)。準備金の節約[*1]、預金、小切手――「預金銀行は、預金残高の振替によって流通する媒介物の使用を節約し、また〔……〕少額の現実貨幣によって多額の諸取引を決済する。こうして遊離された貨幣は、銀行業者によって、割引などによる顧客への前貸しに使用される。それゆえ、預金残高の振替は〔……〕預金制度の効果を高める」(一二三〔、一二四〕ページ)。「互いに取引する二人の顧客が、彼らの口座を同じ銀行にもっているかべつべつの銀行にもっているかは、どうでもよい。というのは、銀行業者たちは〝手形交換所〟で彼らの小切手を交換し合うから〔……〕である。こうして、振替によって、預金制度は、金属貨幣の使用を完全に駆逐する程度にまで拡張されうるであろう。だれもが銀行に預金口座をもっていて、自分の支払いをすべて小切手で行なうとすれば、〔……〕これらの小切手が、唯一の流通媒介物となるであろう。〔しかし〕この場合には、銀行業者たちが、自分の手に貨幣をもっていることが前提されなければならず、そうでなければ、小切手はなんの価値ももたなくなるであろう」(一二四ページ)。銀行の手に地方的取引が集中されるのは、次のものによってである。(一) 支店銀行によって。地方銀行はその地方の小都市に支店をもち、ロンドンの銀行はロンドンのさまざまな地区に支店をもっている。(二) 代理店によって。[*2]「どの地方銀行もロンドンに代理人をおいているが、これは、ロンドンで〔……〕自行の銀行券または手形の支払いをさせ、また、ロンドン在住者たちが地方在住の人々の口座に払い込む貨幣を受け取らせるためである」（一二七ページ）。「どの銀行業者も他行の銀行券を受け止めて、それをふたたび払い出すことはない。どの大都市でも、彼らは週に一度か二度集まって銀行券を交換し合う。差額はロンドンあての手形で支払われる」（一三四ページ）。「[*3]銀行〔業〕の目的は取引を容易にすることである。取引を容易にするものはすべて、投機をも容易にする。取引と投機とは多くの場合にきわめて密接に結びついているので、どこまでが取引でどこからが投機であるかを言うことは困難〔原文は「不可能」〕である。……銀行のあるところでは、どこでも、資本は比較的容易にかつ安く手に入れることができる。資本の安さが投機を助長するのは、肉やビールの安さが大食と大酒飲みとを助長するのとまったく同じである」（一三七、一三八ページ）。「[*4]自行の銀行券を発行する銀行はつねにこれらの銀行券で支払いをする(420)から、それらの銀行の割引業務は、もっぱらこうして得られた資本によって行なわれるかのように見えるかもしれないが、しかしそうではない。銀行業者が自分の割引する手形の全部を自行の銀行券で支払うということは確かにおおいにありうるが、それにもかかわらず、彼の所有する手形の$\frac{9}{10}$が現実資本を代表していることもありえよう。というのは、彼自身はこの手形に自己の紙券貨幣〔銀行券〕しか与えないとはいえ、それでもこの紙券貨幣〔銀行券〕は、手形が満期になるまで流通内にとどまる必要はないからである。手形は三ヵ月も流通しうるのに、銀行券は三日で帰ってくることもありえよう」（一七二ページ）。「[*5]顧客による当座貸越勘定の過振り〔残高を超える小切手の振り出し〕は取引の常態である。これが、実際のところ、当座貸越が与えられる目的である。……当座貸越は、個人保証によって与えられるばかりでなく、有価証券の預託〔原文は「公債の担保」〕によっても与えられる」（一七四、一七五ページ）。[*6]「商品を担保として前貸しされる資本は、手形の割引によって前貸しされる場合と同じ作用をする。だれかが、自分の商品を担保にして一〇〇ポンドを借りるならば、それは、彼がその商品を一〇〇ポンドの手形と引き換えに売って、この手形を銀行業者に割り引いてもらったのと同じことである。しかし、前貸しが与えられるならば、彼は、市況が好転するまで自分の商品を持ち続けることができ、そうでなければ緊急目的のための貨幣を手に入れるのに払わなければならなかったであろう犠牲を避けることができる」（一八〇、一八一ページ）。

＊1〔草稿では、ここで改行されている〕

＊2〔草稿では、「銀行の手に」以下ここまでは次のようになっている。「銀行の組織について。1)支店。2)代理店。――地方銀行業者は次のようにしている」。この「銀行の組織について」は、右の訳注＊1の「準備金の節約、預金、小切手」や次の訳注＊3の「銀行業と投機」などと並ぶ見出しであると思われる〕

＊3〔草稿では、この前に「銀行業と投機。」という見出しがある〕

＊4〔草稿では、ギルバート、一七二ページからのこの引用は、本訳書、第三巻、七〇六ページ四行目で終わる同じくギルバート、一二〇ページからの引用に続いて書かれている〕

＊5〔草稿では、この前に「当座貸越、過振り。」という見出しがある。さらに、この項目の前に「手形の割引によるさまざまな資本部門への諸資本の配分」という見出しで、ギルバート、一五三、一五四、一五六ページからの引用がある〕

＊6〔草稿では、この前に「商品担保の貸付。」という見出しがある〕

『*通貨理論の吟味……』、六二、六三ページ――「私がきょうAに預ける一〇〇〇ポンドが、あすはふたたび払い出されてBへの預金となることは、あらそう余地なく真実である。明後日には、それがふたたびBから払い出されてCへの預金となる〔……〕等々、こうしたことが無限に続くかもしれない。それゆえ、同じ一〇〇〇ポンドの貨幣は、一連の移転によって、絶対に確定できない何倍もの預金額になりうる。それゆえ、イングランド〔原文は「連合王国」〕における全預金の一〇分の九が、銀行業者たちの帳簿上の、各自が自分の預り分にたいして責任を負う記帳額以外にはなんら存在しないということは、ありうることである。……こうして、スコットランドでは、通流貨幣〔原文は「通貨」〕｛しかもほとんど紙幣だけである！｝「は三〇〇万ポンドを超えたことが決してないが、預金は二七〇〇万ポンドである〔と見積もられている〕。〔……〕ところで、一般的な突然の預金払戻請求（〝銀行取り付け〟）が生じない限り、同じ一〇〇〇ポンドは、逆向きに旅をして、同様に確定できない金額を同じ容易さで決済することができる。きょう私がある業者〔原文は「小売商人」〕にたいする私の債務を決済するのに用いる同じ一〇〇〇ポンドが、あすは別のある商人にたいするその業者の債務を決済し、明後日は銀行にたいするその商人の決済をする等々、こうしたことが無限に続きうるのである。こうして、同じ一〇〇〇ポンドが手から手に、また銀行から銀行に渡って、考えうるどんな預金額をも決済することができるのである」

＊〔初版では冒頭に「7)」という番号がついていた。草稿では、この段落は、本訳書、第三巻、七〇二ページの「スコットランドの諸銀行である」にあたる個所につけられた注であった〕

｛われわれが見たように、ギルバートは、すでに一八三四年に次のことを知っていた――「取引を容易にするものはすべて、投機をも容易にする。両者〔取引と投機〕は多くの場合にきわめて密接に結びついているので、どこまでが取引でどこからが投機であるかを言うことは困難である」。未販売商品にたいする前貸しを受けることが容易であればあるほど、ますます、こうした前貸しが求められ、また、さしあたり商品にたいする前貸金を手に入れるためにのみ商品を製造したり、すでに製造された商品を遠方の市場に投じたりしようとする欲望がますます大きくなる。一国の事業界全体がどのようにしてこうした思惑にとらわれうるか、また、やがてそれがどのようにして終わるかについては、一八四五―一八四七年のイギリスの商業史が適切な例証を与える。そこにわれわれは、信用がなにをなしとげうるかを見る。次の例証を説明するために、あらかじめ、二、三の簡単な注意をしておこう。

(421)

一八四二年の末には、一八三七年以来ほとんど絶え間なくイギリスの産業にのしかかっていた不況が、後退しはじめた。その後の二年間には、イギリスの工業生産物にたいする外国の需要がさらにいっそう増加した。一八四五―一八四六年は最高の繁栄期を示した。一八四三年にはすでに、アヘン戦争*がイギリス商業にたいして中国の門戸を開放していた。この新しい市場は、すでにまっ盛りであった拡張、ことに綿業の拡張に、新たな口実を与えた。「生産しすぎるなどということがどうしてありえようか？　われわれは三億の人間に着せてやらなければならない」――当時、マンチェスターの一工場主が筆者〔エンゲルス〕にこう語った。しかし、新設された工場建物、蒸気機関、紡績機および織機のすべてをもってしても、大量に流入してくるランカシャー〔マンチェスター、リヴァプールを含む綿業の中心地〕の剰余価値を吸収するには十分でなかった。生産を増加させたのと同じ熱情をもって、人々は鉄道の建設に打ち込んだ。ここにはじめて、工場主たちと商人たちとの投機熱は、満足を見いだした――しかも、それはすでに一八四四年の夏以来のことであった。人々は、できる限り、すなわち、第一回の払い込みに応じられただけの貨幣がある限り、株式に応募した。あとの分は、どうにかなるであろう！〔しかし〕やがてその後の払い込み期日がきたときには――『商業の窮境』〔上院〕、一八四八／五七年、質問第一〇五九号によれば、一八四六―一八四七年に鉄道に投下された資本は七五〇〇万ポンドに達した――信用にたよらなければならなかった。そして、商会の本来の事業もたいていは、やはり損害をこうむらなければならなかった。

＊〔一八三九年六月、イギリスが中国へ密輸入しようとしたインド産アヘン二万箱を中国官憲が押収・焼却したことに端を発したイギリスの侵略戦争（一八四〇―一八四二年）。中国はこの戦争に敗れたため、上海、広州など五港の開港、香港の割譲を強いられ、半植民地化の道をたどることになった〕

そして、この本来の事業は、また、たいていの場合すでに過度な重荷を担わされていた。高利潤に引き寄せられて、自由になる流動資産が許すよりもはるかに拡大された取引が行なわれていた。しかし、信用は確かに存在し、容易に得られ、そのうえ安かった。イングランド銀行の割引率は低かった――すなわち、一八四四年には一¾―二¾％、一八四五年には一〇月まで三％以下、次いで短期間五％まで上昇し（一八四六年二月）、それからふたたび一八四六年一二月に三¼％まで低下した。イングランド銀行は、その地下室に未曽有の額の金準備を保有していた。国内のすべての株式市場価格は、かつてなかったほどの高さに達した。したがって、なぜこの好機を見逃すのか、なぜ機敏にめい

(422)

っぱい働かないのか？　なぜ、イギリス製品を渇望している外国市場に、およそ製造できる限りのすべての商品を送らないのか？　またなぜ、製造業者自身は、二重の利得――すなわち、糸と織物との極東での販売から生じる利得と、その代わりに得た帰り荷のイギリスでの販売から生じる利得――を収めてはならないのか？

こうして、前貸しと引き換えの、インドと中国向けの大量委託販売*の制度が生まれたが、これはたちまち単に前貸しを得るためだけの委託販売制度に発展し、以下の〔マルクスの〕ノートで詳しく述べられているように、また必然的に、諸市場の大量の供給過剰に、そして崩落に終わらざるをえなかったのである。

＊〔輸出商品の委託販売。輸出商（販売委託者、荷送人）が外国の商会（販売受託者、荷受人）の倉庫に商品を発送し、一定の条件で販売を委託する〕

この崩落は、一八四六年の凶作の結果、勃発した。イングランドおよびことにアイルランドは、食糧とくに穀物およびジャガイモの膨大な供給を必要とした。しかし、これらのものを供給した諸国への支払いのうち、イギリスの工業生産物で支払われることができたのはほんのごくわずかな部分にすぎなかった。その支払いは貴金属でなされなければならなかった。少なくとも九〇〇万〔ポンド〕の金が外国に出ていった。この金のうちまるまる七五〇万はイングランド銀行の金準備から出たのであり、貨幣市場におけるイングランド銀行の行動の自由はそのためにははなはだしく麻痺させられた。他の諸銀行――その準備金はイングランド銀行におかれており、実際上イングランド銀行の準備金と同一である――も、いまや同様に、その貨幣融通〔信用の授与〕を制限しなければならなかった。それまで迅速かつ軽快に流れていた諸支払いの流れが、まずここかしこで、ついで一般的に停滞におちいった。一八四七年一月にはまだ三―三1/2%であったイングランド銀行の割引率は、最初のパニックが勃発した四月には七%に上昇した。次いで、夏にはもう一度一時的でわずかな緩和（六・五、六%）がやってきたが、またしても凶作となり[*1]、パニックがまた新たに、そしていっそう激しく勃発した。イングランド銀行の公定最低割引率は、一〇月には七%、一一月には一〇%に上昇した。すなわち、ほとんど大多数の手形は、法外な高利でしか割引されえないか、または一般にもはや割引されえなくなった。全般的な支払停滞は、一連の一流商会とおびただしい中小商会とを破産に追い込んだ。イングランド銀行自身も、一八四四年の狡猾な銀行法[*2]によって同行に課された諸制限の結果、破産せざるをえない危険におちいった――そこで、政府は、一般的な要請にもとづき、一〇月二五日、この銀行法を停止し、それによって、イングランド銀行に課されていた不合理な法律的桎梏（しっこく）を取りのぞいた。いまや、イングランド銀行は、その保有銀行券をさまたげられることなく流通させることができた。これらの銀行券の信用は、実際上国家の信用によって保証されており、したがってゆるぎのないものであったので、そのためただちに貨幣逼迫（ひっぱく）の決定的な緩和が生じた。もちろん、絶望的苦境におちいった多くの大小の商会がなお倒産したが、(423) 恐慌の頂点は克服されて、イングランド銀行の割引率は一二月[*3]にはふたたび五%に下落し、一八四八年中にはすでに、あの新たな事業活動が準備された――これは、一八四九年における大陸の革命諸運動のほこ先をくじき、また、五〇年代には、最初は未曽有の

産業的繁栄をもたらしたが、次いで一八五七年の崩落をもたらした。――F・エンゲルス〕

＊1〔これはエンゲルスの思い違いらしく、一八四七年八月なかばに「平年作を上回る」ことが確実になったので、穀物輸入投機者の思惑がはずれ、大穀物商が破産し、穀物市場がパニックにおちいったし、その直後、東インド貿易でも過剰輸入による恐慌と破産が勃発したのである（マルクス、エンゲルス「評論」、邦訳『全集』第七巻、四三三―四三六ページ。なお、トゥック『物価史』、藤塚訳、前出、第四巻、第一篇、第八節「一八四六―四七年の天候の性格――小麦の価格と産出高の見積もり」、四一ページ以下、などを参照）〕

＊2〔物価は通貨の量に規定されるとする通貨数量説にもとづき、イングランド銀行を、純粋の銀行業務に従事する銀行部と、発券業務に従事する発券部との二部門に分け、同行の銀行券発行を銀行の金準備に連結させ、その限度（プラス一四〇〇万ポンド）でのみ発行させる仕組みにした。金準備が減少すれば、還流した銀行券が廃棄されるなどして、銀行券の必要とされるときに、それにたいする需要に応じえなかった。この法にたいするマルクスの批判「ロバート・ピールの銀行法」（邦訳『全集』第九巻、二九四―二九九ページ）参照〕

＊3〔初版では「九月」となっていた。カウツキー版で訂正〕

I[＊1]　一八四七年の恐慌中の国債証券および株式のたいへんな価値減少については、一八四八年にイギリス上院によって発行された一文書が情報を提供している。これによれば、一八四七年二月の状態に比べて、同年一〇月二三日の価値下落は次の額に達した。[＊2]

イギリス国債証券では……………九三八二万四二一七ポンド
ドックおよび運河株では…………一三四万八一八八ポンド
鉄道株では……………………一九五七万九八二〇ポンド

合計　一億一四七五万二二二五ポンド

＊1〔ここからこの章の終わりまでは、エンゲルスが草稿（一）の部分の注と草稿（二）（五）（六）の部分から、一八四七年恐慌での信用に関連する材料を集めて編集した部分である。マルクスには、ここで、一八四七年恐慌について考察する計画はなかった。初版では、この部分も小さい活字で組まれている。本訳書も、これに従っている〕

＊2〔下院委員会報告書『商業の窮境』付録、一八四八年、二一八ページ、「公共債券」、第三三表による。初版では「ドックおよび運河株」が「一三五万八二八八ポンド」となっていたので、合計も「一億一四七六万二三二五ポンド」となっていた。原表にもとづいて訂正〕

Ⅱ　東インド取引——そこではもはや、人々は、商品が買われたから手形を振り出したのではなく、割引されうる、貨幣に換えられうる、手形を振り出すことができるようにするために諸商品を買った——における詐欺については、一八四七年一一月二四日付の『マンチェスター・ガーディアン』〔四ページ〕が、次のように述べている——

＊〔草稿および初版では「一八四八年」となっていた。アドラツキー版以後訂正〕

ロンドンのAは、Bを通じて、マンチェスターの製造業者Cから、東インドのDあてに船積みするための諸商品を買わせる。Bは、CによってBあてに振り出された六ヵ月払〔為替〕手形で、Cに支払う。Bも同じく、Aあての六ヵ月払手形で、〔Aから〕支払いを受ける。商品が船積みされると、Aは、送られてきた船荷証券を引き当てに、同じくDあての六ヵ月払手形を振り出す。「したがって、買い手も荷主もともに、彼らが現実に諸商品の支払いをする何ヵ月も前に、資金を手に入れている。しかも、これらの手形は、満期のさいに、このような長期の取引では回収のための時間を与える必要があるという口実のもとに、書き換えられるのがごく普通であった。しかし、遺憾ながら、こうした取引での損失は、この取引を縮小させることにはならず、かえってこれを拡大させることになった。当事者たちが貧しくなればなるほど、彼らにとっては、買うこと――そうすることによって新たな前貸しを受け、以前の諸投機で失われた資本をそれで埋め合わせるために買うこと――の必要が、それだけますます大きくなった。いまや、買い入れは、もはや需要供給によっては調整されなくなり〔原文は「需要供給の問題ではなくなり」〕、苦境におちいった商会の金融操作のもっとも重要な部分となった。しかし、これは一面にすぎない。こちら〔本国〕で工業諸商品の輸出について起こったのと同じことが、あちらでは諸生産物の買い入れおよび船積みについて起こった。自己の手形を割引してもらえるだけの十分な信用のあるインドの商会が、〔当地で〕砂糖、インディゴ〔藍染料〕、絹、または綿花を買ったのは、その買入価格が最近のロンドンの価格に比べて利潤を約束したからではなく、ロンドンの商会あての以前の為替手形がまもなく満期になり、支払いがなされなければならなかったからである。船積みする砂糖一荷を買い、ロンドンの商会あての
(424) 一〇ヵ月払手形でそれの支払いをし、船荷証券を陸路郵便でロンドンに送るほど簡単なことがあったで

あろうか？　その後二ヵ月もたたないうちに、これらのやっと船積みしたばかりの諸商品の船荷証券が、したがって諸商品そのものが、ロンバード街〔ロンドンの金融市場の中心地〕で担保に入れられ、ロンドンの商会は、これらの商品を引き当てに振り出された手形の満期八ヵ月前に貨幣を手に入れた。そして割引商会〔原文は「手形仲買人」〕が、船荷証券と倉庫証券とを担保に前貸ししたり、ミンシング小路〔ロンドン東中央の砂糖、ゴム、香料などの植民地物産の主要取引市場〕の『著名な』商会あてに振り出されたインドの商会の手形を無制限に割引したりするための〔コールの〕貨幣を豊富にもっている間は、万事が中断も困難もなしにてきぱきと進行した」。

｛このいかさまなやり方は、インドからの諸商品もインドへのそれらも〔帆船で〕喜望峰を迂回しなければならなかった間は、さかんに行なわれ続けた。それらの商品が、スエズ運河〔一八六九年開通〕を、しかも汽船で通過するようになって以来、架空資本を製造するこの方法は、諸商品の長い旅行時間という基礎を奪われた。そして、電信が、インドの市況をイギリスの事業家に、イギリスの市況をインドの商人に、その日のうちに知らせるようになって以来、この方法はまったく不可能になった。――F・エンゲルス｝

Ⅲ　以下は、すでに引用した〔下院〕報告書『商業の窮境』、一八四七―四八年、からとられたものである[*]――「一八四七年四月の最後の週に、イングランド銀行はロイヤル・バンク・オブ・リヴァプールに、今後は後者との同行の割引業務を二分の一の額に減らすと通告しました。この通知は非常に悪い結果を生みました。なぜなら、リヴァプールにおける〔原文は「リヴァプールへの」〕諸支払いは近ごろでは現金でよりも手形で行なわれるほうがはるかに多かったからであり、また、通例は自分の引受手形を支払うために多額の現金をイングランド銀行に持参した商人たちも、最近では、自分の綿花その他の生産物と引き換えに彼ら自身が受け取った手形しか持参できなくなったからです。こうしたことがいちじるしく増え、それとともに取引の困難がはなはだしくなりました。〔……〕イングランド銀行が商人たちのために支払わなければならなかった〔……〕引受手形は、たいていは外国で振り出されたもので、従来はたいてい、生産物を売って得た支払金によって決済されてきました。〔……〕いまでは商人たちがこれまでの現金の代わりに〔……〕持参した手形は〔……〕さまざまな流通期間とさまざまな種類の手形であり、かなりの数は三ヵ月払いの銀行手形で、大多数は綿花引き当ての手形でした。これらの手形は、銀行手形の場合にはロンドンの銀行業者によって、そうでなければ、ブラジル、アメリカ、カナダ、西インドなどと取引しているあらゆる種類の商人たちによって引き受けられていました。……商人たちは相互に手形を振り出し合うことはなく、リヴァプールで生産物を買った国内の取引商たちは、ロンドンの諸銀行あての手形で、またはロンドンの他の商会あての手形で、またはほかのだれかあての手形で、その生産物の支払いをしました。右のイングランド銀行の通告は、売られた外国生産物引き当ての手形の流通期間を短縮させる原因となりましたが、これは、そうでなければしばしば三ヵ月を超えました」〔二五、〕二六、二七ページ〔第七、一六―一八、二〇、二一、二五号〕)。

＊〔以下の引用は証言の要約であって、発言どおりの引用ではなく、いくつかの尋問から抜粋してまとめたり、また質問を叙述形式としている場合も多い。第五篇での『商業の窮境』からのマルクスの引用ページは、大

英博物館のとじ込み本にインクで記入されたページ番号であり、前付二四ページ分だけ『報告書』の印刷ページより多くなっている〕

(425) イギリスにおける一八四四―四七年の繁栄期は、上述したように、最初の大きな鉄道詐欺と結びついていた。この鉄道詐欺が事業一般におよぼした影響について、前掲の報告書は次のように述べている――「一八四七年四月には、ほとんどすべての商会が、自分の営業資本の一部分を鉄道に投下することによって〔……〕自分の事業を多かれ少なかれ飢えさせはじめていました」（四一〔、四二〕ページ〔第一七六、一七七号〕）。――「たとえば八％という高利で、鉄道株を担保に、私人や銀行業者や〔火災〕保険会社から借り入れもなされました」（六六〔、六七〕ページ〔第五二一―五二二号〕）。「これらの商会は鉄道に非常に大きな前貸しをしたので、自分自身の事業を続けるために、またもや、彼らは、手形割引を通じて銀行から多過ぎるほどの資本を借り入れることになりました」（六七ページ〔第五二六号〕）。――（質問）「あなたは、鉄道株への払い込みが」｛一八四七年の｝「四月および一〇月に」｛貨幣市場で｝「生じた逼迫におおいにあずかったといわれるのですか？」（答え）「それは四月の逼迫にはほとんどあずかるところがなかったと思います。私の見るところでは、その払い込みは四月までは、またおそらく夏になってまでも、銀行業者の力を弱くするよりもむしろ強くしました。というのは、貨幣の現実の支出は、決して払い込みと同じように急速には生じなかったからです。その結果、年初にはたいていの銀行がかなり多額の鉄道資金を手持ちしていました」。｛このことは、〔上院〕『商業の窮境』、一八四八／五七年、における銀行業者たちの多くの供述によって確証される。｝「この鉄道資金は夏のうちにしだいに消え去り、一二月三一日には、いちじるしく減っていました。一〇月の逼迫の〔……〕一因は、銀行業者たちの手持ちの鉄道資金がしだいに減少していったことでした。四月二二日から一二月三一日までのあいだに、われわれの手持ちの鉄道資金残高は三分の一減少しました。これが大ブリテン全土における〔……〕鉄道株払い込みの影響でした。この払い込みがしだいに諸銀行の預金を流出させたのです」（四三、四四ページ〔正しくは四三ページのみ。第二〇七号〕）。サミュエル・ガーニー（悪評高いオウヴァレンド＝ガーニー会社＊の社長）もこう言っている——「〔……〕一八四六年には〔……〕鉄道向け資本の需要がいちじるしく大きかったのですが、利子率を高めることはありませんでした。〔……〕小さな金額が大きなかたまりにまとめられ、この大きなかたまりがわれわれの市場で使用されたのです。その結果、だいたいにおいてその影響は、シティの貨幣市場から引き出す貨幣よりもより多くの貨幣がそこに投下される、ということでした」〔第一七五四—一七五五号〕。

＊〔手形割引専業から銀行業に進出し、「銀行家の銀行家」と呼ばれ君臨した株式会社。ガーニー没後一〇年の一八六六年五月一〇日、一一〇〇万ポンドの負債をかかえて倒産、ロンドン株式市場の有名な「暗い金曜日」と呼ばれるパニックを引き起こした。ガーニーについては、マルクス、エンゲルス「警察と民衆の衝突——クリミアの諸事件について」（邦訳『全集』第一一巻、三四六—三四七ページ）をも参照〕

リヴァプール株式銀行の重役Ａ・ホジスンは、手形がどれだけ銀行業者の準備金を形成しうるかを示している——「われわれの預金全部の少なくとも 9/10 と、われわれが他の人たちから受け取った貨幣の全部とを、……毎日つぎつぎと満期になる手形の形で、収納ケースに入れておくのが、われわれの習

(426)

わしでしたので、恐慌〔取付け〕の時期のあいだは、日々満期となる手形の額が、日々われわれのもとに来る支払請求の額とほとんど等しかったほどでした」（五三ページ〔第三五二号〕）。

投機手形。*——（第五〇九二号）「手形」（売った綿花を引き当てにした）「は主としてだれによって引き受けられたのですか?」——｛本書で何度も名前があげられる綿工場主R・ガードナーは言う｝「商品仲買人によってです。商人が綿花を買ってこれを仲買人に引き渡し、この仲買人あてに手形を振り出して、それを割り引いてもらうのです」。——（第五〇九四号）「そしてこれらの手形がリヴァプールの諸銀行にもっていかれ、そこで割引されるのですね?——そうですが、ほかの場所でもそうされます。……主としてリヴァプールの諸銀行によって与えられるこの融資がなかったとすれば、私の見るところでは、昨年の綿花は一重量ポンドあたり一$\frac{1}{2}$ペンスか二ペンス安かったことでしょう」。——（第六〇〇号）「あなたは、投機業者によってリヴァプールの綿花仲買人あてに振り出されたおびただしい数の手形が流通していたと言われたが、綿花以外の他の植民地生産物〔および外国生産物〕引き当ての手形にたいするあなたの前貸しについても、同じことが言えますか?」——｛リヴァプールの銀行業者A・ホジスンの答え｝「それは、あらゆる種類の植民地生産物にあてはまりますが、綿花については特別そうです」。——（第六〇一号）「あなたは、銀行業者として〔……〕この種の手形は受け取らないようにされますか?——そんなことはありません。適量に維持される場合には、われわれはそれをまったく正当な手形とみなします。……〔第六〇四号〕この種の手形はしばしば書き換えられます」。

＊〔草稿では「投機手形。綿花手形。」となっている〕

一、八、四、七、年、の、東、イ、ン、ド＝中、国、市、場、に、お、け、る、い、か、さ、ま。＊1――チャールズ・ターナー（リヴァプールの一流の東インド商社の社長）――「モーリシャス〔サトウキビを産するインド洋上の、当時はイギリス領の島〕との取引関係や類似の取引で起こった出来事をわれわれはだれでも知っています。仲買人たちは〔……〕商品の到着後に、この商品を引き当てに振り出された手形の支払いをするために、この商品を担保にして前貸しをすること――これはまったく当然のことです――を、また〔……〕船荷証券を担保にして前貸しをすることを習わしとしただけでなく、〔まったく不適切なことですが〕生産物が船積みされるまえに、また若干の場合にはそれが製造されるまえに、その生産物を担保にして前貸しをしました。〔……〕私は、たとえば、ある特別な場合に、カルカッタで、六〇〇〇―七〇〇〇ポンドの手形を買ったことがあります。これらの手形の代金は、モーリシャスで砂糖の栽培に役立てるためにそこに送られました。それらの手形はイギリスに送られましたが、その半分以上は引き受けを拒絶されました。そのあと、これらの手形の支払いに充てられるはずであった砂糖の船荷がついに到着したときには、この砂糖は、それが船積みされるまえに、それどころか実際にはほとんどそれが煮詰められるまえに、すでに〔それ以前の債務の支払いのために〕第三者への担保とされていたことがわかりました」（七八ページ〔第六七七号〕）。「いまは、東インド市場向けの商品は、製造業者に現金で支払われなければなりません〔原文は「いまは、製造業者たちは現金払いを要求しています」〕。しかし、それはたいしたことではありません。というのは、買い手がロンドンでいくらか信用をもっていれば、彼はロンドンあてに手形を振り出して、いまは割引率が低いロンドンでこれを割り引くからです。彼は、こうして手に入れた貨幣で製造業者に支払います。……インド向け商品の荷送人がインドからの回収金を入手しうるまでには少なくとも一二ヵ月かかります。……一万ないし一万五〇〇〇ポンドだけでインドとの取引を始める人は、ロンドンの一商会のもとにかなりの金額の信用を開設するでしょう。彼はこの商会に一%を支払い、そして、インド向けに送った商品の代金はこのロンドンの商会に送金されるという条件で、この商会あてに手形を振り出すでしょう。しかし、そのさい、そのロンドンの商会は実際の現金前貸しをしなくてよいということが、両当事者によって暗黙のうちに合意されています。すなわち、それらの手形は、回収金が到着するまで書き換えられます。(427)これらの手形は、リヴァプール、マンチェスター、〔……または〕ロンドンで割引されましたが、〔……〕それらのうちのかなりの数が、スコットランドの諸銀行によって保有されています」(七九ページ〔第六八七―六八九号〕)。――(第七三〇〔正しくは七八六〕号)「先日、ロンドンで破産した一商会があります。帳簿を検査してみると、次のことが発見されました〔原文は「この種の取引が行なわれていたことがわかりました。すなわち」〕――マンチェスターに一商会と、カルカッタにもう一つの商会があって、この二つの商会が右のロンドンの商会のもとに二〇万ポンドの信用を開設しました。すなわち、このマンチェスターの商会の諸取引仲間が、グラスゴウとマンチェスターからカルカッタの商会あてに商品を委託販売で送り、それによって彼らは、右のロンドンの商会あてに総額二〇万ポンドまで手形を振り出しました。それと同時に、カルカッタの商会もロンドンの商会あてにやはり二〇万ポンドの手形を振り出すという申し合わせがありました。これらの〔後者の〕手形がカルカッタで売られ、その取得代金で他の手形が買われ、そしてこれらの手形がロンドンに送られ、ロンドンの商会はこれによって、最初にグラスゴウまたはマンチェスターから振り出された手形の支払いをすることができるというのでした。このようにして、この一つの取引によって六〇万ポンドの手形が世のなかに送り出されました[*2]」。——〔第九七一号〕「現在では、カルカッタの一商会が船荷一荷」〔イギリス向けの〕「を買い、ロンドンのその諸取引先あてに振り出した自分自身の手形でこの船荷の支払いをし、そして船荷証券がイギリスに送られるならば、〔……〕この船荷証券はただちにロンバード街でその商会が前貸しを受けるために利用することができます。したがって、その商会は、諸取引先が手形の支払いを必要とするまで、八ヵ月間、貨幣を利用できる時間を手にします[*3]」。

*1〔草稿では「いかさま」は「大過剰取引」となっている〕
*2〔報告書原文では、最後は「これ全体は実行されませんでしたが、計画はこういうものでした。ですから、もしこの計画が完全に実行されていたなら、この取引によって六〇万ポンドの手形が生み出されていたでしょう」となっている。このあとターナーは、「これを私は過剰取引と呼びます」と答えている〕
*3〔報告書では、このあとにターナーの言葉として「これはもっとも破滅的なやり方です」と書かれている〕

Ⅳ　一八四八年に、一八四七年の恐慌の原因を調査するための上院秘密委員会が設けられた。この委員会でなされた証言は、しかし一八五七年にはじめて公表された[*]（『窮境の諸原因などを調査するために任命された上院秘密委員会でなされた証言記録』、一八五七年。『商業の窮境』、一八四八／五七年、として引用）。ここで、ユニオン・バンク・オブ・リヴァプールの重役リスター氏はなかでも次のように供述した——

〔第二四四四号〕「一八四七年の春に、信用の不相応な拡張が生じました。……なぜなら、事業家たちがその資本を事業から鉄道に移し、それにもかかわらず、事業を旧来の規模で続けようとしたからです。だれもが、おそらく最初は、鉄道株を売って利潤を得、その貨幣で事業資金を補填できると思ったのでしょう。だれもが、おそらく、それが不可能なことを知り、そこで、以前には現金で支払っていた自分の事業で信用貸しを受けました。そのために信用の拡張が生じました」。

＊〔証言も、報告書と同時に一八四八年に公刊されており、一八五七年にはじめて公表されたというのはエンゲルスの思い違いである。第三部「序言」（本訳書、第三巻、一九ページ）の訳注＊2参照〕

〔第二五〇〇号〕「銀行が引き受けて〔保有して〕損失をこうむった〔……〕これらの手形は、主として穀物あるいは綿花を引き当てとするものでしたか？　それは、あらゆる種類の生産物、穀物、綿花、および砂糖、あらゆる種類の〔外国〕＊生産物を引き当てとする手形でした。当時、おそらく油をのぞけば、価格が下落しなかったものはほとんどありませんでした」。――〔第二五〇六号〕「手形を引き受ける仲買人は、担保となる商品の価格下落にたいしても十分に保証されているのでなければ引き受けません」。

＊〔報告書原文による。アドラッキー版では補われている〕

〔第二五一二号〕「生産物を引き当てに二通りの手形が振り出されます。第一種のものは、外国から輸入業者あてに振り出される本来の手形です。……このように、生産物を引き当てに振り出される手形は、
(428) 生産物が到着する以前に満期になることがしばしばあります。ですから、商人は、商品が到着するとき

に十分な資本をもたなければ、その商品が売れるまで、それを仲買人のところに担保に入れておかなければなりません。するとただちに、その……商品を担保にして、別種の手形がリヴァプールの商人によって仲買人あてに振り出されます。そこで、仲買人がその商品をもっているかいないか、また、彼はその商品を担保にどれだけ前貸ししたかということを、仲買人から確かめることが銀行業者の仕事になります。銀行業者は、損失が生じた場合にそれを埋め合わせるための担保を仲買人がもっていることを自分で確認しなければなりません」。

（第二五一六号）「われわれは外国からの手形も受け取ります。……だれかが外国でイギリスあての手形を買って、イギリスの商会にそれを送ります。われわれはその手形を見ても、正当な仕方で振り出されたものであるかどうか、生産物を代表する手形であるか空手形にすぎないかは識別できません」。

（第二五三三号）「ほとんどあらゆる種類の外国生産物が大損をして売られたと言われました。あなたは、このことは、これらの生産物への不当な投機の結果であったと思われますか？——それは、非常に大量の輸入がなされたのに、それを消化するだけの相応な消費がなかったことから生じたのです。どう見ても、消費はいちじるしく低下しました」。——（第二五三四号）「一〇月には……生産物はほとんど売れませんでした」。

崩落の頂点で、どのように全般的な〝逃げられるものは逃げよ〟[*1]が展開されるかについては、同じ報告書のなかで、この道の一流の専門家、世故にたけた尊敬すべきクエーカー教徒、オウヴァレンド＝ガーニー会社のサミュエル・ガーニーが述べている——（第一二六二号）「パニックが起こっているあいだは、事業家は、自分のもっている銀行券をいかに有利に投下しうるかとか、国庫証券または三分利付国債[*2]を売るさいに一％損するか二％損するかということは、問題にしません。ひとたび恐慌状態の影響を受ければ、彼は損得をかえりみません。彼は自分の身の安全をはかり、世間のほかの人たちがなにをしようと知ったことではないというわけです」。

＊1〔一七―一八世紀のフランスの詩人、文芸批評家ニコラ・ボワロ-デプレオの『書簡詩』、第六の一六七、一四世紀のフランスの詩人ウスタシ・デシャン『教訓劇散歩』、第三八などの句。「逃げろ」「退却せよ」などという命令としても用いられる〕

＊2〔一七五一年にイギリスの既発の国債九種を統合整理して、利子を無期限に年金の形式で支払うことのできる措置（永久公債と言われる）がとられ、三分利付統合年金債が生まれた。コンソリデイテッド・ストックまたはアニュイティと言い、コンソルズと略称された〕

V　両市場の相互の過剰供給については、東インド取引にたずさわる商人アリグザーンダー氏は、銀行法にかんする一八五七年の下院委員会（『銀行委員会』、一八五七年、として引用）で言う――（第四三三〇号）「目下のところでは、私がマンチェスターで六シリング投資すればロンドンで五シリング回収することになり、インドで六シリング投資すればインドで五シリング回収することになります」。したがって、インド市場はイギリスによって、またイギリス市場はインドによって、同じように過剰に供給されているわけである。しかも、これが、一八四七年のにがい経験からまだ一〇年たつかたたない、一八五七年の夏の事態なのである！

(429)

第二六章　貨幣資本の蓄積。それが利子率におよぼす影響*

*〔この章は、草稿（二）の部分（本訳書、第三巻、六九三―六九四ページの訳注＊参照）から編集されている。草稿では、最初の引用文の前に「貨幣資本（マニイド・キャピタル）の蓄積とそれが利子率におよぼす影響」と書かれている。草稿は、議会報告書から利子率をめぐる銀行家や事業家たちの混迷した議論を抜き出して批判したもので、信用論の本論ではなく、今後の作業材料として抜き書きしたものと考えられる〕

「イギリスにおいては、余剰の富〔原文では「増大し続ける富」〕の恒常的な蓄積が行なわれ、これは最終的には貨幣形態をとる傾向がある。〔……〕しかし、貨幣を入手したいという願望に次いで切実な願望は、利子または利潤をもたらすなんらかの投資によって、この貨幣をふたたび手放したいという願望である。というのは、貨幣としての貨幣はなにももたらさないからである。だから、過剰資本のこうした不断の流入と同時に、それの運用場面の漸次的かつ十分な拡張が生じないとすれば、われわれは、投資口を求める貨幣の周期的な蓄積に当面せざるをえないのであり、この蓄積の程度は事情に応じて大きかったり小さかったりする。多年にわたって、国債〔原文は「公債」〕は、イギリスの過剰な富を吸収する巨大な手段であった。〔……〕国債〔原文は「債務」〕が一八一六年にその最大限に達して、もはや吸収作用を果たさなくなって以降も、毎年、他の投資口を求める少なくとも二七〇〇万という金額が存在した。それに加えて、さまざまな資本返済が行なわれた。……通常の投資部門では運用の余地を見いだしえない、社会の過剰な富のこの周期的堆積を処理するためには、その実行に大資本を必要とし、ときどき遊休資本の過剰にはけ口をつける諸事業計画が……少なくともわが国では絶対に必要である」（『通貨理論の吟味』、ロンドン〔エディンバラ〕、一八四五年、三二〔―三四〕ページ）。一八四五年について、同書は次のように述べている――「ごく短期間のうちに、物価は不況の最低点から跳ね上がった。……三分利付国債〔本訳書、第三巻、七二七ページ訳注＊2のコンソルズのこと〕はほぼ額面価格を維持している。……イングランド銀行地下室の金〔原文は「地金」〕は、〔……〕以前〔設立以来〕にそこに貯蔵されたどの金額をも超えている。あらゆる種類の証券は〔……〕ほとんどどんな場合にも空前の価格に達し、また、利子率はほとんど名目だけの水準に低落している。……すべては、いまやイギリスにまたもや遊休している富の大量の蓄積が現存するという証拠、またもや投機過熱の時代がわれわれの間近に迫っているという証拠である」（同前、三六ページ）。

「〔……〕金〔地金〕の輸入は貿易における利得の確実な標識でないとはいえ、この金輸入の一部分は、
(430) これを説明する他の根拠がない場合には、〝明らかに〟こうした利潤を表わしている」（J・G・ハッバード『通貨とわが国』、ロンドン、一八四三年、〔四〇、〕四一ページ）。「かりに、事業は引き続き好調で、物価は引き合う水準にあり〔……〕貨幣通流〔原文は「流通手段」〕も十分な〔……〕時期に、凶作のために五〇〇〇万の金が輸出され、同額にのぼる穀物が輸入されることになったとしよう。流通手段」〔すぐ示されるように、流通手段ではなく、遊休貨幣資本と言うべきである。――F・エンゲルス〕「は、同じ額だけ減らされる。個々人はなお前と同量の流通手段をもつかもしれないが、商人た

ちが取引銀行にもつ預金、諸銀行の貨幣仲買人への貸付残高、および諸銀行の金庫にある準備金は、すべて減っているであろう。そして、遊休資本の額のこうした減少の直接の結果は、利子率の、たとえば四％から六％[*]への、上昇であろう。事業が健全であるから信頼がゆるがされることはないが、信用はいっそう高く評価されるであろう」（同前、四二ページ）。「〔しかし……〕物価が一般的に下落すれば〔……〕過剰な貨幣〔原文は「通貨」〕は預金の増加という形態で諸銀行に還流し、遊休資本の過剰は利子率を最低限に低下させる。そして、こうした事態は、物価騰貴〔の復活〕ないし事業の活発化が休眠貨幣〔通貨〕を仕事につかせるか、または、それが外国の有価証券ないし外国の商品への投資によって吸収されてしまうまで、続く」（六八ページ）。

＊〔初版は「五％」となっていた。草稿および原文により、カウツキー版で訂正〕

以下の抜き書きは、ふたたび議会報告書『商業の窮境』〔下院〕、一八四七—四八年、からである。[*1]——一八四六—一八四七年の凶作および飢饉の結果として、食糧の大量輸入が必要となった。「したがって〔……〕輸出を超える輸入の大超過……。そのため、諸銀行からのいちじるしい貨幣流出、また、手形を割り引かなければならない人々の、手形割引仲買人のもとへのいっそうの殺到。〔……〕仲買人たちは、手形をいっそう厳密に吟味しはじめました。〔……〕これまでは承諾された融資〔商会への〕がはなはだしく制限され、弱い商会のあいだに破産者が生じました。〔……〕まったく信用にたよっていた商会は〔……〕倒産しました。このことは、すでに以前から感じられていた不安を増加させました。銀行業者たちその他は、自分たちの債務を支払うために自分たちの手形その他の有価証券を

（431）

銀行券に換えることを、以前と同じような確実さではあてにすることができないことに気がつきました。彼らはさらにいっそう融資を制限し、また、それをしばしばきっぱりと拒絶しました。彼らは、多くの場合、自分自身の債務の将来の支払いのために、自分の銀行券をしまい込みました。彼らは、むしろそれらの銀行券をまったく手放したくなかったのです。〔……〕不安と混乱とが日々増大しました。そして〔……〕ジョン・ラッセル卿の〔イングランド銀行あての〕書簡[*2]がなかったならば、全般的な破産が出現したことでしょう」（七四、七五ページ〔第六四八号〕）。ラッセルの書簡は銀行法を停止させた。——前述のチャールズ・ターナーはこう供述している——「かなりの数の商会は大資産をもっていましたが、それは現金化できるものではありませんでした。彼らの全資本は、モーリシャスでの土地所有に、または、インディゴ工場もしくは砂糖工場に固定されていました。彼らがひとたび五〇万ないし六〇万ポンドの債務を負ってしまうと、彼らは、その債務に充てた手形を支払うために現金化できる資産をまったくもちあわせていませんでした。そして、結局のところ、自分たちの信用によってのみ、また、この信用がとどく範囲内でのみ、自分の手形を支払いうることが明らかになりました」（八一ページ〔第七三〇号〕）。前述のS・ガーニーは言う——〔第一六六四号〕「現在」（一八四八年）「諸取引の制限と貨幣の莫大な過剰とが支配しています」。——（第〔一七六二、〕一七六三号）「利子率をこのように上昇させたのが、資本の不足であったとは、私は思いません。それは、恐慌状態であり、銀行券を入手することの困難でした」。

*1〔草稿にはこの一文はない〕

＊2〔一八四七年初頭以降、金準備の減少にともない、これに連動するイングランド銀行券発行高が急激に減少し、その枯渇によって同行銀行部、ひいては同行が破産に瀕したので、ラッセル内閣は一〇月二三日に一八四四年ピール銀行法の一時的停止を内定、一〇月二五日の政府書簡で正式にそのむね通告した〕

一八四七年に、イギリスは、輸入食料の代価として少なくとも九〇〇〇万ポンドを金で外国に支払った。そのうち七五〇〇万ポンドはイングランド銀行からであり、一五〇〇万ポンドは他の源泉からであった（二四五〔正しくは二二八〕ページ〔第二六七五号〕）。――イングランド銀行総裁モリスは言う――〔第三八〇〇号〕「一八四七年一〇月二三日には、公債ならびに運河株および鉄道株は、すでに〔総計〕一億一四七五万二二二五ポンドも価値減少していました」＊（三一二ページ）。G・ベンティンク卿から質問されて、同じモリスが答えて言う――〔第三八四六号〕「債券とあらゆる種類の生産物とに投下されたいっさいの資本〔原文は「資産」〕が同じ仕方で価値減少していたこと、原料、すなわち綿花、生糸、羊毛が〔……〕同じ捨て値で大陸に送られたこと、および、砂糖、コーヒー、茶が強制売却〔債権者による債務者の財産の処分〕で〔のように〕たたき売りされたことを、あなたはご存知ないのですか？――食料の膨大な輸入が引き起こした金流出をはばむために、国民が相当の犠牲を払うのは〔……〕やむをえないことでした。――〔第三八四八号〕あなたは、そのような犠牲を払って金を取りもどそうとするよりも、イングランド銀行の金庫に横たわる八〇〇〇万ポンドに手をつけるほうがよかった、とは思われませんか？――いいえ、そうは思いません」。さて、この英雄的精神への注釈。ディズレイリは、イングランド銀行理事である元総裁W・コットン氏を尋問する。「イングランド銀行の株主が一八四四年に受け取った配当〔率〕はいかほどでしたか？――その年は七％でした。――では、一八四七年の〔……〕配当は？――九％。――イングランド銀行は、今年は株主に代わって所得税を支払いますか？――支払います。――一八四四年にも支払いましたか？――いいえ。(八三)――それでは、この銀行法」（一八四四年の）「は、たいへん株主の利益になる作用をした〔のですね？〕……。したがって、結果は、新法の施行以来、株主への配当は七％から九％に増加し、それに加えて、所得税は以前には株主によって支払われなければならなかったのに、いまではイングランド銀行によって支払われるということですか？――まったくそのとおりです」（第四三五六―四三六一号）。(432)

(八三)　ここで、いいえ、と言うのは、以前にはまず配当が確定され、そのあとで、個々の株主に配当を支払うさいにこの配当から所得税が差し引かれたということである。しかし、一八四四年以後は、まず所得税がイングランド銀行の総利潤のうちから支払われ、そのあとで配当が〝所得税免除〟で分配されるようになった。したがって、同じ名目的百分率でも、後者の場合には税の額だけ高いのである。――F・エンゲルス

＊〔モリスの証言の数値については、本書、第三巻、七一五ページ参照〕

一八四七年の恐慌中の諸銀行における蓄蔵貨幣の形成について、一地方銀行業者のピーズ氏は言う――（第四六〇五号）「イングランド銀行がその利子率をますます引き上げざるをえなくなったので、＊危惧がみんなのものになりました。地方の銀行業者たちは、手持ちの貨幣の額ならびに銀行券保有額を増加させました。そして、普通はおそらく二〇〇―三〇〇ポンドの金または〔原文は「および」〕銀行券しか持ち合わせないのを常としたわれわれの多くが、ただちに金庫と机〔原文は「机と引き出し」〕

の中に数千ポンドを貯えました。というのは、割引について、また、市場における手形の流通能力について、大きな不確実さが支配していたからです。こうして一般的な蓄蔵貨幣のため込みが生じました」。ある委員は述べる――（第四六九一号）「したがって、最近一二年間の原因がなんであったにせよ、結果は、いずれにしても、生産階級一般にとってよりも、ユダヤ人と貨幣取引業者とにとって有利なものでした」。

＊〔原文および草稿は「地金の額」。初版の「貨幣」Geld は「金」Gold の誤植と思われる〕

貨幣取引業者が恐慌の時期をどれほどおおいに利用するかについて、トゥックは供述する――「ウォリクシャーおよびスタッフォードシャー〔いずれもイングランド中部の州〕の金属製品業では、一八四七年に、商品の非常に多くの注文が〔引き受けを〕断わられました。なぜなら、工場主が自分の手形の割引のために支払わなければならなかった利子率が、自分の全利潤をのみ込んでしまうより以上の高さだったからです」（第五四五一号）。

こんどは、われわれは、すでに以前に引用したもう一つの議会報告書『銀行法特別委員会報告書。下院より上院に送付、一八五七年』（以下、『銀行委員会』[＊1]、一八五七年、として引用）を取り上げよう。そのなかでは、イングランド銀行理事で〝通貨主義〟者たちのあいだの主要立役者であるノーマン氏が、次のように尋問されている――[＊2]

（第三六三五号）「あなたは、利子率は、銀行券の分量ではなく資本の需要供給によって決まる、とのお考えだと言われました。あなたは、資本のうちに銀行券と硬貨以外のなにを含めるおつもりです

（433）

か？——私は、資本の普通の定義は、それは生産に使用される諸商品または諸サーヴィスであると、思います」。——（第三六三六号）「あなたが利子率について語られる場合、あなたは資本という言葉のなかにいっさいの商品を含められるのですか？——生産に使用されるいっさいの商品です」。——（第三六三七号）「あなたが利子率〔原文は「なにが利子率を規制するか」〕について語られる場合、資本という言葉のなかにそのいっさいを含められるのですね？——そうです。ある綿工場主が自分の工場用の綿花を必要とすると仮定しましょう。すると、おそらく彼は、取引銀行業者から前貸しを受け、こうして入手した銀行券をたずさえてリヴァプールに行って買うことにより、その綿花を調達するでしょう。彼が現実に必要とするのは綿花です。彼は、綿花を入手する手段としてよりほかには、銀行券も金も必要としません。または、彼は自分の労働者に支払うための資金を必要とします。その場合には、彼は、ふたたび銀行券を借り、この銀行券で自分の労働者の賃銀を支払います。そして、労働者のほうは、食料と住居とを必要とし、貨幣はそれらの代価を支払う手段なのです」。——（第三六三八号）「しかし、貨幣には利子が支払われるのでは？——第一の場合には確かにそうです。しかし、もう一つの場合をとってみましょう。彼が、銀行で前貸しを受けずに、綿花を信用で買うと仮定しましょう。その場合には、現金払いでの価格と、信用買いでの満期日における価格との差額が、利子の尺度です。たとえ貨幣がまったく存在しなくても、利子は存在するでしょう」。

＊1〔金が唯一真実の通貨であると前提して、物価は流通通貨の分量によって規定されるとする貨幣数量説に依拠し、金属通貨と銀行券が流通する場合にも、銀行券の分量を金の流出入に対応して調節すべきであると

する、純粋金属通貨制を理想とする学説。一八四四年のイギリスのピール銀行法はこの考えをもとにしていた。これにたいするマルクスの批判については、『経済学批判』、第二章「流通手段と貨幣にかんする諸理論」（邦訳『全集』第一三巻、一五八―一六一ページ）、本書、第三巻、第三四章「〝通貨主義〟と一八四四年のイギリスの銀行立法」参照〕

＊2〔草稿には「こんどは」からここまではない〕

このひとりよがりのばか話は、〝通貨主義〟のこの支柱的人物にまったくふさわしいものである。まずはじめに、銀行券または金はなにかを買うための手段であり、また、人はこれらのものをそれ自体のために借りるのではないという、天才的な発見。そして、このことからは、当然、利子率はなにによって規制されているか？　という問題が出てくる。諸商品の需要供給によってである〔と彼は言う〕――諸商品の需要供給については、人は、これまで、それらは諸商品の市場価格を規制するということしか知らなかったにもかかわらず。しかし、まったく異なる利子率が、諸商品の変わらない市場価格と両立しうるのである。――ところが、さらに〔彼の〕ずる賢さが現われる。「しかし、貨幣には利子が支払われる」という、正しい発言にたいして――この発言は、もちろん、次の質問、すなわち、諸商品をぜんぜん取り扱わない銀行業者が受け取る利子は、これらの商品とどのような関係にあるのか？　また、まったく異なる諸市場に、したがって、生産に使用される諸商品のまったく異なる需要供給関係が支配する諸市場に、貨幣を投下する工場主たちも、等しい利子率で貨幣を手に入れるではないか？　という質問を含んでいる――この質問にたいして、このもったいぶった天才は次のように述べる。工場主が綿花を信用で買うとすれば、「その場合には、現金払いでの価格と、信用買いでの満期日における価格との差額が、利子の尺度です」と。逆である。現行利子率――これを調整するものを天才ノーマンは説明するつもりなのである――こそが、現金払いでの価格と、満期日まで信用買いする価格との差額の尺度である。まず、現金払いでは、綿花はその価格どおりに売られなければならず、そしてこの価格は市場価格によって規定されており、市場価格そのものは需要供給の状態によって規制されている。その価格がたとえば一〇〇〇ポンドであるとしよう。売買にかんする限り、工場主と綿花仲買人とのあいだの取引はこれでかたがついている。次に第二の取引がつけ加わる。これは貸し手と借り手とのあいだの取引である。一〇〇〇ポンドの価値が、綿花で工場主に前貸しされ、工場主はこれをたとえば三ヵ月のうちに貨幣で返済しなければならない。そしてこの場合、一〇〇〇ポンドにたいする三ヵ月間の利子――それは市場利子率によって規定される――は、現金払いでの価
(434)
格に上乗せされる追加額をなす。綿花の価格は需要供給によって規定されている。しかし、一〇〇〇ポンド、三ヵ月間という綿花価値の前貸しの価格は利子率によって規定されている。そして、綿花そのものがこうして貨幣資本に転化されるという、このことが、ノーマン氏にとっては、たとえ貨幣がまったく存在しなくても利子は存在するであろう、ということの証明となる。〔しかし〕貨幣がまったく存在しなかったならば、一般的利子率はいずれにしても存在しなかったであろう。

　まず第一に、資本とは「生産に使用される諸商品」であるという卑俗な観念がある。これらの商品が資本として現われる限りでは、*資本*としてのそれら諸商品の価値は、*諸商品*としてのそれらの価値

と違って、それらの生産的使用または商業的使用から得られる利潤に表現される。そして、利潤率は、つねに無条件に、買われた諸商品の市場価格およびそれら諸商品の需要供給となんらかのかかわりをもってはいるが、しかしさらに、まったく別の事情によっても規定される。また、利子率が一般に利潤率をその限界とするということには、疑いの余地がない。しかし、ノーマン氏に言ってもらいたいのは、まさに、この限界がどのようにして規定されるかということなのである。そして、この限界は、他の資本諸形態から区別されたものとしての貨幣資本の需要供給によって規定されるのである。そこで、さらに、貨幣資本の需要供給はどのようにして規定されるのか？　という質問がなされうるであろう。物的資本の供給と貨幣資本の供給とのあいだに隠れた結びつきがあることは疑いの余地がないし、また、貨幣資本にたいする産業資本家たちの需要が現実の生産の諸事情によって規定されていることもやはり疑いの余地がない。ノーマンは、この点についてわれわれに説明してくれる代わりに、貨幣資本にたいする需要は貨幣そのものにたいする需要と同一ではないという知恵をわれわれに売りつける。そして、こうした知恵が出てくるのは、彼やオウヴァストン、その他の〝通貨主義〟の予言者たちの背後に、自分たちが、立法による人為的干渉によって、流通手段そのものから資本をつくりだそう、また、利子率を引き上げようとしているという、心のやましさがつねに潜んでいるからにほかならない。

次に、オウヴァストン卿、本名サミュエル・ジョウンズ・ロイドが、国内の「資本」がひどく不足しているからというので自分の「貨幣」にたいして一〇％を取る理由をどのように説明せざるをえないか、を見てみよう。

（第三六五三号）「利子率の変動は次の二つの原因の一つから生じます。すなわち、資本の価値の変化から」（すてきだ！　資本の価値とは、一般的に言えば、ほかならぬ利子率のことだ！　だからここでは、利子率の変化は利子率の変化から生じるということになる。「資本の価値」が理論的には決して別の意味に解されないということは、われわれが前に示したとおりである。それとも、オウヴァストン氏が、資本の価値とは利潤率のことだと解しているとすれば、この深遠な思想家は、利子率は（435）利潤率によって調整されるということに立ちもどることになる！）「または、国内に現存する貨幣額〔原文は「貨幣の量」〕の変化からです。利子率〔原文は「利子」〕の大きな変動――大きなというのは、変動の持続または広がりから見てですが――はすべて、明らかに資本の価値の変化に由来します。この事実については、一八四七年の、さらにまた最近の二年間（一八五五―一八五六年）の利子率の上昇以上に適切な実際的例証をあげることはできません。現存する貨幣額〔原文は「貨幣量」〕の変化から生じる利子率の比較的わずかな変動は、その広がりから見ても持続から見ても、ともに小さなものです。こうしたわずかな変動はひんぱんにあり、また、それが〔急速で〕ひんぱんであればあるほどそれだけその〔所期の〕目的を達成するのに効果的です」。すなわち、オウヴァストン〝流の〟銀行業者たちを儲けさせるのに効果的である。〔フレンド会の〕友[*1]サミュエル・ガーニーは、この点について、上院委員会で、非常に素朴に自分の考えを述べている――『商業の窮境』、一八四八年――（第一三二四号）「昨年起こった利子率の大変動は、銀行業者たちと〔原文は「または」〕貨幣取引業者たちとに有利であったとお考えですか？　それともそうではなかったとお考えですか？――私は、この変動は貨幣取引業者たちには有利であったと思います。取引のあらゆる変動は、消息通には有利です」。――（第一三二五号）「そうはいっても、高い利子率のもとでは、自分の最良の顧客たちが貧乏になるので、銀行業者も結局のところ損をするのではないのですか？――いいえ、私はその影響は目につくほどであるとは思いません」。――〝言いたいことはこれでわかる〟[*2]。

＊1〔一八世紀のイギリスに始まったプロテスタントの一派であるフレンド会（クエーカー派と称される）では、信徒は互いにフレンド（友）と呼び合った。ガーニーは既述のように「クエーカー教徒」なので（本訳書、第三巻、七二六ページ）、「友」という語が用いられている〕

＊2〔フランス語の慣用句「話の裏までわかる」の言い換え〕

現存する貨幣額が利子率におよぼす影響については、われわれは、のちに立ちもどるであろう。その前にここで指摘しなければならないのは、オウヴァストンがここでも〝取り違え〟をしているということである。一八四七年に貨幣資本にたいする需要は（一〇月以前には貨幣の欠乏すなわち彼が前に述べた「現存する貨幣の量」による心配はなかった）、さまざまな理由から増加した。穀物の騰貴、綿花価格の高騰、過剰生産による砂糖の販売不振、鉄道投機と崩落、綿商品による外国市場の供給過剰、単なる融通手形の使用を目的とした上述のような強行的な対インド輸出入〔本訳書、第三巻、七二二―七二四ページ参照〕。すべてこれらのことがら、すなわち、工業における過剰生産と同じく農業における過少生産とが、したがってまったく異なる諸原因が、貨幣資本にたいする、すなわち信用および貨幣にたいする、需要の増大を引き起こした。貨幣資本にたいする需要の増大は、生産過程そのものの進行のうちにその諸原因があった。しかし、たとえ原因がなんであろうと、利子率すなわち貨幣資本の価値を高騰させたのは、貨幣資本にたいする需要であった。貨幣資本の価値が高騰したのは貨幣資本の価値が高騰したからである、とオウヴァストンが言いたいのであれば、それは同義反復である。しかし、彼が、ここで、「資本の価値」とは、利子率の上昇の原因としての利潤率の上昇のことであると解しているのであれば、そのことが誤りだということはすぐに明らかになるであろう。貨幣資本（436）にたいする需要、したがって「資本の価値」は、利潤〔率〕が低下しても高騰することがありうる。貨幣資本の相対的供給が低下すれば、貨幣資本の「価値」は高騰する。オウヴァストンが証明しようとするのは、一八四七年の恐慌、および、それにともなった高利子率が、「現存する貨幣の量」とは、すなわち、彼によって息を吹き込まれた一八四四年の銀行法の諸規定とは、なんのかかわりもなかったということである。といっても、オウヴァストンの創作物（シェプフング）であるイングランド銀行準備金の枯渇（エアシェプフング）の恐れが、一八四七―四八年の恐慌に貨幣パニックをつけ加えたという限りでは、前者〔一八四七年恐慌と高利子率〕は後者〔貨幣の量〕と実際にはかかわりがあったのであるが。しかし、それはここでの論点ではない。現存する資金と比べて過大な取引に起因した貨幣資本の逼迫が存在していたが、これは凶作、鉄道への過剰投資、ことに綿商品の過剰生産、インドおよび中国とのいかさま取引、投機、砂糖の過剰輸入などの結果としての、再生産過程の撹乱によって勃発するにいたったのである。クォーターあたり一二〇シリングであったときに穀物を買った人々が、六〇シリングに低下したときに失ったものは、彼らが支払いすぎた六〇シリングと、穀物を担保にした前貸しの形でのその額に相当する信用とであった。彼らが自分の穀物を一二〇シリングというもとの価格で貨幣に換えることをさまたげたものは、決して銀行券の不足ではなかった。砂糖を過剰に輸入したが、その砂糖がやがてほとんど売れなくなった人々の場合も同様であった。自分の流動資本（floating capital）を鉄道に固定させ、自分の「本」業での流動資本の補塡については信用をあてにしていた諸氏の場合にも同様であった。これらすべてのことが、オウヴァストンにとっては、「彼の貨幣の価値が増大したという道徳的知覚」となって現われる。しかし、貨幣資本の価値のこの増大には、他方では、直接に、実物資本（商品資本および生産資本）の貨幣価値の低下が対応していた。一方の形態での資本の価値が上昇したのは、他方の形態での資本の価値が低下したからである。ところがオウヴァストンは、資本種類の異なるこの両価値を、資本一般のただ一つの価値と見て同一視しようとする。しかも、両価値を流通手段の不足すなわち現存貨幣の不足＊に対置することによってそうしようとするのである。しかし、同じ額の貨幣資本でも、流通手段の非常に異なる分量で貸し出されることがありうるのである。

＊〔草稿では「流通手段の不足すなわち現存貨幣の不足」は、英文で「『通貨』の不足すなわち貨幣の不足」となっている〕

さて、彼のあげる一八四七年の例をとってみよう。イングランド銀行の公定歩合は次のとおりであった。一月、三―三½％。二月、四―四½％。三月、だいたい四％。四月（パニック）、四―七½％。五月、五―五½％。六月、およそ五％。七月、五％。八月、五―五½％。九月、五％、ただし五¼、

(437)
五½、六％と小変動があった。一〇月、五、五½、七％。一一月、七―一〇％。一二月、七―五％。――この場合に利子が上昇したのは、利潤が減少し、諸商品の貨幣価値[*1]が法外に低下したからである。したがって、オウヴァストンが、ここで、一八四七年に利子率が上昇したのは資本の価値が上昇したからであると言えば、彼は、この場合、資本の価値を貨幣資本の価値としか解することができないということであるが、貨幣資本の価値とはまさに利子率のことであって、それ以外のなにものでもない。[*2]ところが、のちには狐のしっぽ〔「だましの正体」の意〕が現われ、資本の価値が利潤率と同一視されるのである。

＊1〔草稿では「諸商品の貨幣価値」は「諸商品の価値〔諸商品の価格で表現された〕」となっている〕

＊2〔草稿では「貨幣資本の価値とは」以下は「これが利子率なのである」となっている〕

一八五六年に支払われた高い利子率について言えば、オウヴァストンは、この高い利子率が部分的には次のことの一徴候であることが実はわからなかったのである。すなわち、利子を利潤からではなく他人の資本から支払う信用投機師という代物が出現したということの一徴候であるということが。一八五七年の恐慌のわずか二、三ヵ月前に、彼は、「事業はまったく健全です[*]」と主張した。

＊〔『銀行委員会』、一八五七年、第三七二二号〕

彼はさらに供述する〔『銀行委員会』、一八五七年〕――（第三七二二号）「事業利潤が利子率の上昇によって破壊されるという考えは、ひどい誤りです。まず第一に、利子率の上昇はめったに長続きしません。第二に、長続きしてかなり高いとすれば、それは、実際には、資本の価値が増加するからです。

ではなぜ資本の価値が増加するのか？　利潤率が増加しているからです」。こうして、ついにここで、われわれは「資本の価値」がなにを意味するかを知るのである。ところで、利潤率は長期間にわたって高止まりするが、しかし、企業者利得が低下し利子率が上昇する――その結果、利子が利潤の大部分をのみ込む――ということもありうる。

（第三七二四号）「利子率の上昇は、わが国の事業の非常な拡張と利潤率の著しい増大との結果でした。そして、利子率の上昇が上昇自身の原因であったこの二つの同じものを破壊すると言って嘆くとすれば、それはなんとも言いようのない論理的不合理です」。これは、彼が次のように言うのと同じようにまことに論理的である――すなわち、利潤率の上昇は、投機による諸商品価格の高騰の結果であり、そして、価格の高騰がそれ自身の原因すなわち投機を破壊すると言って嘆くとすれば、それは論理的不合理である云々、と。あるものがそれ自身の原因を最終的には破壊しうるというのは、高い利子率にほれ込んだ高利貸しにとってのみ論理的不合理である。ローマ人の偉大さは彼らの諸征服の原因であったが、彼らの諸征服は彼らの偉大さを破壊した。富は奢侈の原因であるが、奢侈は富に破(438)壊的に作用する。このずる賢いやつめ！　この成り上がり貴族（ダングヒル・アリストクラット）[*1]である百万長者の「論理」が全イギリスに吹き込んだ尊敬の念以上に、こんにちのブルジョア世界の愚かしさをよりよく示しうるものはない。ところで、高い利潤率と事業拡張とは高い利子率の原因でありうるとしても、だからといって、高い利子率は決して高い利潤の原因ではない。そして、問題は、まさに、高い利潤率がずっと以前にこの世のすべての者がたどる道をたどってしまった[*2]のちにも、この高い利子（恐慌のときに現実に現われたような）が持続したのではなかったか、それどころかはじめて頂点に達したのではなかったか、ということである。

＊1〔「ダンクヒル」は、文字どおりには、糞や堆肥の山という意味で、悪徳者や成り上がり者をののしるさいに使われた。シェイクスピア『ジョン王』、第四幕、第三場、八七行（小田島雄志訳『シェイクスピア全集』Ⅱ、白水社、一九八五年、三三二ページ）参照。ロイドは一八五〇年にオウヴァストン男爵となった〕

＊2〔旧約聖書、ヨシュア記、二三・一四、列王記上、二・二などに由来する成句。「死ぬ」の意〕

（第三七一八号）「割引率の大幅な上昇について言えば、それはまったく資本の価値増加から生じる事情であり、そして、資本のこの価値増加の原因は、だれでも完全な明瞭さをもって発見できるものと思います。この銀行法が施行されてきた一三年間に、イギリスの取引が四五〇〇万ポンドから一億二〇〇〇万ポンドに増大したという事実には、私はすでに言及しました。示されたこの簡単な数字に含まれるいっさいの出来事について熟考していただきたい。こうした巨大な取引増加にともなう〔原文は「を行なうための」〕莫大な資本需要を考え、同時に、この大需要にたいする供給の自然的源泉、すなわちこの国の年々の貯蓄が、この三、四年間に、戦争目的のための無益な出費に消費されたということを考えていただきたい。正直なところ、私は利子率がさらにずっと高くないことにおどろいています。言い換えれば、これらの巨大な取引の結果としての〔原文は「を行なうための」〕資本の逼迫が、あなたがたがすでにご存知であるよりもさらにずっと激しくないことにおどろいています」。

わが高利貸し的議論家のなんというおどろくべき用語の混同であろう！　ここでまたもや彼のいう

資本の価値増加をもち出すとは！　彼は、一方では、再生産過程の膨大な拡張、したがって現実資本の蓄積が行なわれ、他方には「資本」が存在して、このように巨額に増加した取引をなしとげるための「莫大な需要」が生じた、と思い込んでいるらしい！　もともと、この巨大な生産の増加自体が資本の増加ではなかったのか、また、それが需要をつくりだしたとすれば、それは同時に供給をもつくりだしたのではないのか、そして同時に貨幣資本の供給増加さえもつくりだしたのではないのか？　利子率が非常に上昇したとしても、それは、ただ、貨幣資本にたいする需要が供給よりもいっそう急速に増大したからにすぎない――ということは、言い換えれば、産業的生産の拡張につれて、信用制度を基盤にした産業的生産の運営が拡張されたということに帰着する。別の言葉で言えば、現実の産業的拡大が「融資」にたいする需要の増加を引き起こしたのであり、この融資の需要こそが、明らかに、わが銀行業者が、「莫大な資本需要」として理解しているものなのである。輸出取引を四五〇〇万から一億二〇〇〇万に増加させたのは、確かに、単なる資本需要の拡大ではない。さらにまた、オ(439)ウヴァストンが、クリミア戦争〔一八五三―一八五六年〕によって食い尽くされたこの国の年々の貯蓄こそ、この大需要のための供給の自然的源泉をなすと語るとき、彼は、それをどう理解しているのだろうか？　第一に、いったい、小さなクリミア戦争とはまったく別種の戦争*であった一七九二―一八一五年のイギリスは、なにによって蓄積したのか？　第二に、自然的源泉が枯渇したとすれば、いったい資本はどんな源泉から流入したのか？　イギリスは周知のように諸外国から前貸しを受けてはいない。それに、自然的源泉のほかになお人為的源泉があるとすれば、自然的源泉を戦争で利用し、人為的源泉を事業で利用することこそが、一国にとってこのうえもなく好ましい方法であろう。しかし、旧来の貨幣資本しか現存しなかったとすれば、この資本は高い利子率によってその効果を二倍にすることができたであろうか？　オウヴァストン氏は、明らかに、この国の年々の貯蓄（といっても、それはこの場合には消費されたとのことであるが）は貨幣資本にのみ転化するものと思っている。しかし、現実的蓄積、すなわち、生産の増大および生産諸手段の増加が生じなかったとすれば、この生産にたいする貨幣形態での債権の蓄積がなんの役に立つであろうか？

＊〔ヨーロッパ諸国が、一七九二―一八一五年に、革命フランスおよびナポレオンのフランスにたいして、連合して行なった戦争のこと。一八五三―五六年のクリミア戦争（イギリス、フランス、トルコ、サルディニアの連合とロシアとの戦争）とは、戦争の性格も規模も異なっていた〕

高い利潤率から生じる「資本の価値」の増大を、オウヴァストンは、貨幣資本にたいする需要増加から生じるその増大と混同している。この需要は、利潤率とはまったくかかわりのない諸原因からも増大しうる。彼自身、実例として、一八四七年にはこの需要が実物資本の価値減少の結果として増大したことをあげている。自分の都合しだいで、彼は、資本の価値を実物資本に関連させたり貨幣資本に関連させたりする。

わが銀行貴族の不誠実さは、彼の偏狭な銀行業者的見地――これを彼は教授風に極端化する――とともに、さらに次の問答に現われる――（第三七二八号）（質問）「ご意見によれば、あなたは、割引率は商人にとっては実質的にさほど重要でない、と言われました。あなたは普通の利潤率をどれくらいと見られるのか、おっしゃっていただけませんか?」それに答えることは「不可能」であるとオウヴァストン氏は言明する。(第三七二九号)「平均利潤率が〔たとえば〕七―一〇%であると仮定すれば、二%から七または八%への割引率の変化は利潤率に実質的に影響をおよぼすに違いない、そうではないでしょうか?」{この質問そのものが、企業者利得の率と利潤率とを混同し、また、利潤率は(440)利子と企業者利得との[*1]共通の源泉であることを見逃している。利子率は利潤率に関係せずにすむが、企業者利得[*2]には影響しないわけにはいかない。オウヴァストンの返答――}「第一に、事業家たちは、自分の利潤を大幅にまえもって奪い取る〔原文は「いちじるしくそこなう」〕ような割引率を支払わないでしょう。彼らは〔……〕むしろ自分の事業を中止するでしょう」。{いかにもそのとおり、彼らが破滅しないで中止できるならば。彼らが割引料を支払うのは、彼らの利潤が高いあいだは彼らがそうしたいからであり、利潤が低くなれば、彼らはそうせざるをえないからである}「割引とはなんのことでしょう? なぜ人は手形を割り引いてもらうのでしょう?……彼がもっと多くの資本〔にたいする支配――原文による〕を入手したいと思うからです」。{〝ちょっと待ってくれたまえ!〟 それは、彼が自分の長期投下した資本の貨幣での還流を先取りして、自分の事業の停止を避けたいと思うからである。満期になった支払いを弁済しなければならないからである。もっと多くの資本を彼が要求するのは、事業が好調な場合か、他人の資本で投機を行なう場合――事業が不調であるあいだでさえ――だけである。割引は事業の拡張のためだけの手段では決してない。[*3]}「では、なぜ彼はもっと多くの資本を支配したがるのでしょうか? その資本を使用したいからです。では、なぜその資本を使用したがるのでしょうか？　そうすれば儲かるからです。もっとも、割引料が彼の利潤をのみ込んでしまえば、彼にとっては儲けにならないでしょう」。

＊1〔草稿では「利子と企業者利得との」は「両者の」となっている〕
＊2〔草稿では「商業利潤または産業利潤」となっている〕
＊3〔草稿ではここに次の一文が続く。「彼が信用を与えるのが利潤をあげるためであるように、彼が貨幣の貸し手から利潤〔信用の誤記か〕を受けようとするのは、彼の事業を継続するためである」〕

このひとりよがりの議論家は、手形は事業を拡張するために割り引かれるだけであり、事業が拡張されるのは儲かるからである、と想定する。この第一の前提は誤りである。普通の事業家が手形を割り引いてもらうのは、自分の資本の貨幣形態を先取りし、それによって再生産過程の連続を保つためであって、事業を拡張したり、追加資本を調達するためではなく、自分が与える信用を、自分が受ける信用によって相殺するためである。また、彼が信用によって自分の事業を拡張しようとするならば、手形の割引は、彼にとってほとんど役に立たないであろう。手形の割引とは、実は、すでに自分の手にある貨幣資本の、ある形態から他の形態への転換にすぎないからである。彼は、むしろ、より長期の固定借入金を借りるほうを選ぶであろう。もちろん、信用投機師は、自分の事業を拡張するために、あるいかがわしい事業を他のいかがわしい事業で埋め合わせをするために、自分の融通手形を割り引かせるであろう。それは、利潤を得るためではなく、他人の資本を自分のものにするためである。

オウヴァストン氏は、このように割引を追加資本の借り入れと＊1（資本を表わす手形の現金貨幣＊2への

（441）転化とではなく）同一視しておきながら、責め道具で責めたてられるとたちまち退却する。（第三七三〇号）（質問）「商人たちは、ひとたび事業に従事すると、利子率〔原文は「割引率」〕が一時的に上昇しても、自分の取引をある期間続けなければならないのではありませんか？」――（オウヴァストン）「なんらかの個々の取引で、だれかが高い利子率ではなく低い利子率で資本にたいする支配を手に入れることができるとすれば、事態をこの制限された見地から見れば、それが彼にとって好ましいということは疑いありません」。――これにたいして、オウヴァストン氏が、いま突然に「資本」とは彼の銀行業者資本のことであるとだけ理解し、そこから、彼のもとで手形を割り引く人を、その人の資本が商品形態で存在しているという理由、または、その人の資本の貨幣形態が、オウヴァストン氏によって別の貨幣形態に換えられる手形であるという理由で、資本をもたない人とみなすとすれば、それは〔オウヴァストン氏の〕制限されない見地というものであろう。[*3]

＊1〔草稿では「追加資本の借り入れ」は『追加の資本量』の取得」となっている〕

＊2〔草稿では「現金貨幣」は「貨幣」となっている〕

＊3〔草稿では、この前に「これに答える代わりに、わが高利貸しはあざけって言う」と書かれている〕

（第三七三二号）「一八四四年の銀行法にかんしてですが、あなたは、イングランド銀行の金準備〔原文は「地金の量」〕にたいする〔平均〕利子率の割合がおよそどうであったかを述べることができますか？　イングランド銀行にある金〔地金の量〕が九〇〇万または一〇〇〇万〔ポンド〕であったときに利子率が六または七％であったし、その金が一六〇〇万〔ポンド〕であったときに利子率は三％ないし四%くらいであったというのは、本当でしょうか？」〔この質問者は、オウヴァストン氏に、イングランド銀行にある金の量によって影響される限りでの利子率を、資本の価値によって影響される限りでの利子率から説明させようとする〕。「私はそうだとは言いませんが、……しかしそうだとすれば、その場合には、私の考えでは、われわれは一八四四年の銀行法よりもさらにきびしい諸方策をとらなければなりません。というのは、もし金準備が大きければ大きいほど利子率が低くなるということが本当であるならば、その場合には、この見地に従って仕事に取りかかり、金準備を無限の額にまで高めなければならないでしょうし、そうなれば、われわれは利子をゼロに引き下げることになるだろうからです」。質問者ケイリーは、このへたな冗談に当惑することなく続ける――（第三七三三号）「もしそうだとすれば、かりに金五〇〇万〔ポンド〕がイングランド銀行に返還されるならば、次の六ヵ月間に金準備は約一六〇〇万になるでしょうし、また、かりに利子率がこうして三ないし四%に低下するとすれば、その場合、利子率の低下が事業の大幅縮小から起こると、どのように主張できるでしょうか？――私は、利子率の低下でなく、利子率の最近の大幅上昇が事業の大拡張と密接に結びついている、と言ったのです」。――しかしケイリーが言っているのは次のこと、すなわち、金準
(442) 備の収縮にともなう利子率の上昇が事業拡張のしるしであるとすれば、金準備の拡大にともなう利子率の低下は事業縮小のしるしでなければならない、ということである。これにたいしてオウヴァストンはなにも答えていない。（第三七三六号）〔質問〕「私の見るところでは、あなたは」（原文ではつねにユア・ロードシップ〔閣下〕となっている）「貨幣は資本を入手するための道具であると言われま

した」。〔貨幣を道具と解することはまさしくまちがいである。貨幣は資本の形態である。〕「金準備」〔イングランド銀行の〕「の減少〔原文は「流出」〕のもとでは、大きな困難は、逆に、資本家たちが貨幣を入手できないということにあるのではありませんか？」――〔オウヴァストン〕「いいえ、貨幣を入手しようとするのは、資本家たちでなく、資本家ではない人々です。では、なぜ彼らは貨幣を入手しようとするのでしょうか？……そのわけは、彼らは、貨幣によって資本家の資本にたいする指揮権を手に入れて、資本家でない人々の事業を営もうとするからです」。――ここで、彼は、工場主と商人とは資本家ではないと、また、資本家の資本とは貨幣資本だけであると、露骨に言明するのである。――（第三七三七号）「そうすると、手形を振り出す人々は資本家ではないのですか？――手形を振り出す人々は、場合によっては資本家であるかもしれませんし、場合によっては資本家でないかもしれません」。ここで彼は立ち往生する。

彼は、こんどは、商人たちの手形は、彼らが販売したか、または船積みした諸商品を代表しないかどうかと質問される。彼は、銀行券が金を代表するのとまったく同様にこれらの手形は諸商品の価値を代表するということを、否認する（第三七四〇、三七四一号）。これはかなり厚かましい話である。（第三七四二号）「商人の目的は、貨幣を入手することではないのですか？――はい、貨幣を入手することは、手形を振り出すさいの目的ではありません。貨幣を入手することは、手形を割り引いてもらうさいの目的です」。手形の振り出しとは、商品を信用貨幣の一形態に転化することであり、また手形の割引とは、この信用貨幣を他の信用貨幣すなわち銀行券に転化することである。[*] いずれにしても、オウヴァストン氏は、ここで、割引の目的が貨幣を入手することであることを認めるのである。これまで、彼は、資本を一形態から他の形態に転化するためではなく、ただ追加資本を入手するために割り引かせていたのである。

＊〔草稿では「他の信用貨幣に転化することである（銀行券の場合）」となっている〕

〔第三七四三号〕「あなたの供述によれば、一八二五年、一八三七年、および一八三九年に生じたようなパニックの逼迫〔原文は「逼迫またはパニック」〕のもとでの、事業界の大きな願いはなんでしょうか？　彼らの目的は資本を手に入れることですか、それとも法貨を手に入れることですか？――彼らの目的は、自分の事業を続ける〔原文は「支える」〕ために資本にたいする指揮権を手に入れることです」。――彼らの目的は、信用の不足が始まったので、そして、自分の諸商品を価格よりも低くたたき売りしなくてもすむように、彼ら自身あての満期手形を支払うための支払手段を入手することである。彼ら自身がまったく資本をもっていないならば、彼らは支払手段とともにもちろん同時に資本をも入手する。なぜなら、彼らは等価物なしに価値を入手するからである。貨幣そのものにたいする要求は、いつも、ただ、価値を商品または債権の形態から貨幣の形態に転換しようとする願望だけである。それだからまた、恐慌を度外視するとしても、資本借り入れと割引――これは、貨幣請求権の、一形態から他の形態への、または現実貨幣への転化を遂行するにすぎない――とのあいだには大きな区別がある。＊

(443)

＊〔草稿では「資本借り入れと割引」以下は次のようになっている。「割引によって資本を調達することと、

貨幣請求権を一つの形態から別の形態に転換することとのあいだには、大きな区別がある」〕

〔私――編集者〔エンゲルス〕――は、ここで一言さしはさんでおきたい。

ノーマンの場合にも、ロイド－オウヴァストンの場合にも、銀行業者はいつも「資本を前貸しする」者としてそこにおり、その顧客は銀行業者に「資本」を求める者としてそこにいる。そこで、オウヴァストンは言う。だれかが銀行業者を通じて手形を割り引いてもらうのは「資本を入手したいと思うから」（第三七二九号）であり、また、この男が「低い利子率で資本にたいする支配を手に入れうる」（第三七三〇号）とすれば、それは彼にとって好ましいことである、と。「貨幣は資本を入手するための道具」（第三七三六号）であり、また、パニックにさいしての事業界の大きな願いは「資本にたいする指揮権を入手する」（第三七四三号）ことである〔以上の引用文中の強調はエンゲルスのもの〕。なにが資本であるかについてのロイド－オウヴァストンのあらゆる混乱にもかかわらず、銀行業者が取引顧客に与えるものを、彼が資本と名づけるということだけははっきりと見てとれるのであり、それは顧客がそれ以前にはもっていなかった、彼に前貸しされる資本であり、これまで顧客が自由に支配していたものにたいする追加であるというのである。

銀行業者は、貨幣形態で自由に使用できる社会的資本の――貸し付けの形態での――分配者の役をつとめることに慣れきっているので、銀行業者にとっては、彼が貨幣を手放すさいのあらゆる機能が貸し付けのように思われる。彼が払い出すいっさいの貨幣が、彼にとっては前貸しとして見える。貨幣が直接に貸し付けとして支出されるならば、これは文字どおりに正しい。貨幣が手形の割引に投下されるならば、それは事実上、銀行業者自身にとっては、手形の満期までの前貸しである。こうして、前貸しでない支払いはできないという考えが彼の頭にこびりつく。しかも、この前貸しは、利子または利潤を得る目的で行なわれるどの貨幣投下も、経済学の見地からは、私人としての資格における貨幣所有者当人が企業者としての資格において自分自身にたいして行なう前貸しとみなされるという、単にこの意味での前貸しなどではない。そうではなく、銀行業者が顧客に、ある金額を貸し付けによって引き渡すと、それが後者の自由に使用できる資本をそれだけ増加させるという、特定の意味での前貸しである。

こうした考えこそ、銀行の窓口から経済学に移されると、銀行業者が自分の取引顧客に現金貨幣で
(444)
自由に使用させるものは資本なのか、それとも単なる貨幣、流通手段、〝通貨〟にすぎないのか？という混乱した論争問題を生み出したものなのである。この――根本的には簡単な――論争問題を解決するためには、われわれは銀行の顧客の立場に自分をおいてみなければならない。銀行の顧客がなにを要求し、なにを入手するかが、問題である。

銀行が取引顧客に、彼から担保をとらず、彼の対人信用だけで貸し付けを承諾するとすれば、事態は明白である。彼は、無条件に、自分がそれまで使用してきた資本への追加として、一定の価値額の前貸しを入手する。彼はそれを貨幣形態で入手するのであり、したがって、貨幣を入手するだけでなく貨幣資本をも入手する。

彼が、有価証券などを担保としてなされる前貸しを入手するとすれば、それは、返済を条件として

彼に貨幣が支払われたという意味での前貸しである。しかし、〔これは〕資本の前貸しではない。というのは、有価証券もやはり資本を、しかも、前貸しよりも多い額を表わすからである。つまり、受取人は、自分が担保として提供するよりも少額の資本価値を入手する。これは、彼にとっては、追加資本の獲得では決してない。彼がこの取引をするのは、資本を必要とするからではなく――資本はすでに彼は有価証券という形で持っている――貨幣を必要とするからである。したがって、ここにあるのは貨幣の前貸しであって、資本の前貸しではない。

前貸しが手形の割引によって与えられるとすれば、前貸しの形態も消えうせる。ここにあるのは純粋な買いと売りである。手形は裏書きによって銀行の所有に移り、その反対に、貨幣が顧客の所有に移る。顧客側の返済は問題にならない。顧客が手形または類似の信用用具で現金貨幣を買うとすれば、それは、彼が自分のそのほかの商品すなわち綿花、鉄、穀物で現金貨幣を買った場合と同様に、決して前貸しではない。また、ここでは資本の前貸しは全然問題になりえない。商人と商人とのあいだのあらゆる買いと売りは資本の移転である。そして、資本の移転が相互的でなく一方的でかつ期限つきである場合にのみ、前貸しが生じる。したがって、手形割引による資本前貸しは、その手形が融通手形――なにも売られた商品を表わさず、その正体を見抜けば銀行業者はだれも受け取らない融通手形――である場合にのみ起こりうる。したがって、正規の割引業務では、銀行の顧客は資本としても貨幣としても前貸しを手に入れるのではなく、売られた商品に代わる貨幣を手に入れるのである。

したがって、顧客が銀行に資本を求め、これを手に入れる場合は、彼が単に貨幣を前貸ししてもら

（445）

うとか、貨幣を銀行で買うとかいう場合とは非常にはっきり区別されている。また、ことにロイドーオウヴァストン氏は担保なしに自分の資金を前貸しするようなことはめったにしなかったから〔彼はマンチェスターにおける私の商会の取引銀行業者であった〕、おおらかな心の銀行業者たちが、資本に不自由している工場主たちに前貸しするという資本の量にかんする彼の美辞麗句が、ひどいほらであるということも、同様に明らかである。

ところで、第三二章において、マルクスは、要点について同じことを述べている[*1]――「支払手段にたいする需要は、商人たちと生産者たちとが確実な担保を提供できる限りでは、単なる、貨幣への転換可能性にたいする需要である。そうでない〔担保の提供がない〕限りでは、したがって、支払手段の前貸しが彼らに貨幣形態を与えるだけでなく、彼らにとって不足している支払いのための等価物――どんな形態のものであれ――を与える限りでは、支払手段にたいする需要は、貨幣資本にたいする需要である」。――さらに、第三三章においては、次のように述べている[*2]――「信用制度が発達していて貨幣が諸銀行の手に集中している場合には、少なくとも名目的には、貨幣を前貸しするのは銀行である。この前貸しは、流通内にある貨幣にだけ関連する[*3]。それは通貨の前貸しであり、これが流通させる資本の前貸しではない」〔強調はエンゲルス〕。――このことを知っているに違いないチャップマン氏も、割引業務にかんする上述の見解を確認している（『銀行委員会』、一八五七年）――「銀行業者は手形をもっています。銀行業者は手形を買ったのです」（証言、質問第五一三九号）〔強調はエンゲルス〕。

なお、第二八章において、もう一度この論題に立ちもどる。[*4]――F・エンゲルス｝

＊1〔本訳書、第三巻、九二一ページ、および、九二二ページ訳注＊2を参照〕

＊2〔本訳書、第三巻、九五二ページ、および、同ページ訳注＊を参照〕

＊3〔初版では「……貨幣とは関連がない」となっていた。アドラツキー版以後訂正〕

＊4〔本訳書、第三巻、八〇五―八〇七ページを参照〕

（第三七四四号）「あなたは資本という言葉を実際にどう解しておられるのか、お述べいただけないでしょうか？」――｛オウヴァストンの答え｝「資本は、それによって事業が営まれるさまざまな商品からなります。固定資本があり、流動資本があります。あなたの船、あなたのドック、あなたの波止場〔……〕は固定資本です。あなたの食料、あなたの衣服などは流動資本です」。

（第三七四五号）「外国への金の流出は、イギリスにとって有害な結果をもたらすでしょうか？」――「いいえ、この言葉が合理的な意味で使われる限りでは」。｛ここで、旧来のリカードウ的貨幣理論[*]が現われる。｝……「事物の自然的な状態のもとでは、世界の貨幣は、世界のさまざまな国々にそれぞれ一定の割合で分配されます。これらの割合は、そうした分配」｛貨幣の｝「のもとであれば、一方のある一国と他方の世界の他のすべての国々とのあいだの交易が〔……〕単なる物々交易となるような、そういうふうなものです。しかし、この分配にときどき作用をおよぼす撹乱的な諸影響力〔原文は
(446) 「諸事情」〕があり、このような諸影響力が現われると、ある与えられた国の貨幣の一部分が他の国々に流出します」。――（第三七四六号）「あなたはいま貨幣という言葉を使っておられます。私の理解

が誤りでなければ、あなたは前にはそれは資本の損失であると言われました。――なにが資本の損失であると私が言いましたか？」――（第三七四七号）「金流出〔原文は「地金の輸出」。以下同じ〕がです。――いいえ、私はそんなことは言いませんでした。あなたが金〔地金〕を資本として扱われるなら、金流出は疑いもなく資本の損失です。金流出は、世界貨幣を構成する貴金属の一定部分を手放すことです」。――（第三七四八号）「あなたは、前に、割引率の変動は資本価値の変動の単なる徴候であると言われたと思いますが？――申しました」。――（第三七四九号）「また、割引率は一般にイングランド銀行の金準備とともに変動するとは？――申しました。しかし、私がすでに述べたように、一国の貨幣の量」（すなわち、ここで彼が貨幣の量と言っているのは現実の金の量のことである）「の変動から生じる利子率の変動は非常にわずかなものです……」。

＊〔リカードウは、『経済学および課税の原理』、第七章「外国貿易について」で言う――「金と銀は流通の一般的媒介物として選ばれてきているので、それらは、商業上の競争によって、もしこのような金属が存在せず、諸国間の貿易が純粋に物々交易であるならば起こるであろうような、自然の通商に適応するような割合で、世界の異なる国々のあいだに分配される。」「こうして、各国の貨幣は、有利な物々交易を調整するのに必要であるような分量においてのみ、各国に割り当てられる」（堀経夫訳『リカードウ全集』Ⅰ、雄松堂書店、一九七二年、一五九、一六三ページ）〕

（第三七五〇号）「では、あなたは通常の率を超えた、割引率の比較的長期にわたる、といってもやはりただ一時的な、上昇が生じた場合には、資本減少が生じたとおっしゃりたいのですか？――言葉のある一つの意味での資本減少です。資本とそれにたいする需要との割合が変動したのです。しかし、それは、おそらく、需要の増加によってであって、資本の量の減少によってではないでしょう」。〔しかし、資本とはまさしく貨幣または金に等しかったのであり、また、少し前には、利子率の上昇が、事業または資本の縮小からではなく、その拡大から生じた高い利潤率によって説明されていたのである。〕

（第三七五一号）「あなたがここでとくに念頭におかれるのは、どんな資本ですか？――それは、まったく、各個人が必要とするのはどんな資本か、によって決まります。国民がその事業を続行するために自由に使用できるものが資本であり、この事業が二倍になれば、それを続行するのに用いられるべき資本にたいする需要が大きく増加せざるをえません」。〔このずる賢い銀行業者は、まず事業を二倍にしておき、次にそれから、事業を二倍にするのに用いられるべき資本にたいする需要を二倍にする。彼は、いつでもただ、自分の事業を二倍にするためにロイド氏のもとで前より大きな資本を求める彼の顧客たちのことだけを考えているのである。〕「資本は他のどの商品とも同じようなものです」〔しかし、ロイド氏によれば、資本は、まさに諸商品の総体以外のなにものでもない〕。「資本は需要供給に応じてその価格が変動します」〔したがって、諸商品は二重に価格が変動する――一度は商品〝として〟、もう一度は資本〝として〟〕。

（第三七五二号）「割引率の変動は、一般にイングランド銀行の金庫にある金の額の変動と連関しています。これがあなたの言われる資本ですか？――いいえ」。――（第三七五三号）「あなたは、イン

（447）グランド銀行に多額の資本準備が蓄積されておりながら、同時に割引率が高かったという実例をあげることができますか？——イングランド銀行に蓄積されるのは、資本ではなく貨幣です」。——〔第三七五四号〕「あなたは利子率は資本の分量に依存すると言われました。あなたの言われる資本とはどんなものをさしておられるのか、また、イングランド銀行に多額の金準備がありながら、同時に利子率が高かったという実例をあげることができるかどうか、お述べいただけないでしょうか？——イングランド銀行における金〔地金〕の蓄積が低い利子率と時間的に一致するかもしれないということは、おおいにありそうなことです｛ほほう！｝。「なぜなら、資本にたいする需要が減少する時期は」｛ここに言う資本とは貨幣資本のことである。ここで言われている時期すなわち一八四四年と一八四五年は、繁栄期であった｝「当然、資本を支配するための手段または道具を蓄積することのできる時期だからです」。——〔第三七五五号〕「では、あなたは、割引率とイングランド銀行の金庫にある金〔地金〕の量とのあいだにはなんの連関もない、と思われるのですか？——連関はあるかもしれませんが、それは原理的な連関ではありません」｛しかし、一八四四年の彼の銀行法は、イングランド銀行の保有する金の分量に従って利子率を調整することを、まさに同行の原理にしている｝。「それらが同時に起こることはあるかもしれません」。——〔第三七五八号〕「では、あなたは、高い割引率の結果としての、貨幣の欠乏期における、わが国の商人たちの困難は、資本を入手することにあるのであり、貨幣を入手することにあるのではない、とおっしゃりたいのですか？——あなたは二つのことがらをいっしょくたにしていますが、私はそれらをそんな形に一緒にはしません。困難は資本を入手することにありますが、同じく貨幣を入手することにもあります。……貨幣を入手する困難と資本を入手する困難とは、同じ困難をその経過の二つの異なる〔原文は「二つの相次ぐ」〕段階で見たものです」。――魚は、ここでまたもや動きがとれなくなる。第一の困難は、手形を割り引いてもらうこと、または商品を担保にして前貸しを受ける[*1]ことである。これは、資本、または資本を表わす商業的価値章標[*2]を貨幣に転化することの困難である。そして、この困難は、とりわけ高い利子率で表現される。しかし、いったん貨幣を手に入れてしまえば、次に第二の困難はどこにあるのか？　支払いだけが問題であるなら、自分の貨幣を手放すことに困難を見いだす人がいるであろうか？　また、購買が問題であるなら、恐慌時[*3]に購入することに困難を見いだした人がどこかにいたことがあったであろうか？　また、これが穀物、綿花などが騰貴している特殊な場合のことだとしても、購買の困難は貨幣資本の価値すなわち利子率[*4]にではなく、商品の価格に現われることがありうるだけであろう。そして、この困難は、当の人物がいまではこの商品を買う貨幣を所有しているということによって、克服されているのである。

＊1〔草稿では「商品を担保にして前貸しを」は「有価証券担保の前貸しを」となっている〕
＊2〔草稿では「商業的代理物」となっている〕
＊3〔草稿では「逼迫時」となっている〕
＊4〔草稿では「貨幣資本の価値すなわち利子率」は「『貨幣の価値』すなわち利子」となっている〕

（第三七六〇号）「それでも、割引率の上昇は、貨幣を入手することの困難の増加でしょう？――それ〔割引率の上昇〕は、貨幣を入手することの困難の増加ですが、しかし、貨幣を所有することが問題なのではありません〔原文は「それは、あなたが貨幣を持ちたいと思うからではありません」〕。それは、資本を入手することの困難の増加が、文明化した状態の複雑な諸関係のもとで呈する形態にすぎません」（そして、この形態が、銀行業者のポケットに利潤をもたらすのである）。

(448)
〔第三七六三号〕｛オウヴァストンの答え｝「銀行業者は、一方では預金を受け入れ、他方ではこの預金を資本の形態で〔……〕人々の手にゆだねることによって、それを利用する仲介人です」。

ここで、ついに、われわれは、彼が資本をなんであると理解しているかを知る。彼が貨幣を資本に転化するのは、彼がそれを「ゆだねる」ことによってであり、もっと婉曲でない言い方をすれば彼がそれを利子を取って貸し出すことによってである。

オウヴァストン氏は、前に、割引率の変化はイングランド銀行における金準備の額の変化または現存貨幣量の変化と本質的な連関はなく、せいぜい同時に起こるという連関があるだけだと言ったが〔第三七四九、三七五五号〕、そのあとで彼は繰り返して言う――

〔第三八〇五号〕「国内の貨幣が流出によって減少すれば、貨幣の価値は増加するのであり、イングランド銀行はこの貨幣の価値の変化に順応しなければなりません」。｛すなわち、資本としての貨幣の価値の変化に、言い換えれば、利子率の変化に。というのは、*諸商品と比較しての貨幣としての貨幣の価値は不変だからである。｝「これを専門的に言い表わすと、イングランド銀行が利子率を引き上げるということです」。

＊〔草稿では、ここ以下は「貨幣の価値（正しい意味での）は不変だからである」となっている〕

（第三八一九号）「私は両者を決して混同しません」。――すなわち、貨幣と資本とを。彼は、両者を区別しないという簡単な理由からその二つを混同しないのである。

（第三八三四号）「わが国の生活必需品のために」〔一八四七年に穀物のために〕「支払われなければならなかった非常に大きな金額、しかもそれは事実上資本であった」。

（第三八四一号）「割引率の変動は、疑いもなく金準備の状態」〔イングランド銀行の〕「と非常に密接な関係があります。というのは、この金準備の状態は、国内に現存する貨幣量の増減の指標だからです。そして、国内の貨幣が増加または減少するのに比例して、貨幣の価値が減少または増加し、イングランド銀行の割引率はそれに順応するでしょう」。――したがって、彼は、第三七五五号できっぱり否定したことを、ここでまた承認する。[*1]――（第三八四二号）「両者のあいだには密接な連関があります」。すなわち、イングランド銀行の〝発券部〟にある金の量と〝銀行部〟にある銀行券準備〔営業用の保有準備銀行券〕とのあいだに、である。[*2]ここでは、彼は、利子率の変化を貨幣量の変化から説明する。この点について彼の言うことは誤りである。国内の流通貨幣が増加するから、〔銀行部の銀行券〕準備が減少するということはありうる。公衆がより多くの銀行券を手に入れ、〔発券部の〕金属準備が減少しない場合が、それである。しかし、その場合には利子率は上昇する。なぜなら、その場合には、イングランド銀行の銀行資本[*3]は一八四四年の銀行法によって制限されているからである。
(449) しかし、彼はこれについて語ることはできない。というのは、この法律によって、イングランド銀行の発券部と銀行部とは相互に共通するものをなにももたないのであるから。

＊1〔この一文はエンゲルスによる〕

＊2〔草稿では「すなわち」以下は「（地金の状態と準備高の状態とのあいだに、である）」となっている〕

＊3〔草稿では「銀行業資本（バンキング・キャピタル）」となっている〕

〔第三八五九号〕「高い利潤率はいつも資本にたいする大きな需要を生み出すでしょう。資本にたいする大きな需要は資本の価値を高めるでしょう」。――こうして、ここでついに、高い利潤率と資本需要とのあいだの連関を、オウヴァストンがどのように考えているのかがわかる。ところで、たとえば一八四四―一八四五年に綿業では高い利潤率が支配的であったが、それは、綿製品にたいする需要は強かったのに綿花が安く、また安いままにとどまっていたからである。資本（前に引用した個所〔第三七四四号〕によれば、オウヴァストンは各人が自分の事業で必要とするものを資本と名づける）の価値、したがって、ここでは綿花の価値は、工場主たちにとっては高くならなかった。だから、高い利潤率は、多くの綿工場主たちに自分の事業の拡張のために貨幣を借り入れさせたであろう。これによって増加したのは貨幣資本にたいする彼らの需要であり、それ以外のものにたいする需要ではなかった。

〔第三八八九号〕「金（地金）が貨幣であるかもしれないし、ないかもしれないのは、紙が銀行券であるかもしれないし、ないかもしれないのとまったく同じです」。

〔第三八九六号〕「では、私の理解が誤りでなければ、あなたは、イングランド銀行の流通銀行券

(450) 〔原文は「イングランド銀行の外にある銀行券」。次出も同じ〕の変動は金準備額の変動に従うべきであるという、あなたが一八四〇年に適用した命題を放棄されているのでしょうか？——私がその命題を放棄するのは……われわれの知識のこんにちの状態からすれば、われわれは流通銀行券に、イングランド銀行の銀行〔業〕準備のなかにある銀行券〔銀行部の銀行券準備〕をも追加しなければならないという限りにおいてです」。これはおおげさすぎる言い方である。イングランド銀行は金庫の中にある金のほかにさらに一四〇〇万ポンドだけ余計の紙券を発行するという恣意的な規定は、当然、同銀行の発券高が金準備の変動につれて変動するという結果を引き起こす。しかし、「われわれの知識のこんにちの状態」は、イングランド銀行がこの規定に従って製造しうる（そして、〝発券部〟が〝銀行部〟に引き渡す）銀行券の分量が——言い換えれば、この、金準備の変動につれて変動するイングランド銀行の両部門のあいだの流通が、イングランド銀行の壁の外での銀行券の流通の変動を規定しない、ということを明示したのだから、いまや、イングランド銀行当局にとっては、後者すなわち現実の流通はどうでもよいものになり、イングランド銀行の二つの部門のあいだの流通——この流通と現実の流通との差は〔銀行部の銀行券〕準備に示される——だけが決定的なものになる。この流通が外界にとって重要なのは、単に、〔銀行券〕準備が、イングランド銀行はその法定発券限度にどの程度まで近づいているか、また、イングランド銀行の顧客がなお〝銀行部〟からどれだけ受け取ることができるか、ということの指標になるという限りにおいてにすぎない。

オウヴァストンの〝良心のなさ〟について、次にみごとな見本をあげておこう——

（第四二四三号）「ご意見によれば、資本の量は、近年われわれが割引率の変動に見てきたような仕方で、資本の価値を変化させるほどの程度に、月々変動するのでしょうか？――資本の需要と供給との関係は、疑いもなく、短期間内にでも変動することがありえます。……フランスが巨額の借款を得たいとあすにでも声明すれば、それは、疑いもなく、ただちにイギリスにおける貨幣の価値に、すなわち資本の価値に、大きな変化を引き起こすでしょう」。

（第四二四五号）「フランスが突然なんらかの目的のために三〇〇〇万〔ポンド〕の商品を必要とすると声明すれば、〔……〕より科学的でより簡単な表現を用いれば、資本にたいする大きな需要が生じるでしょう」。

（第四二四六号）「フランスがその借款で買いたいと思うであろう資本は一つの物であり、フランスがこの資本を買うのに用いる貨幣は別の物です。価値を変えるのは貨幣なのですか、そうではないのですか？――われわれはまたもやもとの問題を蒸し返していますが、私が思うには、この問題はこの委員会室よりも学者の研究室にふさわしいものです」。こう言って彼は引っ込んでしまうが、しかし研究室にではない[八四]。

（八四）　資本の問題におけるオウヴァストンの概念の混乱については、第三二章の終わりでさらに述べられる。〔F・エンゲルス〕

(451)

第二七章　資本主義的生産における信用の役割*

*〔この章は、草稿の(三)の部分(本訳書、第三巻、六九三―六九四ページの訳注*参照)から編集された。表題はエンゲルスによる。エンゲルスは、この章の編集について、「序言」のなかで、「ほとんどまったく草稿からつくることができた」と書いている(同前、一四ページ)〕

信用制度についてこれまでわれわれが述べてきた一般的諸論点は、次のようなものであった――

I　諸利潤率の均等化を媒介するための、あるいは、資本主義的生産全体の基礎をなすこの均等化の運動を媒介するための、信用制度の必然的な形成。

II　流通費の軽減。

(一)一つの主要な流通費は、それ自身価値をもつ限りでの貨幣そのものである〔第二巻、第一篇、第六章、第一節、3「貨幣」、参照〕。貨幣は信用によって三通りの仕方で節約される。

A　諸取引の一大部分にとって、貨幣がまったく必要とされなくなることによって。

B　通流する媒介物[*1]〔流通手段〕の流通が速められることによって。[(八五)] これは、部分的には(二)で述べることと一致する。詳しく言えば、[*2]一方では、この加速は技術的である。すなわち、消費を媒介する現実の商品諸取引の大きさも数量もなんら前と変わらないのに、より少量の貨幣または貨幣章標[*3]
(452) が同じ役立ちをする。このことは、銀行制度の技術と連関する。他方では、信用は商品変態の速度を、したがってまた貨幣流通の速度を、速める。

(八五)「フランス銀行の銀行券平均流通高は、一八一二年には一億六五三万八〇〇〇フラン、一八一八年には一億一二〇万五〇〇〇フランであったのにたいして、貨幣通流〔原文は「通貨の運動」〕、すなわちすべての受け取りと支払いとの総額は、一八一二年には二八億三七七一万二〇〇〇フラン、一八一八年には九六億六五〇三万フランであった。したがって、フランスにおける一八一八年の通流活動〔原文は「通貨の活動」〕と一八一二年のそれとの比は三対一であった。流通〔原文は「通貨」〕速度の大きな調節器は信用である。……このことから、貨幣市場にたいするひどい逼迫が、通常、潤沢な流通と一致するのはなぜか、ということが説明できる」(『通貨理論の吟味』〔エディンバラ、一八四五年〕、六五ページ)。――「一八三三年九月から一八四三年九月までのあいだに、大ブリテンで自己の銀行券を発行する銀行が三〇〇近く生まれた。その結果は、銀行券流通高の二五〇万〔ポンド〕の縮小であった。それは一八三三年九月末には三六〇三万五二四四ポンドであり、一八四三年九月末には三三五一万八五四四ポンドであった」[*4](同前、五三ページ)。――「スコットランドの流通のおどろくべき活発さは、イングランドでなら四二〇ポンドを必要とするのと同額の貨幣取引を、スコットランドでは一〇〇ポンドで済ませることを可能にしている」(同前、五五ページ。このあとのほうのことは、操作の技術的な点にだけ関係することである)。

＊1〔草稿では「通流する媒介物」が「金属通貨または紙券通貨」となっている〕

＊2〔草稿では「消費を媒介する現実の商品諸取引の大きさも数量も」が「現実の商品流通が、または事業取引の量が」となっている〕

＊3〔草稿では「貨幣または貨幣章標」が「銀行券」となっている〕

＊4〔原文は「三三五一万八五五四ポンド」〕

Ｃ　紙券による金貨幣の代位。

（二）流通または商品変態の、さらには資本の変態の個々の局面の、信用による加速、またこのことによる再生産過程一般の加速。（他方では、信用は、購買行為と販売行為とを比較的長期間にわたって分離することを許し、したがって投機の土台として役立つ。）準備金の収縮。これは二様の面から考察されうる――すなわち、一方では、流通する媒介物の減少として[*1]、他方では、資本のうちつねに貨幣形態で存在しなければならない部分の制限として。(八六)

(八六)「諸銀行の設立以前には〔……〕流通する媒介物の機能のために要求された資本額[*2]は、いつも、現実の商品流通が必要とした額よりも大きかった」（『エコノミスト』、一八四五年〔三月一五日号〕、二三八ページ）。

＊１〔草稿では「流通する媒介物」は「通貨」となっている〕

＊２〔原文および草稿では「流通する媒介物」以下は「通貨の諸目的のために引き上げられた」となっている〕

Ⅲ　株式会社の形成。これによって――

（一）生産の規模の巨大な拡張、そして個別的諸資本[*1]にとっては不可能であった諸企業〔の出現〕。同時に、従来は政府企業であったこのような諸企業が会社企業[*2]となる。

＊１〔草稿では「個別的諸資本」は「私的諸資本」となっている〕

＊２〔ドイツ語の「ゲゼルシャフト」は、「社会」と「会社」の二義をもつので、ここでは「政府企業」にたいする「会社企業」の意味とともに「私的企業」にたいする「社会的企業」の意味をもつ〕

（二）それ自体として社会的生産様式に立脚し、生産諸手段および労働諸力の社会的集積を前提とそれは、資本主義的生産様式そのものの限界内での、私的所有としての資本の止揚である。

をとるのであり、このような資本の諸企業は、私的諸企業に対立する社会的諸企業[*2]として登場する。

する資本が、ここでは直接に、私的資本に対立する社会資本[*1]（直接に結合した諸個人の資本）の形態

＊1・2〔前掲訳注から知られるように、ここでも「会社資本」とともに「社会資本」を、また「会社的諸企業」とともに「社会的諸企業」を意味している〕

（三）現実に機能している資本家の、他人の資本の単なる管理人・支配人への転化、資本所有者たちの、単なる所有者たち、単なる貨幣資本家たちへの転化。彼らの受け取る配当が利子と企業者利得とを、すなわち総利潤を包含する場合でさえ（というのは、管理人の給料は、一種の熟練労働の単なる労賃であるか、またはそうであるはずだからであり、その労働の価格は、他のすべての労働の価格と同様に労働市場で調整される）、この総利潤は、いまでは利子の形態でのみ、すなわち資本所有の単なる報償としてのみ受け取られる。この資本所有がいまや現実の再生産過程における機能から切り離されることは、この機能が管理人の人格において資本所有から切り離されるのとまったく同様である。（453）こうして利潤（もはやその一部分、すなわち借り手の利潤からその正当化理由を引き出す利子だけではなく）は、他人の剰余労働の単なる取得として現われるのである――この剰余労働は、生産諸手段の資本への転化から、すなわち現実の生産者たちにたいする生産諸手段の疎外から、上は管理人から下は末端の日雇い労働者にいたるまで現実に生産において活動するすべての個人にたいする他人の所有としての生産諸手段の対立から生じる。株式会社においては、機能が資本所有から分離され、

したがって労働も、生産諸手段および剰余労働の所有からまったく分離されている。資本主義的生産の最高の発展であるこの結果こそ、資本が生産者たちの所有に、ただし、もはや個々ばらばらな生産者たちの私的所有としての所有ではなく、結合した（アソツィイールテ）生産者である彼らの所有としての、直接的な社会的所有としての所有に、再転化するための必然的な通過点である。他方では、それは、これまではまだ資本所有と結びついていた再生産過程上のすべての機能が、結合した生産者たちの単なる諸機能に、社会的諸機能に、転化するための通過点である。

さらに論を進める前に、なお、経済学的に重要な次の点を注意しておかなければならない――利潤はここでは純粋に利子の形態をとるのであるから、こうした諸企業は、それらが単に利子を生み出すだけの場合にもなお可能であり、そしてこのことこそ、一般的利潤率の低下を阻止する諸原因の一つである。というのは、可変資本に比べ不変資本が巨大な比率を占めるこれらの企業は、必ずしも一般的利潤率の均等化には参加しないからである。

〔以上のことをマルクスが書いて以来、周知のように、株式会社を二乗にも三乗にもしたものを表わす新たな産業経営諸形態が発展してきた。こんにち、すべての大工業の領域で、生産が増加しうる速さは日々増大しているのにたいして、この増加する諸生産物のための市場の拡張は絶えずますます緩慢になっている。前者が数ヵ月で製造するものを、後者は数年かかってやっと吸収することができる。それに加えて保護関税政策があり、これによって各工業国は、ほかの工業国、とくにイギリスにたいして門戸を閉鎖し、国内の生産能力をさらに人為的に高める。その結果は、一般的な慢性的過剰

(454)

生産であり、物価の下落であり、利潤の低下、それどころか利潤のまったくの消滅である。要するに、古くから称賛されてきた競争の自由もついに行き詰まって途方にくれ、その公然たる不面目な破産を自分自身で声明しなければならない。しかも、各国において、一定部門の大産業家たちが生産調整のためのカルテルを結成することによって。一つの委員会が各企業の生産するべき分量を確定し、到来する注文額を最終的な形で配分する。個々の場合には、イギリスの鉄生産とドイツの鉄生産とのあいだでのように、一時的に国際カルテルさえできた。しかし、生産の社会化のこの形態でも、なお十分ではなかった。個々の事業会社間の利害対立があまりにもしばしばこの形態を爆破し、ふたたび競争をつくりだした。そこで、生産〔の発展〕段階がそれを許す個々の諸部門では、この事業部門の総生産が統一的な指導部をもつ一つの大きな株式会社に集中されるようになった。アメリカでは、こうしたことがすでにしばしば行なわれており、ヨーロッパではこんにちまで最大の実例はユナイテッド・アルカリ・トラスト*であり、これはイギリスの全アルカリ生産をただ一つの事業会社の手に握らせた。個々の——三〇以上の——工場の以前の所有者たちは、彼らの総投資にかんしてその評価価値を株式で受け取ったが、その総額はほぼ五〇〇〇万ポンドであり、これはこのトラストの固定資本を表わしている。技術的な指図は従来の人々の手に残されているが、事業の指揮は重役会の手に集中されている。約一〇〇〇万ポンドの額にのぼる流動資本（フローティング・キャピタル）が公募された。すなわち、総資本は六〇〇〇万ポンドであった。こうして、イギリスでは、全化学工業の基礎をなすこの部門で、競争が独占に取って代わられ、社会総体すなわち国民による将来の収奪が申し分なく準備されているのである。——F・エンゲル

ス〕

＊〔食塩から炭酸ナトリウムをつくるルブラン法によって全生産を一手に収めようとして、一八九〇年に四八社によってつくられたソーダ製造会社〕

これこそは、資本主義的生産様式そのものの内部での資本主義的生産様式の止揚であり、したがってまた自己自身を止揚する矛盾であり、この矛盾は、〝明らかに〟新たな生産形態＊への単なる過渡点として現われる。こうした矛盾として、それは現象にも現われる。それは、一定の諸部面で独占を生み出し、したがってまた国家の干渉を誘発する。それは、新たな金融貴族を、すなわち、企画屋たち、発起人たち、単なる名目だけの重役たちの姿をとった新種の寄生虫一族を再生産する。すなわち、会社の創立、株式発行、株式取引にかんするぺてんと詐欺の全体制を再生産する。これは、私的所有の統制を欠いた私的生産である。

＊〔草稿では「新たな生産形態」が「生産様式の新たな形態」となっている〕

(455)

Ⅳ[＊1]　信用は、株式制度――これは、資本主義体制そのものの基礎上での資本主義的私的産業の一つの止揚であり、それが拡大して新たな生産諸部面をとらえていくのにつれて、私的産業を全滅させていく――を度外視しても、個々の資本家または資本家とみなされる人に、他人の資本および他人の所有にたいする、またそれによって他人の労働にたいする、一定の制限内での絶対的な処分権を提供する。[(八七)]自己資本にたいする処分権ではなく社会的資本にたいする処分権は、彼に社会的労働にたいする処分権を与える。人が現実に占有しているか、または占有していると世間が考える資本そのものは、もはや信用という上部構造の土台となるだけである。このことは、社会的生産物[2]の圧倒的部分がその手を通過する卸売業にとくにあてはまる。いっさいの基準が、〔また〕資本主義的生産様式の内部でなお多かれ少なかれ正当化されているいっさいの弁明理由が、ここでは消滅する。投機をする卸売業者が賭けるのは社会的所有であり、彼の所有ではない。それと同様に、資本の起源は節約にあるという決まり文句もばかげたものとなる。というのは、投機をする当人は、まさに、他人が彼のために節約すべきであると要求するからである。｛最近、フランス全国がパナマペてん師[3]たちのために合計一五億フランを貯蓄したように。ここには、現にパナマペてんの全部が、それの起こるまる二〇年も前に、なんと正確に記述されていることか。――F・エンゲルス｝もう一つの節欲についての決まり文句も、彼の奢侈――いまやそれ自体が信用〔獲得の〕手段にもなる――によって真っ向からあざけられる。資本主義的生産のより未発展な段階ではなお意味のある諸観念も、ここではまったく無意味となる。成功も失敗も、ここでは同時に、諸資本の集中[4]に導き、したがってきわめて巨大な規模での収奪に導く。収奪は、ここでは、直接的生産者たちから中小の資本家たちそのものにもおよぶ。この収奪は資本主義的生産様式の出発点である。この収奪の実行が、しかも終極的にはすべての個人からの生産諸(456)手段の収奪がこの生産様式の目標なのであって、その生産諸手段は、社会的生産の発展につれて私的生産の諸手段であることも私的生産の諸生産物であることもやめ、いまではもはや、それらが結合した生産者たちの社会的生産物であるように、結合した生産者たちの手中にある生産諸手段、したがって彼らの社会的所有物でしかありえないのである。しかし、この収奪は、資本主義体制そのものの内部では、対立的姿態で、少数者による社会的所有の取得として、現われる。そして信用は、この少数者にますます純然たる山師の性格を与える。所有はここでは株式の形態で存在するので、所有の運動および移転は取引所投機の純然たる結果となるのであり、そこでは小魚たちは鮫(さめ)たちにのみ込まれ、羊たちは取引所狼たちにのみ込まれる。株式制度のうちには、古い形態――そこでは社会的生産手段が個人的所有として現われる――との対立が確かに存在する。しかし、株式形態への転化自体は、まだ依然として、資本主義的な諸制限に閉じ込められている。だからこの転化は、社会的な富と私的な富という富の性格のあいだの対立を克服するのではなく、この対立を新たな姿態につくりあげるにすぎない。[*5]

（八七）　たとえば、『タイムズ』紙〔一八五七年一二月三、五、七日付〕で、一八五七年のような恐慌の年の破産者リストをよく見て、破産者たちの自己資産と彼らの負債額とを比較せよ。――「事実、資本および信用をもっている人々の購買力は、投機市場の実際に通じない人々のいだく観念のすべてを、はるかに超えるものがある」（トゥック『通貨主義の研究』、七三ページ〔正しくは七九ページ。玉野井訳『通貨原理の研究』、世界古典文庫、日本評論社、一三七ページ〕）。「自分の平常の事業のための十分な資本をもっているという評判があり、また自分の事業部門で十分な信用を得ている人が、もし自分の取り扱っている物品の価格騰貴という楽観的な考えをもっているならば、そして自分の投機の開始および経過において事情に恵まれるならば、自分の資本に比べて実に膨大な額の買い入れをすることができる」（同前、一三六ページ〔同前訳、二〇五―二〇六ページ〕）。――「製造業者たち、商人たちなどは、みな彼らの資本をはるかに超える事業を営んでいる。……資本はこんにちでは、なんらかの商業的事業の取引の限界であるよりは、むしろ、その上に十分な信用が築かれる基礎である」(『エコノミスト』、一八四七年〔一一月二〇日号〕、一三三三ページ)。

＊1〔「Ⅳ」はエンゲルスによる。草稿にはこの記号はない〕

＊2〔草稿では「社会的生産物」が「国富」となっている〕

＊3〔スエズ運河の建設者レセプスは、一八七九年、パナマ運河会社を設立したが、とくに政界への贈賄と乱脈な経理によって一八八九年に破産した。このパナマぺてんによって五万人の小株主が破滅、一八九三年にレセプスは詐欺罪のかどで懲役五年の刑を宣告された(未執行)。一八九二年一一月にこの事件が明るみに出たとき、エンゲルスは、ラウラ・ラファルグ、ゾルゲらに事件についての論評を送っている(邦訳『全集』第三八巻、四七六—四七八、四八一、四九一—四九二ページ参照)〕

＊4〔草稿では「諸資本の集中」が「集積」となっている〕

＊5〔草稿では「しかし」以下、このパラグラフの最後までは次のようになっている。「株式制度それ自身は、資本主義的な諸制限の内部で、社会的な富と私的な富という富の性格のあいだの対立を新たにつくりあげるのである」〕

労働者たち自身の協同組合工場は、古い形態の内部において、古い形態の最初の突破である——といっても、それらはもちろん、どこでも、それらの現実の組織においては、既存の体制のあらゆる欠陥を再生産し、また再生産せざるをえないのであるが。しかし、協同組合工場の内部では、資本と労働との対立は止揚されている——たとえ最初には、結合体(アソツィアツィオーン)として労働者たちが彼ら自身の資本家であるという形態、すなわち、生産諸手段を彼ら自身の労働の価値増殖のために使用するという形態においてにすぎないとしても。これらの工場は、物質的生産諸力の、およびこれに照応する社会的生産諸形態の一定の発展段階において、どうやって、ある生産様式からある新たな生産様式が自然に発展し形成されるかを示すものである。資本主義的生産様式から発生する工場制度がなければ、協同組合工場は発展しえなかったであろうし、またこの生産様式から発生する信用制度がなければやはり同様に発展しえなかったであろう。信用制度は、資本主義的私的企業が資本主義的株式会社にだんだんと転化するための主要な基盤をなしているが、それと同じ程度に、多かれ少なかれ国民的な規模で協同組合企業がだんだんと拡大するための手段を提供する。資本主義的株式企業は、協同組合工場と同程度に、資本主義的生産様式から結合的生産様式への過渡形態とみなされるべきであり、ただ対立が、
(457) 前者では消極的に止揚され、後者では積極的に止揚されているのである。

＊これまでわれわれは、信用制度の発展――および、そのなかに含まれている資本所有の潜在的止揚――を、おもに産業資本との関連において考察してきた。以下の諸章では、信用を利子生み資本そのものとの関連において、信用が利子生み資本におよぼす影響、ならびにそのさいに信用がとる形態を考察する。そしてそのさい、一般的になお若干の、とくに経済学的な注意をしなければならない。

＊〔草稿では、このパラグラフ全体は次のようになっている。「これまでわれわれは、おもに信用制度の発展｛および、そのなかに含まれている資本所有の潜在的止揚｝を、おもに生産的資本との関連において考察してきた。いまわれわれは、利子生み資本そのもの｛信用制度による利子生み資本への影響、ならびに利子生み資本がとる形態｝の考察に移る。そしてそのさい、一般的になお若干の、とくに経済学的な注意をしなければならない」〕

そのままに、なお次のことだけ〔を述べておこう〕――

信用制度が過剰生産および商業における過度投機の主要な槓杆(てこ)として現われるとすれば、それはただ、その性質上弾力的である再生産過程が、ここでは極限まで押し広げられるからであり、しかも、それが押し広げられるのは、社会的資本の一大部分がこの資本の非所有者たちによって使用され、したがって、この非所有者たちは、資本の所有者自身が機能する限りで自分の私的資本の諸制限をおどおどと考えながらやるのとはまったく違ったやり方で仕事に熱中するからである。このことが明らかにするのは、資本主義的生産の対立的性格にもとづく資本の価値増殖は、ある一定の点までしか現実[*1]的な自由な発展を許さず、したがって、実際には生産の内在的な桎梏と制限をなすのであり、この桎梏と制限は信用制度によってつねに突破されるということだけである。(八八) したがって、信用制度は、生産諸力の物質的発展および世界市場の創出を促進するのであり、これらのものを、新たな生産形態[*2]の物質的基礎としてある程度の高さにまでつくりあげることは、資本主義的生産様式の歴史的任務である。それと同時に、信用[*3]は、この矛盾の強力的爆発、すなわち恐慌を、したがって古い生産様式の解体の諸要素を促進する。

(八八)　Th・チャーマズ〔『経済学について』、第二版、グラスゴウ、一八三二年（カウツキー版では、第二版、ロンドン、一八三二年、一一八ページ以下、一六一ページ以下となっている）〕。

*1　〔草稿ではこの前に「生産諸力の」という語が書かれている〕

*2　〔草稿では「生産形態」が「生産様式」となっている〕

＊3〔草稿では es となっており、「信用制度」を受ける代名詞である〕

信用制度[＊1]に内在する二面的性格――一方では、資本主義的生産の動力ばね、すなわち、他人の労働の搾取による致富を、もっとも純粋かつ巨大な賭博とぺてんの制度にまで発展させ、そして社会的富を搾取する少数者の数をますます制限するという性格、しかし他方では、新たな生産様式[＊2]への過渡形態をなすという性格――この二面性こそは、ローからイザアク・ペレールにいたる信用の主要な宣伝者[＊3]たちに、ぺてん師でありまた予言者であるという、彼らのゆかいな混合性格を与えるものである。

＊1〔草稿では Creditwesen となっているが、エンゲルスはこれを Kreditsystem に書き換えている〕
＊2〔草稿では「資本主義的生産」が「資本主義的生産様式」となっている〕
＊3〔ジョン・ロー（一六七一―一七二九）は、スコットランド出身の銀行家で一八世紀はじめにフランス王政の財務総監となった。イザアク・ペレール（一八〇六―一八八〇）は、フランスの株式投機銀行クレディ・モビリエの創立者の一人。いずれも、信用にもとづく投機に熱中しフランス経済を危機的状況におとしいれた〕

（458）

第二八章　通流手段と資本。トゥックとフラートンとの見解[*]

＊〔この章は、草稿の（四）のうち「I)」の部分から編集された（本訳書、第三巻、六九三―六九四ページの訳注＊参照）。表題はエンゲルスによる。エンゲルスは、この章の編集について、「序言」のなかで、「第二八章はところどころ配列を変えなければならなかった」と書いている（同前、一四ページ）〕

トゥック、[(八九)] ウィルスン、[*1] その他の人々が行なっているような通貨と資本との区別は――そのさい、貨幣としての、貨幣資本（ゲルトカピタル）一般としての、そして利子生み資本（英語で言う moneyed capital（マニイド・キャピタル））としての流通手段のあいだの諸区別が、[*2] ごちゃまぜに混同されるが――次の二つのことに帰着する。

（八九）[*3] われわれは、ここに、五八一ページでは[*4]ドイツ語でトゥックから抜き書きして引用した関係個所を原文であげておこう〔本訳書では、トゥックの英語原文からの訳文を掲げる〕――「銀行業者たちの業務は、請求ありしだい支払われるべき約束手形の発行〔銀行券〕を別とすれば、商人たちと商人たちとのあいだの取引と、商人たちと消費者たちとのあいだの取引という」（アダム・）「スミス博士によって指摘された区別に[*5]照応する二つの部門に分けることができるであろう。銀行業者たちの業務の一部門は、資本をすぐには使用しない人々から資本を集めて、使用する人々にこれを配分または移転するためのものである。他の部門は、彼らの顧客たちの所得の預託を受け、顧客たちがその消費の対象物に支出するのに必要なだけの額を払い出すためのものである。……前者は資本の流通であり、後者は通貨の流通である」（トゥック『通貨主義の研究』、三六ページ〔玉野井訳『通貨原理の研究』、世界古典文庫、日本評論社、七九ページ。強調はエンゲルス〕）。前者は、「一方では資本の集中、他方では資本の配分」であり、後者は、「その地域の地方的諸目的のための通貨の管理」である〔同前、三七ページ〔同前訳、七九ページ〕〕。――キニア[*6]は次の個所で正しい見解にずっと近づいている――「貨幣は〔……〕二つの本質的に異なる操作を行なうために使用される。〔……〕商人たちと商人たちとのあいだの交換手段としては、貨幣は、資本の移転が行なわれるための用具である。すなわち、貨幣での一定額の資本と諸商品での等額の資本との交換である。しかし、労賃の支払いや、商人たちと消費者たちとのあいだの売買で支出される貨幣は、資本ではなく収入〔原文は「所得」〕である。すなわち、社会全体の収入〔「所得」〕のうちの、日常的支出に用いられる部分である。この貨幣は、不断の日常的使用のなかで流通するのであり、厳密な意味で流通手段〔〝通貨〟〕と呼びうるのは、これだけである。資本の前貸しは、もっぱら、銀行またはその他の資本所有者たちの意志によって決まる――というのは、借り手はいつでも見いだされるからである。しかし、流通手段〔原文は「通貨」〕の額は、貨幣が日常的支出の目的のためにそのなかで流通する社会全体の必要によって決まる」（J・G・キニア『恐慌と通貨』、ロンドン、一八四七年〔三、四ページ。藤塚知義・竹内洋訳『恐慌と通貨』、日本経済評論社、一九八九年、二七ページ〕）。

＊1〔イギリスの政治家、『エコノミスト』の創立者、経済学者。通貨主義の反対者〕

＊2〔草稿では「鋳貨としての流通手段と、貨幣と、貨幣資本（ゲルトカピタル）と、利子生み資本（英語で言う moneyed capital）とのあいだの諸区別」となっている〕

＊3〔原注八九は、「通貨と資本との区別」の例として、草稿（一）の部分に書かれたトゥックの引用と、草稿（六）の部分に書かれたキニアの引用を、エンゲルスがここへ注としてつけたもの。そのさいエンゲルスは、「キニアは次の個所で正しい見解にずっと近づいている」の一文を書き加えた〕

＊4〔これは、第三部を編集するためにエンゲルスが作成した筆写稿のページで、初版の三九〇ページ（本訳

書、第三巻、七〇三ページ）にあたる〕

＊5〔アダム・スミス『諸国民の富』、第二篇、第二章（大内・松川訳、岩波文庫、(二)、三三〇―三三一ページ）〕

＊6〔グラスゴウ商業会議所事務局長、エディンバラ王立学会会員〕

(459)

流通手段[*1]は、一方では、収入の支出を媒介し、したがって、個人的消費者と小売業者――小売業者のカテゴリーには、消費者に、すなわち生産的消費者または生産者とは区別される個人的消費者に売るすべての商人が算入されるべきである――とのあいだの交易を媒介する限りで、鋳貨（貨幣）として流通する。[*2]この場合には、貨幣は、つねに資本を補填するとはいえ、鋳貨の機能において流通する。一国における貨幣の一定部分は、つねにこの機能に充てられている――といっても、この部分は、つねに入れ替わる個々の貨幣片から成り立っているのであるが。これにたいして、貨幣が購買手段（流通手段）としてであれ支払手段としてであれ、資本の移転を媒介する限りで、それは資本である。したがって、この貨幣を鋳貨から区別するのは、購買手段としての機能でもなければ、支払手段としての機能でもない。というのは、商人と商人とのあいだでも、彼らが現金で相互に買い合う限りでは、貨幣は購買手段として機能しうるからであり、また、商人と消費者とのあいだでも、信用が与えられて収入がまず消費され、それからのちに支払いが行なわれる限りでは、それは支払手段としての役割を果たしうるからである。したがって、区別は、第二の場合には、この貨幣が、一方の側すなわち売り手のために資本を補填するばかりでなく、他方の側すなわち買い手によって資本として支出され、

（460）

前貸しされるということである。したがって、区別は、実際には、収入の貨幣形態と資本の貨幣形態との区別であって、通貨と資本との区別ではない。というのは、量的に見て貨幣の一定の部分は、消費者たちと商人たちとのあいだの媒介物としてと同様に商人たちと商人たちとのあいだの媒介物として流通するのであり、したがって、それはどちらの機能においても等しく通貨だからである。ところが、トゥックの見解には、次のことによって異なる種類の混乱がはいり込んでいる——

（一）機能上の諸規定の混同によって。

（二）両方の機能をともに合わせて[*3]流通する貨幣の量にかんする問題の混入によって。

（三）両方の機能において、したがって再生産過程の両部面〔資本部面と収入部面〕において流通する通流手段の分量相互間の相対的比率にかんする問題の混入によって。

*1〔草稿ではこの文章の冒頭に「I)」の数字が付されている。これに対応する「II)」は第二九章の本文の冒頭に、「III)」は第三〇章の本文の冒頭に、それぞれ付されている〕

*2〔草稿では、この一文は「収入の支出を媒介し、……交易を媒介する限りでの、鋳貨（貨幣）の流通I」となっている〕

*3〔草稿では、「両方の機能をともに合わせて」は、「両方の異なる機能において」となっている〕

（一）一方の形態での貨幣は通貨（currency）であり、他方の形態での貨幣は資本であるという、機能上の諸規定の混同について。収入の実現のためであろうと資本の移転のためであろうと、貨幣が一方または他方の機能で役立つ限りでは、貨幣は、売買または支払いにおいて購買手段または支払手段として、広義においては流通手段として、機能する。貨幣がその支出者または受領者の計算のなかでもつそれより進んだ規定、すなわち、それが彼にとって資本を表わすか収入を表わすかという規定は、この点では絶対になにも変化させないのであり、そしてこのこともまた二重に現われる。両部面で流通する貨幣の種類は異なるとはいえ、同一貨幣片たとえば一枚の五ポンド銀行券は、一部面から他部面に移行して、交互に両機能を果たす。これは、すでに次の理由から、すなわち、小売業者は自分の買い手たちから受け取る鋳貨の形態でのみ自分の資本に貨幣形態を与えることができる、という理由から不可避である。本来の補助鋳貨の流通上の重点は小売業の領域にあるとみなすことができる。小売業者は釣銭用につねに補助鋳貨を使い、また、顧客たちからの支払いによってつねに補助鋳貨を取りもどす。しかし、小売業者は、また、価値尺度である貨幣すなわち金属製の鋳貨、したがってイギリスにおいてはポンド貨を受け取り、また、銀行券、とくに小額の、要するにたとえば五ポンドおよび一〇ポンドの銀行券さえも受け取る。小売業者は、この金貨と銀行券を、たまたま余分な補助鋳貨とともに、毎日または毎週、取引銀行に預金し、それをもって、自分の銀行預金あての小切手を振り出すことにより、自分の仕入れの支払いをする。しかし、この同じ金貨と銀行券は、同様につねに、消費者という資格の全公衆によって、彼らの収入の貨幣形態として、銀行からふたたび直接または間接に（たとえば賃銀支払用に製造業者たちによって小額貨幣が）引き出され、そして、つねに小売業者たちに還流するのであり、そうやってこの貨幣は小売業者たちに彼らの資本の一部分を実現するが、しかし同時に彼らの収入の一部分をも新たに実現する。この後者の事情は重要であり、トゥックによ

（461）

って完全に見落とされる。貨幣資本（ゲルトカピタル）としての貨幣が投下されるときにのみ、再生産過程の開始のさいにのみ（第二部第一篇〔第一章第一節。本訳書、第二巻、五一ページ以下〕）*1、資本価値は純粋に資本価値として存在する。というのは、生産された商品には、資本ばかりでなく、すでに剰余価値も含まれているからである。この商品は、資本そのものであるばかりでなく、すでに生成した資本であり、収入源泉を自己に合体してもっている資本である。したがって、小売業者が自己に還流する貨幣と引き換えに手放すもの、すなわち、彼の商品は、彼にとっては、資本プラス利潤、資本プラス収入である。*2

*1〔この（　）の内はエンゲルスによる〕

*2〔この一文はエンゲルスによる〕

しかしさらに、流通する貨幣は、小売業者に還流することによって、彼の資本の貨幣形態を回復させる。*

*〔草稿では、この一文は「しかし第二に、小売商人自身にとっては、まさに通貨が彼の資本を補填するのであり、彼の資本の貨幣形態を表わすのである」となっている〕

したがって、収入の流通としての流通と、資本の流通としての流通との区別を、通貨と資本との区別に転化することは、まったくまちがいである。この言い方は、トゥックの場合には、彼が単純に、自己の銀行券を発行する銀行業者の立場に立っている*1ことから生じる。銀行業者の銀行券のうちつねに公衆の手に*2あって（とはいえ、いつも違った銀行券から成り立つ）流通手段として機能する額は、彼にとっては紙と印刷以外にはなんの費用もかからない。それは彼自身あてに振り出された、流通する債務証書（手形）であるが、それが彼に貨幣をもたらし、こうして彼の資本を増殖するための手段として役立つ。しかし、この債務証書は、彼の資本――それが自己資本であるにせよ、借入資本であるにせよ――とは異なる。こうして、彼にとっては通貨と資本との独自な区別が生じるが、しかし、この区別は、概念規定そのもの、少なくともいまトゥックによってなされた概念規定とはなんのかかわりもない。

＊1〔草稿では、「銀行業者」は「発券銀行業者」となっている〕

＊2〔草稿では「公衆の金庫やポケット」となっている〕

規定性の相違――貨幣が収入の貨幣形態として機能するか、資本の貨幣形態として機能するか――は、さしあたり、流通手段としての貨幣の性格をなにも変えはしない。貨幣は、この性格を、それが一方の機能を果たそうと他方の機能を果たそうと、保持する。とはいえ、貨幣は、それが収入の貨幣形態として登場する場合のほうが、より多く本来の流通手段（鋳貨、購買手段）として機能する。というのは、これらの購買および販売は分散して行なわれるせいであり、また、収入支出者の多数をなす労働者は比較的わずかしか信用で買うことができないからである。他方、通流手段が資本の貨幣形態である商業界の取引においては、一部は〔資本の〕集中のせいで、一部は支配的に行なわれている信用制度のせいで＊、貨幣は主として支払手段として機能する。しかし、支払手段としての貨幣と、購買手段（流通手段）としての貨幣との区別は、貨幣そのものに属する区別づけであり、貨幣と資本との区別ではない。小売業では銅貨と銀貨がより多く流通し、卸売業では金貨がより多く流通するからといって、一方の銀貨と銅貨と、他方の金貨との区別は、通貨と資本との区別と資本との区別ではない。

＊〔草稿では、Creditwesen となっている。エンゲルスはこれを Kreditsystem と書き換えている〕

（462）

（二）両方の機能をかね合わせて流通する貨幣の量にかんする問題の混入について。貨幣が購買手段としてであれ支払手段としてであれ流通する限りでは――両部面のどちらにおいてであるかを問わず、また、その機能が収入の実現であるか資本の実現であるかにかかわりなく――、貨幣の流通総量については、前に単純な商品流通を考察したさいに第一部、第三章、第二節ｂ〔本訳書、第一巻、二〇一ページ以下〕で展開された諸法則があてはまる。流通速度、すなわち与えられた期間に同じ貨幣片によって購買手段および支払手段として同じ機能が反復される回数、同時に行なわれる売買または諸支払いの総量、流通する諸商品の価格総額、最後に、同時に決済されるべき諸支払差額〔第一部、第三章、第三節ｂ。本訳書、第一巻、二三五ページ以下参照〕、これらのものが、どちらの場合にも、流通する貨幣の総量、〝通貨〟の総量を規定する。こうして機能する貨幣が支払者または受領者にとって資本を表わすか収入を表わすかは、どちらでもよいことであり、事態を絶対になにひとつ変えはしない。流通する貨幣の総量は、単純に、購買手段および支払手段としての貨幣の機能によって規定される。

（三）両機能において、したがって再生産過程の両部面において流通する通流手段の分量の相対的比率にかんする問題について。両流通部面にはある内的な連関がある。[＊1]というのは、一方では、支出されるべき収入の総量は消費の規模を表現し、他方では、生産および商業で流通する資本総量の大きさ[＊2]は再生産過程の規模および速度を表現するからである。それにもかかわらず、同じ事情が、両機能もしくは両部面で流通する貨幣総量にたいして、またはイギリス人が銀行用語で言う通貨(サーキュレイション)の量にたいして、異なる作用をし、また反対の方向にさえ作用する。そしてこのことが、通貨と資本とについてのトゥックのばかげた区別に新たなきっかけを与える。〝通貨〟主義説の諸氏が二つのべつべつのことがらを混同するという事情は、これらのことがらを概念的区別として叙述する根拠には決してならない。

*1〔草稿では「総量」となっている〕
*2〔草稿では「規模」となっている〕

(463) 繁栄期、すなわち再生産過程の大膨脹・加速・躍動期には、労働者たちは完全に就業している。たいていはまた、賃銀の上昇が生じ、商業循環の他の諸時期における平均水準よりも下への賃銀の低下をいくらか埋め合わせる。同時に資本家たちの収入がいちじるしく増大する。消費は全般的に増加する。同じく商品価格も、通例、少なくともさまざまの決定的な事業諸部門では騰貴する。その結果として、流通する貨幣の分量[*1]は、少なくとも一定の限界内では増大する。一定の限界内では、というのは、通流速度の増加そのものが通流手段の総量[*2]の増大を制限するからである。社会の収入のうちの労賃から成り立つ部分は、もともと産業資本家によって可変資本の形態で、またいつも貨幣形態で、前貸しされるので、この部分は、繁栄期にはその流通のためにより多くの貨幣を必要とする。しかし、われわれはこの貨幣を、一度は可変資本の流通に必要な貨幣として、もう一度は労働者たちの収入の流通に必要な貨幣として、二度計算してはならない。労働者たちに賃銀として支払われる貨幣は、小売取引で支出され、比較的小さな諸循環のなかでさらに多種多様な中間取引を媒介したのちに、ほぼ一週間ごとに小売業者たちの預金として銀行[*3]にもどってくる。繁栄期には、産業資本家たちにとって貨幣の還流は円滑に進行し、したがって、貨幣融通にたいする彼らの欲求は、彼らがより多くの労賃を支払わなければならないということによっては、すなわち、彼らの可変資本の流通のためにより多くの貨幣を必要とするということによっては、増加しない。

＊1〔草稿では「流通する貨幣」は「通貨」となっている〕
＊2〔草稿では「通貨」となっている〕
＊3〔草稿では「銀行業者」となっている〕

全結果は、繁栄期においては収入の支出に用いられる通流手段の総量が明らかに増大する、ということである。[*]

＊〔草稿にはこの一文はない〕

ところで、資本の移転に必要な、したがって資本家たち自身のあいだでのみ必要な流通について言えば、こういう好況時は、同時に信用がもっとも弾力的でもっとも容易な時期でもある。資本家と資本家とのあいだの流通の速度は直接に信用によって調整され、したがって諸支払いの決済に必要な流通手段の総量はもちろん、現金買いに必要な流通手段の総量さえ、相対的には減少する。それは、絶対的には膨張するかもしれないが、どのような事情のもとでも、相対的には、すなわち再生産過程の膨張に比べれば、減少する。一方では、より大きな額の諸支払いがまったく貨幣の介入なしに清算される。他方では、過程の旺盛な活気のもとで、購買手段としても支払手段としても同じ貨幣分量のより急速な運動が支配的になる。同じ貨幣総量がより多数の個別諸資本の還流を媒介する。

一般にこうした時期には、貨幣通流*は潤沢に（〝十分に〟）現われる。といっても、部分Ⅱ（資本の移転）は少なくとも相対的に収縮するが、他方、部分Ⅰ（収入の支出）は絶対的に膨張するのであるが。

＊〔草稿では「通貨」となっている〕

(464)　還流〔貨幣の〕が商品資本の貨幣への再転化、G—W—G′を表現していることは、再生産過程を考察したさいに第二部第一篇〔本訳書、第二巻、七〇—八七ページ〕で見たとおりである。信用は、貨幣形態での還流を、産業資本家にとってであれ商人にとってであれ、現実の還流の時点にはかかわりのないものにする。*1 両者のいずれもが信用で売る。したがって、彼の商品は、それが彼にとって貨幣に再転化する以前に、すなわち、彼自身のもとに貨幣形態で還流する以前に、譲渡されている。他方では、彼は信用で買うのであり、こうして、彼の商品の価値は、彼にとっては、すでにこの価値が現実に貨幣に転化される以前に、商品価格の支払期日がきてそれが支払われる以前に、生産資本なり商品資本なりに再転化している。こうした繁栄期には還流が容易にかつ円滑に進行する。*2 小売業者は卸売業者に、卸売業者は製造業者に、製造業者は原料輸入業者にというように、確実に支払う。急速で確実な還流という外観は、それが現実でなくなったのちもいつもかなり長期間にわたり、ひとたび動き出した信用によって維持される。というのは、信用の還流が現実の還流の代理をするからである。銀行は、その顧客が貨幣を払い込むよりもむしろ手形を払い込むほうが多くなれば、すぐに怪しいと思いはじめる。先に三九八ページ〔本訳書、第三巻、七二五―七二六ページ〕に引用したリヴァプールの銀行重役〔リスター〕の供述を見よ。

*1〔草稿では「現実の還流には」となっている〕

*2〔草稿では、この一文は「しかし繁栄期には、手形が満期になり支払期限がくれば、還流が現に行なわれる」となっている〕

ここに、なお、私が前に述べたことを挿入しておこう――「信用が優勢を占める時期には、貨幣通流の速度は諸商品の価格よりも急速に増大するが、信用が減少するにつれて、諸商品の価格は流通の速度よりも緩慢に下落する」(『経済学批判』、一八五九年、八三、八四ページ〔邦訳『全集』第一三巻、八六ページ〕)。

恐慌期*には事態は逆になる。流通Ⅰは収縮し、物価は下落し、労賃も同様である。就業労働者の数は制限され、取引の総量は減少する。これにたいして、流通Ⅱでは、信用が減少するにつれて、貨幣融通にたいする欲求が増大するが、この点にはすぐあとでもっと詳しく立ち入ることにする。

*〔草稿では「反転期」となっている〕

再生産過程の停滞と時期が一致する信用の減少のさいには、Ⅰすなわち収入の支出に必要な通貨総量は減少するが、他方、Ⅱすなわち資本の移転に必要なそれは増加する、ということには疑いの余地はまったくない。しかし、この命題が、フラートンその他によって定立された次の命題とどこまで同じであるかは、研究する必要がある――「貸付資本にたいする需要と追加流通手段にたいする需要とはまったく別のものであり、両者が結びついていることはあまりない(九〇)」。

(九〇)　フラートン『通貨調節論』、第二版、ロンドン、一八四五年、八二ページ。第五章の表題〔福田長三訳『通貨論』、岩波文庫、一一〇ページ〕。――「貨幣融通にたいする（すなわち資本の貸し付けにたいする）需要が、追加流通手段にたいする需要と同一であると考えること、または両者がしばしば結びついていると考えることさえも、実際、大きな誤りである。どちらの需要もそれ自身に特殊な影響をおよぼす諸事情から生じて、相互にきわめて異なっている。より大きなより多数の諸支払いを行なう必要と不可分な追加的諸機能を果たすために、通貨の追加的供給がいつも必要とされるのは、万事が順調に見えるとき、すなわち、賃銀が高く、物価が騰勢にあり、工場が繁忙なときである。ところが、利子が高騰し、資本の前貸しを求めてイングランド銀行に圧迫が加わるのは、主として、商業循環のより進んだ段階、諸困難が現われはじめるとき、すなわち、諸市場が在荷過剰になり、回収が遅滞するときである。イングランド銀行が資本を前貸しするのにいつも用いている手段は、その約束手形〔銀行券〕以外にはないこと、したがって、約束手形〔銀行券〕の拒絶は貨幣融通の拒絶を意味することは、事実である。しかし、貨幣融通がひとたび与えられれば、万事は市場の必要に順応していく。貸し付けは残り、通貨は不用であれば発行者のもとに帰っていく。したがって、議会報告書をほんのちょっと検討するだけでだれもが次のことを納得するであろう。すなわち、イングランド銀行の保有する有価証券は、その流通高といっしょに変動するよりもしばしばそれと反対の方向に変動すること、したがって、この大銀行の実例も、地方銀行業者たちが強硬に主張する説――すなわち、銀行券通貨が普通に用いられる諸目的にたいして流通高がすでに十分であるならば、いかなる銀行もその流通高を増加させることができないという趣旨の説――の例外をなすものではないこと、しかし、この限界を超えてからは、その銀行の前貸しへのどのような追加もその銀行の資本からなされなければならず、準備として保有するその有価証券の若干を売却するか、または、こうした有価証券へのそれ以上の投資を差し控えるかすることによって供給されなければならないということ、がそれである。私が前のあるページで引き合いに出した、一八三三年から一八四〇年にいたる期間の議会報告書から編集した表は、この真理についての一連の諸実例を提供している。しかし、そのうちの二つは注目に値するので、私がそれ以上に言い及ぶ必要はまったくないほどである。一八三七年一月三日に、信用を維持し、貨幣市場の諸困難に対処するために、イングランド銀行の資力が極限まで利用し尽くされたとき、貸し付けおよび割引による同行の前貸高は、一七〇二万二〇〇〇ポンドという巨額、あの戦争〔一七九二―一八一五年の革命フランスおよびナポレオンとの戦争〕以来ほとんど知られなかった額に達したのであり、そしてこれは、そのあいだ、一七〇七万六〇〇〇ポンドという低い水準のまま変わらなかった総発行高にほぼ等しかった！　他方では、一八三三年六月四日には、流通高は一八八九万二〇〇〇ポンドであったが、これにたいして報告による民間有価証券保有高は、わずか九七万二〇〇〇ポンドという、過去半世紀間における最低の記録でないにしても、それに近い低水準であった！」（フラートン、同前、九七、九八ページ〔同前訳、一二七―一二九ページ〕）。――〝貨幣融通にたいする需要〟が〝金〟（ウィルスン、トゥックその他が資本と呼ぶもの）〝にたいする需要〟と決して同一である必要がないことは、イングランド銀行総裁ウェゲリン氏の次の供述からわかる――「この額」（三日間続けて一日に一〇〇万ずつ）「までの手形の割引は、公衆がより多額の能動的通貨を必要としないならば、準備」（銀行券の）「を減少させないでしょう。手形の割引のさいに発行された銀行券は、諸銀行〔原文は「銀行業者たち」〕の媒介によって、また預金を通じてもどってくるでしょう。それらの取引が金〔原文は「地金」〕の輸出を目的としないならば、または〔原文は「そして」〕公衆に自分の銀行券をしまい込んで諸銀行〔原文は「銀行業者たちの手」〕に預け入れないようにさせるほどのパニックが国内で起こらないならば〔……〕準備はこのような巨額の取引によっても影響されないでしょう」。――「イングランド銀行は日々一五〇万の割引をすることができます。そして、こうしたことが、同行の準備にいささかも影響することなしに引き続き行なわれています。銀行券は預金として〔また〕帰ってくるのであり、そこに起こる唯一の変化は、一つの勘定から他の勘定への移転だけです」(『銀行法にかんする報告書』、一八五七年、証言、第二四一、五〇〇号)。したがって、この場合には、銀行券は信用移転の手段として役立てられるだけである。

(465) まず最初に、上述の二つの場合〔繁栄期と恐慌期〕のうちの第一の場合、すなわち、流通する媒介物の総量が増大せざるをえない繁栄期には、流通する媒介物にたいする需要が増大することは明らかである。しかし、ある製造業者がより多くの資本を貨幣形態で支出しなければならないという理由で銀行[*1]の自分の預金残高からより多くの金または銀行券を引き出すとしても、それだからといって、資本にたいする彼の需要が増大するわけではなく、彼が自分の資本を支出するさいのこの特殊な形態にたいする彼の需要が増大するにすぎない、ということも同様に明らかである。需要が関連しているのはただ、彼が自分の資本を流通に投じるさいの技術的形態だけである。たとえば、信用制度の発展度が
(466) 異なる場合には、同じ可変資本、同分量の労賃が、ある国では他の国でよりも――たとえば、イングランドではスコットランドでよりも、ドイツではイングランドでよりも――より多量の通流手段[*2]を必要とするのと同じことである。同様に、農業では、再生産過程で活動する同じ資本が、それぞれ異なる季節に、その機能を遂行するのに、それぞれ異なる分量の貨幣を必要とする。

＊1〔草稿では「銀行業者」となっている〕
＊2〔草稿では「通貨」となっている〕

しかし、フラートンが設定しているような対置は正しくない。停滞期を繁栄期から区別するものは、彼の言うように貸し付けにたいする強い需要では決してなく、この需要が繁栄期に満たされることの容易さと、それが停滞の到来後に満たされることの困難さである。停滞期における信用逼迫をもたらすものは、まさに、繁栄期における信用制度の巨大な発展であり、したがってまた、貸付資本にたいする需要の膨大な増加、および、こうした時期に供給がこの需要にすすんでこたえる傾向にほかならない。＊したがって、両時期を特徴づけるものは、貸し付けにたいする需要の大きさにおける相違ではない。

＊〔草稿では、「停滞期を繁栄期から」以下は、「繁栄期を反転期から区別するのは、貸し付けにたいする需要——貸し付けにたいする需要の量——ではなく、貸し付けにたいするこの需要が満たされることの容易さである。反転期における逼迫をもたらすものは、まさに、繁栄期における信用制度の巨大な発展、したがって貸し付けの需要と供給の巨大な発展にほかならない」となっている〕

(467) すでに前述したように、両時期は、まず、繁栄期には消費者たちおよび商人たちのあいだにおける通流手段＊1にたいする需要が優勢であり、その反転期には資本家たちのあいだにおける通流手段＊2にたいする需要が優勢である、ということによって区別される。事業停滞期には前者が減少して後者が増加する。

＊1・2〔草稿では「通貨」となっている〕

ところで、フラートンその他にとって決定的に重要なこととして注意を引くものは、イングランド銀行手持ちの〝有価証券〟――貸付担保および手形――＊が増加する時期には、同行の銀行券流通高が減少し、また、逆に、その有価証券が減少する時期には、銀行券流通高が増加するという現象である。しかし、〝有価証券〟の〔保有〕高は、貨幣融通の大きさ、すなわち、割引された手形および販売可能な有価証券にたいする担保前貸しの大きさを表わす。そこで、フラートンは、上述の四三六ページ〔本訳書、第三巻、七九三―七九四ページ〕の注九〇で引用した個所で次のように言う――イングランド銀行保有の有価証券は、たいてい、その銀行券流通高とは反対の方向に変動するのであり、これは、私営諸銀行の場合に古くから認められている命題、すなわち、いかなる銀行も、その顧客の需要によって規定される一定額を超えてその銀行券発行高を増加させることはできないのであり、もし銀行がこの額を超えて前貸ししようとすれば、銀行はこの前貸しを自行の資本から行なわなければならず、したがって、有価証券を現金化するか、これまでは有価証券に投下したであろう入金を前貸しに振り向けるかしなければならないという命題を証明するものである、と。

＊〔「――貸付担保および手形――」はエンゲルスによる〕

しかし、ここでまた、フラートンが資本をどういうものと理解しているかということも明らかになる。＊ここに言う資本とはなにか？　イングランド銀行は、もはや、同行自身の銀行券によっては、すなわち、同行にとってはもちろんなんの費用も要しない支払約束によっては、前貸しをすることができないということである。しかしそれなら、同行はなにによって前貸しをするのか？　〝準備有価証券〟、すなわち、国債証券、株式、その他の利子生み有価証券を売却して得た代金によってである。しかし、同行はなにと引き換えにこれらの証券を売るのか？　貨幣、すなわち金または銀行券――後者はそれがイングランド銀行券のように法定支払手段である限りにおいて――と引き換えにである。すなわち、同行が前貸しするものは、いかなる事情のもとでも貨幣である。しかし、いまやこの貨幣は同行の資本の一部分を構成する。同行が金を前貸しする場合には、このことはまったく明らかである。銀行券を前貸しする場合でも、いまやこの銀行券は資本を表わす。なぜなら、同行は、この銀行券と引き換えに現実的価値を、利子生み証券を、譲渡したからである。私営銀行の場合には、有価証券の売却によってその銀行に流れ込む銀行券は、大部分、イングランド銀行券またはその銀行自身の銀行券でしかありえない。というのは、それ以外の銀行券は、有価証券の支払いにはほとんど受け取られないだろうからである。しかし、イングランド銀行自身の場合には、同行が回収する同行自身の銀行券は、同行にとっては、資本すなわち利子生み証券という費用がかかる。そのうえ、同行はそれによって同行自身の銀行券を流通から引きあげる。同行が、この銀行券を再発行するか、または、その代わりに同額の新しい銀行券を発行すれば、これらの銀行券はしたがっていまや資本を表わす。し(468)かも、それらが資本を表わすということは、それらが資本家たちへの前貸しに振り向けられる場合にも、それらがのちに、こうした貨幣融通にたいする需要が減少したときに、有価証券への新投資に振り向けられる場合にも、同様である。これらいっさいの事情のもとでは、資本という語は、ここでは、ただ銀行業者的意味でのみ使用されているのであり、その場合には、この語は、銀行業者が自分の単なる信用よりも多くのものを貸し付けることを余儀なくされている、ということを意味する。

＊〔草稿にはこの一文はない〕

周知のように[＊]、イングランド銀行はそのいっさいの前貸しを自行の銀行券で行なう。では、それにもかかわらず、通例、イングランド銀行の銀行券流通〔高〕が、同行手持ちの割引された手形と貸付担保、したがって同行によってなされた前貸しが増加するのに比例して減少するとすれば——通流させられた銀行券はどうなるのか、どのようにしてそれはイングランド銀行に還流するのか？

＊〔草稿では、このパラグラフ全体は次のようになっている。「イングランド銀行はすべての貸し付けと割引とを自行の銀行券で行なうので、これらの銀行券がどうなるのか、ということが問題となる。私営銀行業者の場合には事情が異なる。なぜなら、彼らはそのような場合に、イングランド銀行券を自分自身の銀行券の代わりとすることができるからである」〕

まず、貨幣融通にたいする需要が一国の国際収支の逆調から生じ、したがって金流出を媒介する場合[＊1]には、ことがらは非常に簡単である。手形が銀行券で割り引かれる。その銀行券がイングランド銀行自身の〝発券部〟で金と交換されて[＊2]、その金が輸出される。それは、あたかも、同行が手形割引のさいにその場で、銀行券の媒介なしに直接に金を支払ったのと同じである。こうした需要増大は——これは場合によっては七〇〇万から一〇〇〇万ポンドに達する——もちろん国内的流通に五ポンド銀行券のただの一枚も追加しない。いま、もし人が、イングランド銀行はこの場合には資本を前貸しするのであって流通手段を前貸しするのではないと言うならば、これには二重の意味がある。第一には、イングランド銀行が前貸しするのは信用ではなく、現実的価値、すなわち、同行自身の、または同行に預託された、資本の一部であるということ。第二には、同行が前貸しするのは国内的流通のための貨幣ではなく、国際的流通のための貨幣すなわち世界貨幣であるということ。そして、この目的のためには、貨幣は、いつでも、その蓄蔵貨幣としての形態〔金銀〕で、その金属的肉体性で、すなわち、ただ価値の形態であるのではなく、それ自身が価値に等しく、価値の貨幣形態であるという形態で、存在していなければならない。ところで、この金は、イングランド銀行にとっても金輸出商人にとっても、資本――銀行業者資本または商人資本――を表わすとはいえ、需要は、資本としての金にたいしてではなく、貨幣資本（ゲルトカピタル）の絶対的形態としての金にたいして生じる。需要は、まさに、外国諸市場が実現不可能になったイギリスの商品資本で充満している瞬間に生じる。したがって、求められるのは、資本としての資本ではなく、貨幣としての資本であり、貨幣が一般的世界市場商品としてとる形態にある資本である。そして、これは、貴金属としての、貨幣の本源的な形態である。したがって、金流(469)出は、フラートン、トゥックなどが言うような〝単なる資本の問題〟ではない。そうではなく、〝貨幣の問題〟である――といっても特別な機能を営む貨幣の問題であるが。〝通貨〟主義者たちがそうであると主張するように、それが国内的流通の問題でないということは、フラートンその他が考えるように、それが単なる〝資本の問題〟であるということを決して証明するものではない。それは、貨幣が国際的支払手段としてとる形態にある〝貨幣の問題〟である。「この資本」（国内における不作後の外国産小麦数百万クォーターの購入価格）「が商品で移転されるか正貨で移転されるかは、取引の本性には少しも影響しないことがらである」（フラートン、同前、一三一ページ〔同前訳、一六六ページ〕）。しかし、それは、金流出が生じるか生じないかという問題には非常に大きく影響する。資本が貴金属の形態で移転されるのは、諸商品の形態ではまったく移転されえないか、きわめて大きな損失なしには移転されえないからである。現代の銀行制度が金流出にたいしていだく危惧の念は、貴金属が唯一の真の富であるとする重金主義がかつて夢想したいっさいをも凌駕するものである。たとえば、一八四七―四八年の恐慌にかんする議会委員会でイングランド銀行総裁モリスにたいしてなされた次の尋問をとってみよう――〔『商業の窮境』〔下院〕、一八四七―四八年〕（第三八四六号）〔質問〕「私が在庫および固定資本の価値減少について語るとき、あらゆる種類の在庫および生産物に投下されたいっさいの資本が同じ仕方で価値減少していたこと、綿花、生糸、羊毛が同様の捨て値で大陸に送られたこと、砂糖、コーヒー、茶が強制売却の場合のように多大の犠牲をともなって売られたことに、あなたは気づいておられるのではないですか？――食糧の大量輸入の結果として生じた金流出に対処するために、この国が相当の犠牲を払わなければならなかったのは、やむをえないことでした」。――（第三八四八号）「あなたはこんな犠牲を払って金を取りもどそうとするよりも、イングランド銀行の金庫に横たわる八〇〇万ポンドに手をつけるほうがよかった、とは思われませんか？――いいえ、私はそうは思いません」。ここで唯一の真の富とみなされているものは、金である。

＊1〔草稿では「金流出を媒介する場合」は「地金の流出から生じた場合」となっている〕

＊2〔草稿では「イングランド銀行自身の」以下ここまでは「地金と交換されて」となっている〕

　フラートンによって引用されているトゥックの発見、すなわち、「わずか一、二の、それも満足な説明のできる例外をのぞけば、過去半世紀間に起こった金の流出をともなう為替相場のいちじるしい低下は、すべて、流通手段の比較的に少ない状態といつも一致し、逆の場合には逆であった」（フラートン、同前、一二一ページ〔同前訳、一五六ページ〕）という発見は、次のことを証明する。すなわち、
(470) こうした金流出が現われるのは、たいてい、興奮と投機との一時期のあとであって、「すでに始まっている崩壊の信号……市場の供給過剰、わが国の生産物にたいする外国の需要の停止、資金回収の遅滞、ならびに、これらいっさいのことがらの必然的結果としての商業上の不信、工場閉鎖、労働者の飢餓、および産業と企業との一般的停滞の徴候」（同前、一二九ページ〔同前訳、一六三―一六四ページ〕）としてである、ということがそれである。これは、もちろん、同時に、〝通貨主義〟者たちの次の主張、「十分な通貨は地金を追い出し、少ない通貨はそれを引き寄せる」にたいする最良の反駁である。これに反して、イングランド銀行の強大な金準備はたいてい繁栄期に現存するとはいえ、この蓄蔵貨幣は、いつも、嵐に続く沈滞・停滞期に形成されるのである。

　したがって、金流出にかんする英知のすべては次のことに帰着する。すなわち、**国際的**な流通手段および支払手段にたいする需要は**国内的**な流通手段および支払手段にたいする需要とは異なるということ（したがってまた、おのずから、フラートンが一二二ページ〔同前訳、一四五ページ〕で言うように、「地金の流出の存在は、必ずしも流通手段にたいする国内的需要のなんらかの減少を意味するも

のではない」ということになる)、また、貴金属の国外移転すなわち貴金属の国際的流通への投入は、
銀行券または鋳貨の国内的流通への投入とは同一でないということに、である。なお、私がすでに以
前に示したように〔本訳書、第一巻、二五一―二五二ページ、『経済学批判』(邦訳『全集』第一三巻、一二八―一
三〇ページ)〕、国際的諸支払いのための準備金として集中されている蓄蔵貨幣の運動は、流通手段と
しての貨幣の運動とは、それ自体としてなんのかかわりもない。とはいえ、そこに私が貨幣の本性か
ら展開した蓄蔵貨幣の異なる諸機能、すなわち、国内における支払手段のための、満期になった諸支
払いのための準備金としてのその機能、通流手段の準備金としてのその機能、最後に、世界貨幣の準
備金としてのその機能が、ただ一つの準備金に背負わされているということ――このことから、一定
の事情のもとでは、イングランド銀行からの国内への金流出が外国への流出と結びつくことがありう
る、ということにもなる――によって、複雑さがつけ加わる。ところが、さらに、この蓄蔵貨幣にま
(471)ったく恣意的に背負わされるもう一つの機能、すなわち、信用制度および信用貨幣が発展している諸
国では銀行券の兌換性の保証元本として用いられるという機能によって、いっそう複雑さがつけ加わ
る。そして最後に、これらいっさいのことに、(一)ただ一つの中央銀行への国民的準備金の集中、
(二)可能な限りの最小限へのその縮減、がつけ加わる。フラートンの次の嘆きもここに由来する
(一四三ページ〔前出訳、一七九ページ〕)――「イギリスではイングランド銀行の金準備が少しでも枯
渇に瀕しているように見えるときにはいつでも熱病的な不安と警戒の状態が生み出されるのに比べて、
大陸諸国では為替相場の変動が通常まったく静かにやすやすと過ぎ去ることを考えるとき、金属通貨

がこの点で有する大きな長所に驚嘆せざるをえない」。

しかし次に、金の流出を別とすれば、発券銀行、したがってたとえばイングランド銀行は、では、どうやって、その銀行券発行〔高〕を増加させることなしに、自行の行なう貨幣融通の額を*増加させることができるのか？

*〔草稿では「自行の有価証券を（すなわち自行の貨幣融通の額を）」となっている〕

銀行の壁の外にあるすべての銀行券は、それが流通しているか私人の金庫に眠っているかを問わず、その銀行自身にかんして言えば、流通内に、すなわち、同行の保有外にある。したがって、同行がその割引および担保貸付――〝有価証券〟を担保とする前貸し――を拡張すれば、そのために発行される銀行券はふたたび同行に還流せざるをえない。というのは、そうでなければそれは通貨の額を増加させることになるが、そんなことはとうていあるはずがないからである。この還流は二様の仕方で生じうる。

第一に。銀行はＡに有価証券と引き換えに銀行券を支払い、Ａはこの銀行券によってＢに満期手形を支払い、Ｂはこの銀行券をふたたびその銀行に預ける。この銀行券の流通*はこれで終わるが、しかし貸し付けは残る。（「貸し付けは残り、通貨は、もしそれが不用であれば、発行者のもとに帰っていく」。フラートン、九七ページ〔前出訳、一二八ページ〕。）銀行がＡに前貸しした銀行券は、いまではその銀行に帰っている。それにたいして、その銀行は、Ａの、または、Ａが割引した手形の支払人の、債権者であり、この銀行券で表わされた価値額の分だけＢの債務者であって、Ｂはこうしてその銀行の資本のうちの対応する部分を自由に処分することができる。

＊〔草稿では「この銀行券の流通」は「発券」となっている〕

(472) **第二に**。AはBに支払い、そしてB自身が、またはBがさらに銀行券を支払う相手であるCが、この銀行券で満期手形を銀行に直接または間接に支払う。この場合、銀行は自行自身の銀行券で支払いを受けたことになる。そうすると、これで取引が完了している（銀行にたいするAの返済だけをのぞいて）。

それでは、Aにたいする銀行の前貸しは、どの程度まで資本の前貸しとみなされ、どの程度まで単なる支払手段の前貸しとみなされるであろうか？(九一)＊

(九一)　これに続く原文の個所は前後の連関が理解しがたいので、括弧〔弓形括弧〕の終わりまでは編集者が新たに書き換えた。この点はすでに他の問題との連関で、第二六章〔本訳書、第三巻、七五四―七五八ページ〕で言及されている。――F・エンゲルス

＊〔この一文は、草稿にはない〕

〔このことは、前貸しそのものの性質いかんにかかっている。これについては三つの場合が研究されるべきである。

第一の場合。――Aが、なんの担保も提供せずに、その対人信用によって銀行から前貸金を受け取る。この場合には、彼は、支払手段の前貸しを受けたばかりでなく、無条件に新たな資本の前貸しをも受けたのであり、彼は、その資本を銀行に返済するまで自分の事業で追加資本として使用し増殖す

ることができる。

第二の場合。――Aが、銀行に有価証券、すなわち国庫債券または株式を担保として提供し、これによってたとえば時価の三分の二までの現金前貸しを受けた。この場合には、彼は自分が必要とする支払手段を受け取ったが、追加資本を受け取ったのではない。というのは、彼は銀行から受け取ったよりも大きな資本価値を銀行の手に渡したからである。しかし、このより大きな資本価値は、一方では、一定の形態で利子を生むように投下されていたので、彼の当面の必要――支払手段――には使用することができなかったのである。他方で、Aには、これを売って直接に支払手段に換えない彼なりの理由があった。彼の有価証券は、とりわけ、準備資本として機能する用途をもっていたのであり、そのようなものとして彼はそれを機能させたのである。したがって、Aと銀行とのあいだでは一時的相互的な資本移転が行なわれたのであり、その結果、Aは追加資本を受け取ったのではなく（むしろその逆〔より少ない資本価値の受け取り〕である！）、必要な支払手段を受け取ったのである。これにたいし、銀行にとっては、この取引は貨幣資本を貸付金の形態で一時的に固定させることであり、貨幣資本を一形態から他の形態に転化することであって、この転化こそは、まさに銀行業務の本質的機能なのである。

第三の場合。――Aが、銀行で手形を割り引いてもらい、その代わりに、割引料を控除した額を現
(473) 金で受け取った。この場合には、彼は、非流動的〔現金でない〕形態の貨幣資本を銀行に売って、それと引き換えに流動的形態にある価値額を受け取った。すなわち、まだ満期にならない手形を売って、

それと引き換えに現金を受け取ったのである。手形はいまや銀行の所有物である。支払不履行の場合には最後の裏書人であるAが銀行にたいしてその金額を保証するということは、右の事態を少しも変えない。Aは、この保証責任を他の裏書人たちおよび振出人と分けもつのであり、これらの人々にたいして彼は彼なりに償還請求権をもつ。したがって、ここにあるのは、前貸しでは決してなく、まったく普通の売買である。だから、Aは銀行になにも返済する必要もなく、銀行は満期日の手形の取り立てによって支払いを受ける。この場合にも、Aと銀行とのあいだの相互的な資本移転が行なわれたのであり、しかも、それは他のあらゆる商品の売買の場合とまったく同じであり、まさにそれだからこそ、Aはなんらの追加資本も受け取らなかったのである。彼が必要とし、受け取ったものは支払手段であった。そして、彼がそれを受け取ったのは、銀行が彼のために彼の貨幣資本の一形態——手形——を、他の形態——貨幣——に転化したことによってであった。

　したがって、現実の資本前貸しと言いうるのは、第一の場合だけである。第二および第三の場合には、せいぜい、どの資本投下のさいにも人は「資本を前貸しする」という言葉を使うという意味において、言いうるだけである。この意味では、銀行はAに貨幣資本を前貸しする。しかし、Aにとってそれが貨幣資本であるのは、せいぜい、それが彼の資本一般の一部であるという意味においてだけである。そして、彼がそれを求め使用するのは、とくに資本としてではなく、とくに支払手段としてである。そうでなければ、支払手段を調達するためのあらゆる普通の商品販売は、資本前貸しの受け取りとみなされなければならないであろう。——F・エンゲルス｝

私営の発券銀行の場合には次のような違いがある。すなわち、その銀行券が地方的流通内にとどまるのでもなく、預金の形態で、または満期手形の支払いとして、その銀行自身に帰ってくるのでもないとすれば、その銀行は、この銀行券を手に入れた人々に、それと引き換えに金またはイングランド銀行券を支払わなければならないということである。こうして、この場合には、私営銀行の銀行券の前貸しは、事実上、イングランド銀行券または、その銀行にとっては同じことであるが、金の前貸しを表わしており、したがってその銀行の銀行資本の一部分を表わしている。* 同じことは次の場合についても言える。すなわち、イングランド銀行自身、または、銀行券の最高発行限度が法定されているどこか他の銀行が、自行の銀行券を流通から引きあげてそのあとふたたびそれを前貸しとして発行するためには、有価証券を売らざるをえない、という場合である。この場合には、その銀行の自行銀行券は、その銀行の現金化された銀行〔業〕資本の一部分を表わしているのである。

＊〔草稿では「その銀行の銀行業資本の前貸しを」となっている〕

通貨が純粋に金属であるとしても、同時に、（一）金の流出は｛ここで金の流出と言うのは、明ら
かに、少なくとも一部は外国に行くことを意味する。F・エンゲルス｝金庫を空にすることもありう
(474) るであろうし、また、（二）金は主として諸支払いの決済（過去の諸取引の清算）のためだけに銀行
から求められるであろうから、有価証券を担保とする銀行の前貸しはいちじるしく増大するかもしれ
ないが、しかしそれは預金の形態で、あるいは満期手形の返済によって、その銀行に復帰するであろ
う。その結果、一方では、銀行の資産構成（ポートフォリオ）のなかで有価証券が増加するにつれて、その総蓄蔵貨幣

〔総準備金〕は減少するであろうし、他方では、銀行は、以前には所有権者として保有した同一額を、いまはその預金者たちの債務者として保有するであろう。こうして、結局、流通する媒介物の総分量が減少するであろう。

これまでは、前貸しは銀行券で行なわれ、したがって、少なくとも一時的な――すぐにふたたび消えてなくなるにしても――銀行券発行〔高〕の増加をともなうものと前提されていた。しかし、そうである必要はない。銀行は、Aに紙券を与える代わりに、帳簿信用〔帳簿上の信用貸し〕を開設することもできるのであり、したがって、この場合には、銀行の債務者であるAがその銀行の仮想の預金者になる。Aは自分の債権者にその銀行あての小切手で支払い、この小切手の受取人はそれをさらに自分の取引銀行業者に支払い、この銀行業者は、〝手形交換所〟でこれを自分あてに振り出されている小切手と交換する。この場合には、銀行券の介入はまったく起こらないのであり、全取引は、その銀行にとっては、同行の行使しうる請求権が自行あての小切手で決済され、その銀行にとっての現実的な補償はAにたいする信用請求権にある、ということに制限される。この場合には、その銀行はAに自行の銀行〔業〕資本の一部を前貸ししたのである。なぜなら、自分自身の債務請求権を前貸ししたのであるからである。

貨幣融通にたいするこの需要が資本にたいする需要である限りでは、それはただ貨幣資本[*1]を求める需要、銀行業者の立場から見ての資本を求める需要、すなわち、金――外国への金流出の場合――または国家的銀行の銀行券[*2]を求める需要でしかない。この銀行券は、私営銀行にとっては、ただ等価物と引き換えに購買によってのみ入手されうるものであり、したがって私営銀行にとっては資本を表わす。または最後に、金または銀行券を手に入れるために売られなければならない利子生み有価証券、すなわち国庫債券、株式などが問題になるであろう。しかし、これらの有価証券は、それが国債証券であるとすれば、それを買った者にとってのみ資本であり、したがって、その者にとっては、その国債証券は、彼の購入価格を、それに投下された彼の資本を、表わす。それ自体としては、国債証券はなんら資本ではなく、単なる債権である。それが土地抵当証書であるとすれば、それは将来の地代にたいする単なる支払命令書であり、また、それがその他の株式であるとすれば、それは将来の剰余価値の受領の権利を付与する単なる所有権証書である。すべてこれらのものは、なんら現実の資本ではなく、なんら資本の構成部分を形成せず、そしてまた、それ自体としてはなんら価値でもない。それに類似する取引によって、銀行に属する貨幣が預金に転化し、その結果、その銀行はこの貨幣の所有者ではなく債務者になり、別の占有権証書のもとにそれを保有するということもありうる。このこと
(475)
は、その銀行自身にとってどんなに重要であっても、国内に貯えられている資本の総量を、また、貨幣資本（ゲルトカピタル）の総量をさえも、ほとんど変化させるものではない。したがって、この場合には、資本は貨幣資本（ゲルトカピタル）としてのみ現われ、また現実の貨幣形態で現存するのでない場合には、それは単なる資本所有権証書として現われる。このことは非常に重要である。というのは、銀行資本[*3]の欠乏およびそれにたいする焦眉の需要が、現実資本の減少と混同されるからである。〔ところが〕こうした場合には、現実資本は、[*4]反対に、生産諸手段および諸生産物の形態で過剰に現存していて、市場を圧迫しているの

である。

＊1 〔草稿では「銀行業資本」となっている〕
＊2 〔草稿では「国家的銀行の銀行券」は「イングランド銀行券（国家的銀行の銀行券）」となっている〕
＊3 〔草稿では「銀行業資本」となっている〕
＊4 〔草稿では「反対に」以下は「市場を供給過剰にしているのである」となっている〕

　したがって、通流手段の総量が前と同じであるかまたは減少する場合に、どのようにして、銀行が担保として保有する有価証券の総量が増大しうるのか、したがって、貨幣融通を求めて殺到する需要の増大が銀行によって満たされうるのかということは、きわめて簡単に説明がつく。しかも、こうした貨幣逼迫の時期には、この〔通流手段の〕総量は二重の仕方で制限される[＊1]——すなわち、（一）金の流出[＊2]によって、（二）単なる支払手段としての貨幣にたいする需要によって。この後者の場合には、発行された銀行券がすぐに還流するか、または、帳簿信用によって取引がまったく銀行券の発行なしにかたづくのであり、したがって、単なる信用取引によって、諸支払い——その清算が取引の唯一の目的であった——が媒介されるのである。貨幣が単に諸支払いの決済のために機能する場合には（そして、恐慌期に前貸しを受けるのは、支払うためであって買うためではなく、過去の取引をかたづけるためであって新たな取引を開始するためではない）、この決済がまったく貨幣の介入なしに単なる信用操作によって行なわれるのではない場合でさえも、貨幣の流通は一時的にすぎないということ、したがって、貨幣融通を求めて殺到する大きな需要のもとでも、膨大な総量のこうした取引[＊3]が流通を拡大することなしに行なわれうるということ、こうしたことは貨幣の独自性である。しかし、イングランド銀行によって大量の貨幣融通が行なわれるのと同時に同行の流通手段〔通貨〕が不変なままであるかまたは減少しさえするという単なる事実は、〝明らかに〟、決して、フラートン、トゥックその他が（貨幣融通を〝貸付資本〟の借り入れ、追加資本の借り入れと同一視する彼らの誤りの結果として）[*4]仮定するように、支払手段として機能する貨幣（銀行券）の流通は増加も膨脹もしないということを証明しない。購買手段としての銀行券の流通は、こうした大量の融通が必要とされる事業停滞期には減少するから、支払手段としての銀行券の流通は増加しうるし、また、通貨の総額、すなわち、購買手段として機能する銀行券と支払手段として機能する銀行券との合計は、それにもかかわらず、不変のままでありうるし、または減少することさえありうる。発行銀行にすぐに還流する銀行券の、支払手段としての流通は、上記の経済学者たちの目から見ると、決して流通ではないのである。(476)

＊１〔草稿では、このパラグラフの冒頭からここまでは次のようになっている。「ところで、われわれは銀行の有価証券の増大（あるいは貨幣融通を求める圧迫の増大）と、それと同時に生じる通貨の総量の減少ないし停滞とを、二重の仕方で説明した」〕

＊２〔草稿では「地金の流出」となっている〕

＊３〔草稿では、「したがって」以下は「したがって、膨大な総量のこうした取引と貨幣融通を求める大きな逼迫とが」となっている〕

＊４〔丸括弧内はエンゲルスによる補足部分〕

支払手段としての通貨の増加の程度が購買手段としての通貨の減少の程度よりも高いとすれば、購買手段として機能する貨幣が分量的に見ていちじるしく減少したとしても、流通総額は増加するであろう。そして、こうしたことは、恐慌中のある時点、すなわち、商品と有価証券が売れないだけでなく、手形も割引できなくなり、現金払いまたは商人の言うキャッシュ以外にはもはやなにも通用しない完全な信用の崩壊期には、*現実に起こる。フラートンその他は、支払手段としての銀行券の流通はそうした貨幣飢饉の時期の特徴であるということを理解しないので、こうした現象を偶然的なものとして取り扱う。「さらに、銀行券を入手しようとする激しい競争は、パニックの時期を特徴づけるものであり、また、ときには、一八二五年末でのように、地金の流出がまだ続いているあいだにさえも、一時的にすぎないとはいえ突然の発行高の増加を招くであろうが、もう一度これらの激しい競争の実例について見れば、これらのものは、低い為替相場の自然的または必然的な随伴事情に属するとみなされるべきではない、と私は考える。こうした場合の需要は、通貨」（購買手段としての通貨と言うべきであろう）「のための需要ではなく、蓄蔵貨幣形成のための需要であり、金流出が長く続いたのちに恐慌の終幕で一般的に生じる、不安に襲われた銀行業者たちや資本家たちの側での」（したがって支払手段の準備金としての）「需要であり、恐慌の終結の前兆である」（フラートン、一三〇ページ〔前出訳、一六四―一六五ページ〕）。

＊〔「すなわち」以下ここまではエンゲルスによる〕

支払連鎖が急激に中断されたときに、貨幣が単に観念的な一形態から、諸商品に対立する、価値の*1

物的で同時に絶対的な形態にどのように急転化するかは、すでに、支払手段としての貨幣を考察したさいに説明された（第一部、第三章、第三節b[*2]〔本訳書、第一巻、二三五ページ以下〕）。それにかんする若干の実例も、同じ個所の注一〇〇および一〇一〔本訳書、同前、二四一―二四二ページ〕であげられた。このような中断そのものは、信用の動揺およびこれにともなう諸事情、すなわち、市場の供給過剰、商品の価値減少、生産の中断などの、一部は結果であり、一部は原因である。

*1〔「価値の」はエンゲルスによる〕

*2〔（　）内および次の一文はエンゲルスによる〕

（477）　しかし、明らかに、フラートンは、購買手段としての貨幣と支払手段としての貨幣との区別を、〝通貨〟と資本との誤った区別に転化させている。そして、その基礎になっているのは、この場合にもまた流通にかんする偏狭な銀行業者的観念である。――

なお、次の疑問が生じうるであろう――いったいこうした逼迫期に不足しているものはなんであるのか、資本なのか、それとも支払手段としての規定性にある貨幣なのか？　そして、周知のように、これは一つの論争問題である。

まず第一に、この逼迫が金流出に現われる限りでは、求められるものが国際的支払手段であることは明らかである。しかし、国際的支払手段としての規定性にある貨幣は、金属的現実性にある金、みずからが価値をもつ実体としての、価値のかたまりとしての金である。それは同時に資本である。といっても商品資本としての資本ではなく、貨幣資本（ゲルトカピタル）としての資本であり、商品の形態にある資本ではなく、貨幣（しかも、一般的な世界市場商品として存在するという言葉のすぐれた意味における貨幣である）の形態にある資本である。ここには、支払手段としての貨幣にたいする需要と、資本にたいする需要との対立は存在しない。対立は、貨幣としての形態にある資本と、商品としての形態にある資本とのあいだに存在する。そして、資本がここで求められ、また唯一機能しうる形態は、資本の貨幣形態である。

金（または銀）にたいするこの需要を別とすれば、こうした恐慌期*にはいかなる仕方でも資本が不足していると言うことはできない。穀物騰貴、綿花飢饉などのような異常な事情のもとではそうしたこともありうる。しかし、それは、そうした時期の必然的なまたは通例的な随伴事では決してない。だから、貨幣融通を求めて殺到する需要が存在するからといって、こうした資本欠乏が存在するものと最初から結論づけることはできない。その反対である。諸市場は供給過剰であり、商品資本で満ちあふれている。したがって、いずれにしても、逼迫の原因となるものは、商品資本の欠乏ではない。われわれは、この問題には、のちにまた立ちもどろう。

＊〔草稿では「逼迫期」となっている〕

マルクス　新版 資本論　第9分冊

2021年1月20日　初　版
2022年4月25日　第2刷

監修者　日本共産党中央委員会社会科学研究所
発行者　田　所　　稔

郵便番号　151-0051　東京都渋谷区千駄ヶ谷4-25-6
発行所　株式会社　新日本出版社
電話　03（3423）8402（営業）
03（3423）9323（編集）
info@shinnihon-net.co.jp
www.shinnihon-net.co.jp
振替番号　00130-0-13681
印刷・製本　光陽メディア

落丁・乱丁がありましたらおとりかえいたします。

ISBN978-4-406-06383-8 C0033　Printed in Japan